看懂盘面

盘口语言与盯盘技巧一本通

刘文杰 ◎编著

Resistance level

Breakout   Buy

Support level

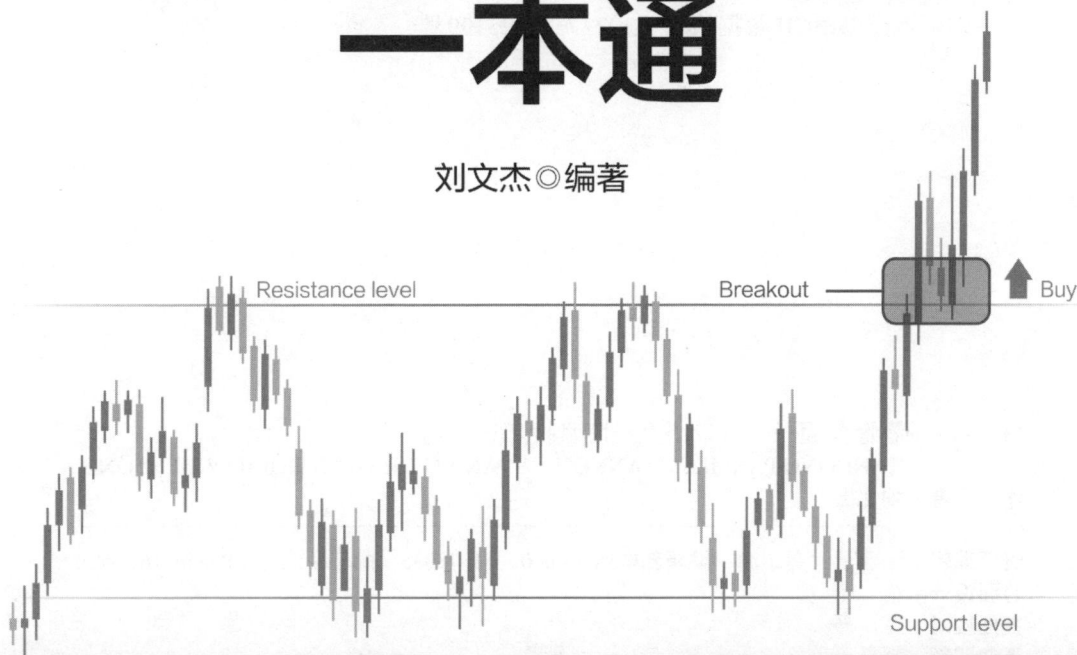

中国铁道出版社有限公司
CHINA RAILWAY PUBLISHING HOUSE CO., LTD.

图书在版编目（CIP）数据

看懂盘面：盘口语言与盯盘技巧一本通/刘文杰编著.—北京：中国
铁道出版社有限公司，2022.11
ISBN 978-7-113-29432-8

Ⅰ.①看… Ⅱ.①刘… Ⅲ.①股票交易-基本知识 Ⅳ.①F830.91

中国版本图书馆CIP数据核字（2022）第125199号

书　　　名：**看懂盘面**——盘口语言与盯盘技巧一本通
　　　　　　KANDONG PANMIAN: PANKOU YUYAN YU DINGPAN JIQIAO YIBENTONG
作　　　者：刘文杰

责任编辑：张亚慧　奚　源　编辑部电话：（010）51873035　邮箱：lampard@vip.163.com
封面设计：宿　萌
责任校对：苗　丹
责任印制：赵星辰

出版发行：中国铁道出版社有限公司（100054，北京市西城区右安门西街 8 号）
印　　刷：三河市国英印务有限公司
版　　次：2022 年 11 月第 1 版　2022 年 11 月第 1 次印刷
开　　本：700 mm×1 000 mm　1/16　印张：14　字数：194 千
书　　号：ISBN 978-7-113-29432-8
定　　价：69.00 元

　　股票市场是能够盘活闲置资金、赚取额外收益的资本市场，由于投资成本低、流动性高，每个交易日都有大量的资金涌入，导致股价波动变得难以捉摸，投资者的获利难度也较大。

　　但是，面对这样的市场，投资者真的就只有随波逐流吗？

　　当然不是！股票投资是需要一定的知识储备和技巧的。其中，对盘口语言和盯盘方法的研究和学习，是投资者需要迈出的重要一步。

　　股票的盘面中涵盖了大部分的历史数据和信息，为投资者研判未来走势提供了参考。同时，即时呈现的盘口数据和分时走势，也是投资者决策买卖的重要依据，看懂了盘面，也就看清了趋势。

　　那么，如何让盘口数据为自己所用，帮助自己扩大收益、降低投资损失，就成了需要掌握的重中之重。技术指标的应用、K线形态的变换、分时数据的波动，都暗藏着股票后市可能的发展方向，学会了操盘，也就学会了从股市中赚取收益。

　　为此，笔者从解释盘口语言和分析盯盘技巧的角度出发编写了本书。

　　本书共 7 章，可划分为 4 个部分：

◆ 第一部分为第 1 ~ 2 章，主要介绍盘面的主要构成要素、看盘窗口的大致分类以及一些重要盘口数据的应用，帮助投资者在打好基础的同时也能熟悉基本的看盘方法。

◆ 第二部分为第 3 ~ 4 章，从 K 线图和分时图两种看盘窗口进行解析，主要讲解了 K 线和分时股价线形成的特殊形态及其含义，结合案例分析帮助投资者更好地掌握其应用之法。

◆ 第三部分为第 5 章，主要对盘中的主力手法和意图进行细致分析，包括吸筹、拉升和出货 3 个阶段，跟随主力操作有利于帮助扩大投资收益。

◆ 第四部分为第 6 ~ 7 章，是对 4 种常见技术指标的解析，包括均线指标、MACD 指标、KDJ 指标和布林指标，对技术指标进行合理应用，能够帮助投资者更好地把握买卖点。

为了方便投资者更好地理解和应用知识，书中在详解理论知识的同时，还搭配了大量的实战案例，并对关键盘面信息进行了详细标注和讲解，图文并茂，给予读者更好的阅读体验，这也是本书的优势所在。

由于作者经验有限，加之时间仓促，书中难免会有疏漏和不足之处，恳请专家和读者不吝赐教。

最后，祝愿各位投资者在学习了盘口语言和盯盘技术后，早日通过股市获取理想的收益。但仍然要提醒大家：任何投资都存在风险，入市一定要谨慎。

作　者

2022 年 6 月

目录

第1章　看盘前提：盘面信息要知道

盘口是投资者进行趋势判断和买卖操作的主要界面。面对变幻莫测的股市，投资者要想及时掌握股票市场的动向，就要学习如何对股市行情的变化进行观察和分析，也就是说要学会看盘。看盘的首要前提是要先了解盘面、认识盘面。

第 2 章　基础分析：盘口数据如何用

在盘面上，除了走势图外，显示最多的就是各类盘口数据了，如买卖盘、换手率、量比、涨跌幅等。只要投资者学会正确分析盘口数据，从简单的数字中解析出有用的信息，这些盘口数据就能够起到关键的研判作用。

第3章　看盘进阶：K 线形态含义多

K 线图在看盘实战中占据了极其重要的地位，它涵盖了历史走势和交易信息，其形成的各种特殊形态还可以反映出行情未来可能的走势。无论是单根 K 线还是多根 K 线，对后市的发展都有着或强或弱的预示意义。

第 4 章　实时盯盘：分时图中即时看

分时图作为一个实时的看盘窗口，不仅是为投资者提供即时的盘面数据，更重要的是它包含的分时走势能帮助投资者解析主力意图、判断股价未来走向。投资者学会从不同形态的分时走势中分析信息，再加以利用，可进一步提高操盘的胜率。

第 5 章　主力盘面：分析意图助决策

主力是指拥有雄厚资金、资深技术、丰富信息来源的持股数量远超散户的机构投资者，他们以赚取利润为目的。普通投资者能够做的，就是从股价走势以及成交量的异动中识别主力痕迹，分析主力意图，跟随其做出买卖决策，进一步扩大收益。

第6章 盘口趋势：借助均线判走势

移动平均线通常在 K 线走势中作为主图指标使用，是投资者经常会接触到的一个趋势指标。均线的特性众多、功能强大，既能帮助投资者判断大趋势的走向，也能为投资者准确定位买卖点提供决策依据。均线的使用方法比较简单，适用于大部分投资者。

第7章　辅助看盘：技术指标助买卖

作为技术面分析的重点观察对象之一，技术指标已经成为投资者在看盘时离不开的重要分析工具。数量众多且功能各异的技术指标，不仅能从宏观上分析市场趋势的走向，也能从细微处判断适宜的买卖位置，为投资者的决策提供参考数据。因此，对技术指标的掌握也成为看盘的重中之重。

第1章

看盘前提：盘面信息要知道

　　盘口是投资者进行趋势判断和买卖操作的主要界面。面对变幻莫测的股市，投资者要想及时掌握股票市场的动向，就要学习如何对股市行情的变化进行观察和分析，也就是说要学会看盘。看盘的首要前提是要先了解盘面、认识盘面。

1.1 从零开始了解盘口

看盘是投资者在股市交易时，对于价格或者指数走势的观察、数据的分析、走向的预判等行为的统称。盘口（也称为盘面）则是投资者能够在股市中接触到的一切信息集合的俗称。

人们习惯于用盘口来形容股市交易界面，也将看盘这一操作视为投资交易的基本功。如何通过盘口走势预估后市，如何借助盘口数据判断买卖点等，都是交易的关键点，也是看盘的核心目的。

因此，投资者需要熟悉盘面上的构成要素，了解这些数据和图形形态传递出怎样的信息。

1.1.1 看盘窗口是什么样的

一般而言，投资者在进入炒股软件（这里以通达信为例）时，初始界面便是沪深的所有个股，按照股票代码自上而下排列。

如图 1-1 所示是沪深 A 股以代码为序的排列界面。

	代码	名称		涨幅%	现价	涨跌	买价	卖价	总量	现量	涨速%	换手%	今开
1	000001	平安银行	R	-5.59	13.68	-0.80	13.67	13.68	178.1万	16205	-0.14	0.92	14.40
2	000002	万科A	R	-8.02	14.80	-1.29	14.79	14.80	209.9万	16154	-0.19	2.16	15.80
3	000004	国华网安		-3.73	18.60	-0.72	18.60	18.61	40366	521	-0.10	3.47	18.99
4	000005	ST星源		-3.30	2.05	-0.07	2.05	2.06	105473	672	0.00	1.00	2.12
5	000006	深振业A	R	-5.31	3.92	-0.22	3.92	3.93	119783	1758	-0.24	0.89	4.12
6	000007	*ST全新		-1.85	5.85	-0.11	5.84	5.85	55193	2500	-0.16	1.79	5.97
7	000008	神州高铁		-6.32	2.37	-0.16	2.37	2.38	451965	5316	0.00	1.68	2.52
8	000009	中国宝安	R	-6.80	10.82	-0.79	10.81	10.82	787572	15160	0.19	3.09	11.49
9	000010	美丽生态		-3.85	3.25	-0.13	3.24	3.25	66123	1127	0.00	1.27	3.39
10	000011	深物业A		-6.31	9.51	-0.64	9.50	9.51	47625	910	-0.20	0.90	10.02
11	000012	南玻A	R	-6.04	7.16	-0.46	7.16	7.17	226583	1951	-0.13	1.16	7.60
12	000014	沙河股份		-7.57	8.18	-0.67	8.18	8.19	72672	1016	-0.96	3.60	8.84
13	000016	深康佳A	R	-5.88	4.80	-0.30	4.80	4.81	156203	705	0.21	0.98	5.10
14	000017	深中华A		-8.77	3.33	-0.32	3.32	3.33	119959	1076	0.30	3.96	3.61
15	000019	深粮控股		-5.20	7.11	-0.39	7.11	7.12	176549	2157	-0.27	4.24	7.49
16	000020	深华发A		-3.72	8.55	-0.33	8.54	8.55	14072	385	-0.69	0.78	8.88
17	000021	深科技	R	-6.94	10.73	-0.80	10.72	10.73	166499	5378	0.00	1.07	11.52
18	000023	深天地A		-7.17	11.14	-0.86	11.11	11.15	5513	28	-0.08	0.40	12.00
19	000025	特力A	R	-7.45	12.05	-0.97	12.04	12.05	31390	842	-0.57	0.80	12.95
20	000026	飞亚达		-6.70	9.05	-0.65	9.05	9.06	76342	656	0.00	2.13	9.65

分类 沪深 创业 科创 北证 B股 基金 债券 REITs 新三板 板块指数 沪美联动 自选 板块 自定 港股 期权

图 1-1 沪深 A 股以代码为序的排列界面

从图中可以看到沪深 A 股代码靠前的 20 只个股，这样的界面是投资者进行多股对比、筛选的主要界面之一。可以看到，界面最上方是数据统计栏，每一项数据都可以成为个股排列的依据。

比如单击"涨幅 %"项目按钮，就能让个股按照当前涨幅高低从上往下，或者从下往上依次排列，借此就能够初步筛选出当日涨幅排名靠前或靠后的个股。其他的数据也是一样的道理，投资者可以在该界面进行有针对性的选择与对比。

选择某一只股票后，可以双击这只股票，进入到 K 线图中。

如图 1-2 所示为平安银行(000001)2021 年 9 月到 2022 年 3 月的 K 线图。

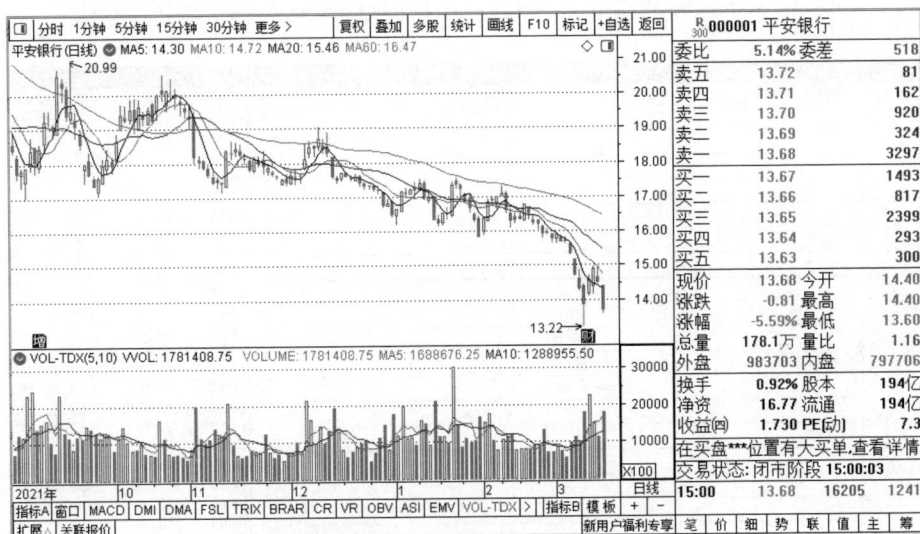

图 1-2　平安银行 2021 年 9 月到 2022 年 3 月的 K 线图

K 线是根据价格或指数在一定周期内的走势绘制而成的一个柱状图形，包含开盘价、收盘价、最高价以及最低价 4 个数据。

日 K 线图就是记录每一个交易日所形成的 K 线形态，并将其显示在坐标图上，用于观察价格走势变化。

K 线图中包含了股票的历史成交价格与波动幅度，也涵盖了过去与现在所有的市场行为。所以，投资者可以通过分析 K 线图的历史走势，研究其透露出的深层含义，判断市场未来变化趋势、做出交易决策等。

既然投资者能够在这一界面中看到股票历史走势，自然也可以看到当前交易日的实时走势。那么要怎样观察实时走势呢？这就要运用另一种看盘必须掌握的工具，即分时图。

分时图具体是指大盘和个股的动态实时（即时）分时走势图，每一分钟的成交价格都会被记录下来，进而在图中形成一条实时变化的曲线。投资者既可以在 K 线图中双击某一天的 K 线调出分时图，也可以按快捷键【F5】直接将 K 线图转换为分时图。

如图 1-3 所示是平安银行（000001）2022 年 3 月 15 日的分时图。

图 1-3　平安银行 2022 年 3 月 15 日的分时图

上图就是在平安银行 K 线图中双击 2022 年 3 月 15 日当天的 K 线所调出来的单独的分时图。可以看到，分时图中包含了非常多的信息，其在实战研判中的地位极其重要，是投资者及时把握多空力量转化和市场趋势变化的根本所在。

1.1.2　盘口中有哪些信息与功能

整个盘口中的信息极其丰富和复杂，就算是专业研究人员也难以对所有信息了如指掌。因此，本节就以投资者比较常用的个股 K 线图、个股分时图以及大盘分时图中的信息为重点，对盘口中的主要信息以及功能进行介绍。

（1）个股 K 线图

个股 K 线图是一个非常重要的看盘窗口，大部分的技术分析和基本面分析，最终都要回归到对 K 线走势的观察。那么，投资者能够在 K 线图中获得哪些有价值的信息呢？其功能又有哪些呢？

如图 1-4 所示是万科 A（000002）2021 年 9 月到 2022 年 3 月的 K 线图。

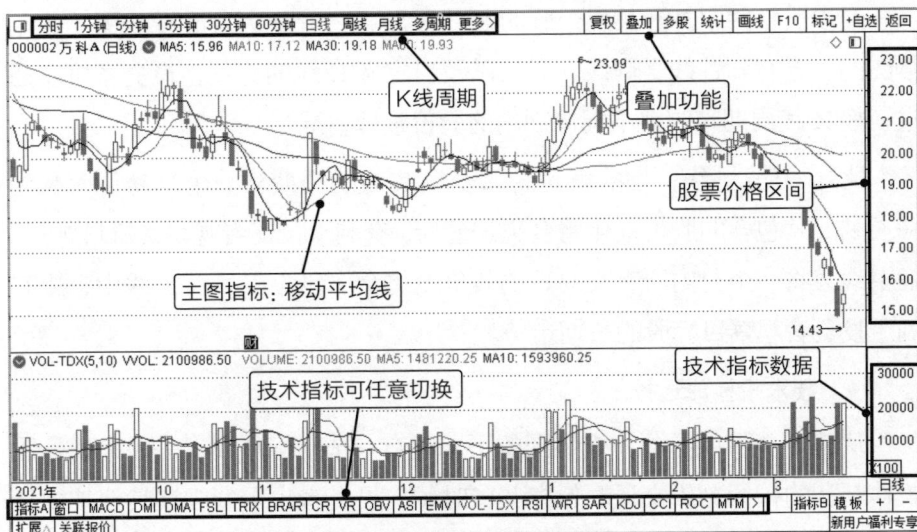

图 1-4　万科 A 2021 年 9 月到 2022 年 3 月的 K 线图

K 线图中包含的主要信息就在于目标股的历史走势以及技术指标的表现。从图中可以看到下方和右方两个坐标轴，下方显示的是时间周期，右侧坐标轴上方显示的是价格区间，下方显示的则是不同指标的数据。

股票的历史走势记录了其从上市以来的所有动向，股市中有大量的经典理论都是建立在对历史走势的分析上，如艾略特波浪理论、道氏理论、江恩理论等。投资者通过对历史走势的观察，能够在很大程度上确定个股目前的趋势、判断股价所处的位置，进而改变或执行自己的操作策略。

技术指标的表现则是另一种关键决策依据，有的指标能够预示趋势走向，有的指标能够判断多空力量，有的指标还能直接给出买卖点。这些指标在实战中可以向投资者传递大量的信息和买卖信号，是投资者在看盘之前必须掌握和学会应用的。

下面再来介绍 K 线图中的一些基本功能，帮助投资者更好地了解与分析盘口信息。

◆ K 线周期的改变

在炒股软件中打开某只个股的 K 线图后，一般默认为日 K 线图。在走势图的上方有分钟线、周线、月线以及自定义 K 线的选项，投资者可以通过切换 K 线周期来观察不同周期内的股价整体情况。

比如 60 分钟线，指的就是将每一根 K 线的周期从一个交易日缩减到 60 分钟，其包含的股价变化将会更加清晰，有利于投资者观察其每日走势。而月线会将一个月内所有交易日的股价变化全部包含在一根 K 线中，更有利于投资者观察目标股的长期走势。

◆ 技术指标的选择

从图 1-4 可以看到，走势图的下方还有一个指标窗口，一般来说炒股软件默认的指标是成交量。但在某些时候，投资者也需要观察其他技术指标，此时可以在指标窗口的下方选择切换，如切换 MACD 指标、KDJ 指标、DMI 指标等。

当投资者需要同时分析两项指标时，也可以打开多个指标窗口，这样就能够实现多项指标的同时展示。

如图 1-5 所示是成交量与 MACD 指标的同时展示。

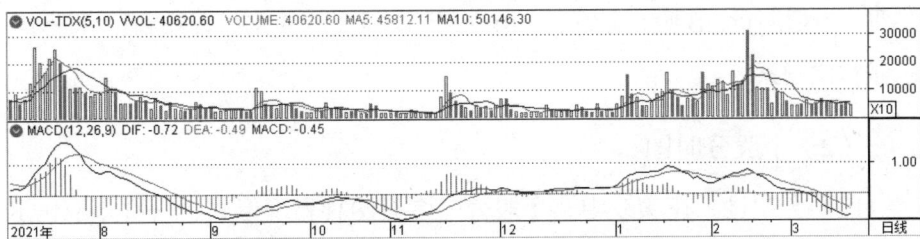

图 1-5　成交量与 MACD 指标的同时展示

在走势图中也可以叠加主图指标，常见的主图指标有移动平均线、布林线、轨道线、撑压线、多空线等。这些指标能够帮助投资者更为直观地分析市场趋势，以此对后市做出预判。

◆　多品种的叠加

在走势图的上方有一个"叠加"按钮，单击这一按钮将会弹出"叠加指定品种"以及"删除叠加品种"命令，选择对应的命令会打开相应的设置对话框。

如图 1-6 所示是为选择"叠加指定品种"命令打开的叠加品种的选择界面。

图 1-6　叠加品种的选择界面

通过叠加指定品种，能够将炒股软件中所包含的所有上市交易的证券品种（包括期货、B股、美股、上市交易的基金等）走势，叠加到目标股中，以做对比观察。

（2）个股分时图

前面介绍过，在实战中，个股分时图有两种表现形式，一种是双击K线图中的某一根K线打开单独的分时图界面；另一种则是在个股K线图的界面直接按【F5】快捷键切换到当日实时分时图界面。

通过这两种方式投资者看到的当日走势图是一致的。但从K线图界面按快捷键切换的分时图只能查看当前走势，无法像双击K线一样查看往日走势。

如图1-7所示是神州高铁（000008）2022年3月18日按快捷键【F5】切换的分时图。

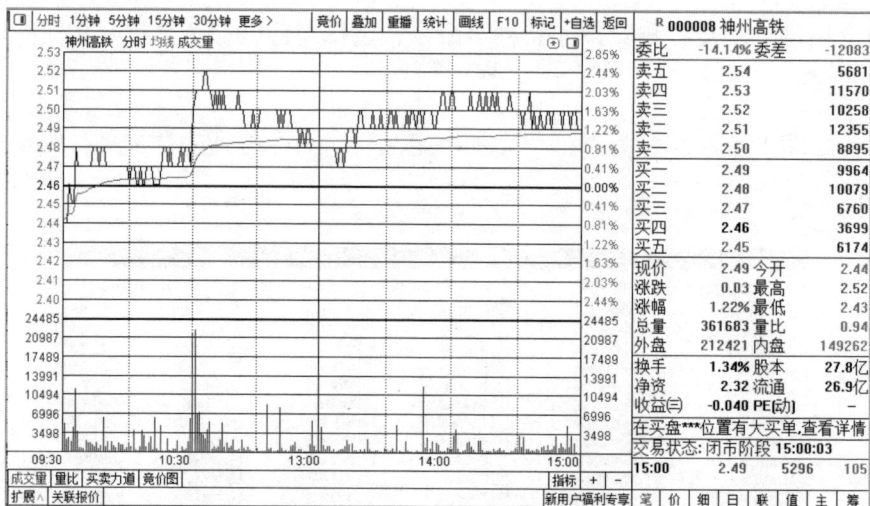

图1-7　神州高铁2022年3月18日按快捷键【F5】切换的分时图

不过，从K线图界面按快捷键切换的分时图，能够从右侧的数据窗口中看到更多的信息，如5档买卖盘、委比、委差、量比等，因此这一界面也是投资者看盘常用的。下面再来对比另一种分时图。

如图1-8所示是双击神州高铁（000008）2022年3月18日K线调出的分时图。

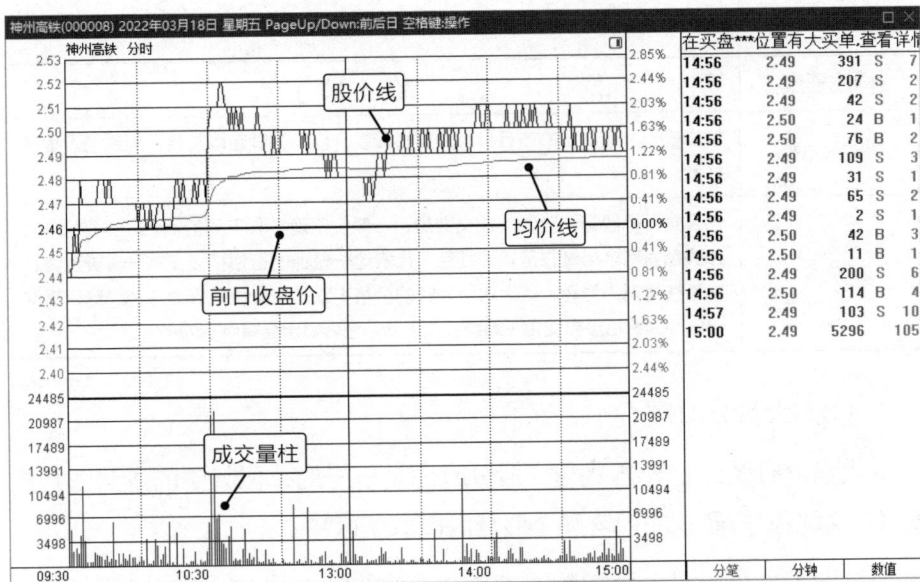

图 1-8　双击神州高铁 2022 年 3 月 18 日 K 线调出的分时图

从二者的对比可以看到，除了右侧的数据窗口展示的内容不一样外，两个界面的走势图以及构成要素都是一致的。接下来，就对个股分时走势图中的基本组成部分进行介绍，数据窗口中的内容会在 1.2.1 节中介绍。

个股分时走势图中的构成要素主要包括坐标轴、股价线、均价线、前日收盘价以及成交量等，具体介绍如表 1-1 所示。

表 1-1　个股分时走势图中的构成要素介绍

构成要素	含　　义
坐标轴	分时走势图中下方的横轴代表当日交易时间；左侧纵轴的上半部分代表股票价格或指数，下半部分代表每分钟的成交量；右侧纵轴的上半部分代表股票或指数的涨跌幅度，下半部分也代表每分钟的成交量
股价线	代表该股每分钟成交价格实时股价线，波动幅度大
均价线	代表该股每分钟成交的平均价格，波动幅度小，是判断股价运行方向的重要趋势线

续表

构成要素	含 义
前日收盘价	代表前一个交易日的收盘价，为当日股票开盘价的确定以及当日涨跌情况提供参考
成交量	代表着目标股每一分钟的成交数量，一般会呈现3种不同的颜色，以红绿灰3种颜色为例。当量柱呈现为红色，代表这一分钟的价格相较于前一分钟上涨；当量柱呈现为绿色，代表这一分钟的价格下跌；当量柱呈现为灰色，则代表这一分钟的价格没有变化（系统设置不同，色彩显示会有所不同）

（3）大盘分时图

大盘分时图的打开方式与个股分时图是一样的，但其中的走势图构成要素、数据窗口展示的内容和个股分时图有所区别。

如图1-9所示是上证指数（999999）2022年3月18日的分时图。

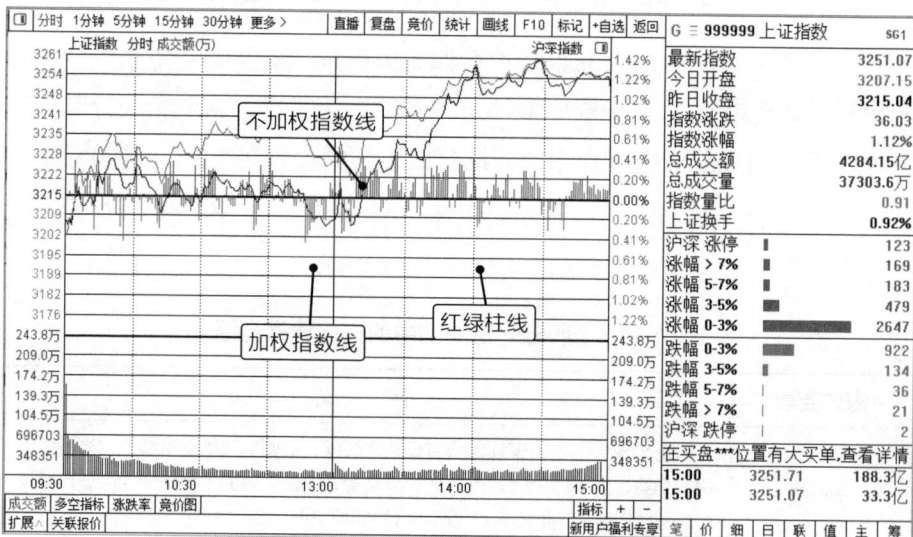

图1-9　上证指数2022年3月18日的分时图

一般来说，大盘指数指的是沪市上证综合指数或是深市深证成分指数，这里以上证指数为例。大盘分时图的走势往往反映的是整个市场的运行状态，因此大盘指数也是投资者需要经常关注的，当日市场整体走牛或走熊，都能从大盘指数的走势中大致分辨。

那么，大盘分时图相较于个股分时图，在走势图的构成要素上又有哪些差别呢？具体如表 1-2 所示。

表1-2　大盘分时走势图中的不同要素

不同要素	含　义
前日收盘价周围的红绿柱线	在上证指数分时走势图中，围绕前日收盘价存在一些上下波动的红绿柱线。这些红绿柱线是上证指数中所包含的所有股票即时的买盘与卖盘数量的比率，用来反映指数上涨或者下跌的强弱程度。当横线上方出现红色柱线，代表大盘向上运行，红色柱线出现的时间越长、量能越大，表示买盘力道强劲，上涨的能量越强；当横线下方出现绿色柱线，代表大盘向下运行，绿色柱线出现的时间越长、量能越大，表示卖盘占据优势，下跌的动量越强
随指数线波动的不加权线	在上证指数分时走势图，加权指数线是比较常用的，紧跟着该指数线运行的另一条线，就是未经过加权的、不考虑样本股股本大小的不加权指数线。由于大盘股与小盘股的股本大小差异，加权指数线更偏向于反映大盘股或权重股的走势，而不加权指数线也就从一定程度上反映了中小盘股的运行情况

当然，大盘分时图与个股分时图在数据窗口中的内容也存在不小的差异，在 1.2.1 节中会做更详细的介绍。

1.2　盘口衍生数据与语言

投资者在看盘过程中，一定会接触到各种各样的盘口数据与多样化的盘口语言。这些数据与语言会向投资者传递非常多关键的信息，如盘中即将下跌或即将拉升、在某一时刻有主力介入、某段时间盘中大量抛售等。

凭借对这些信息的解析，投资者就能够比较准确地判断后市的走向，及时调整自己的操盘策略。因此，对盘口数据和盘口语言的了解与掌握，就成为投资者看盘必备的技能之一。

1.2.1 盘口衍生数据

盘口衍生数据主要集中在 K 线图和分时图右侧的数据窗口中。其中 K 线图与按快捷键【F5】切换的分时图界面，二者的数据窗口是一致的；而单独调出的分时图，其数据窗口中包含的内容又有所不同。

如图 1-10 所示是美丽生态（000010）2021 年 9 月到 2022 年 3 月的 K 线图。

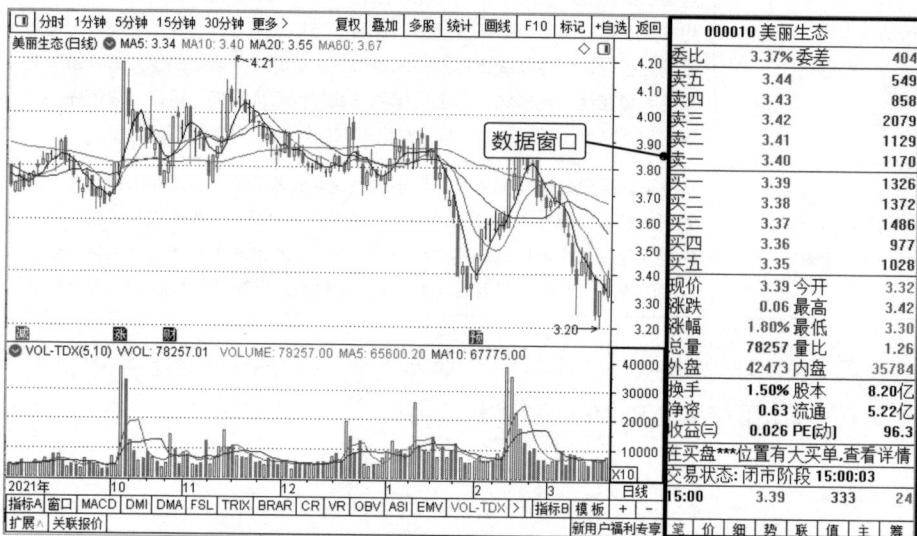

图 1-10　美丽生态 2021 年 9 月到 2022 年 3 月的 K 线图

可以看到，在 K 线走势图的右侧数据窗口中，有着大量的盘口衍生数据，主要包括委比、委差、买盘与卖盘、现价、最高（低）价、涨幅、成交量、换手率等。那么，这些数据和指标都有哪些含义呢？下面来逐一介绍。

（1）第一栏：委比与委差

委比与委差指标显示在数据窗口股票名称和代码下的第一栏，它们代表的是市场中买盘与卖盘力量之间的对比。

委比是衡量某一时段买卖盘相对强度的指标，指的是在报价系统之上的所有买卖单之比。当委比为正值，说明市场买盘占据优势；当委比为负值，说明市场卖盘正在发力。

委差是指场内委买数量与委卖数量之间的差值，它的正负会跟随委比值的变动而变动，意义也与委比指标相同。

（2）第二栏：5 档盘口

通常情况下，在数据窗口的第二栏中会分别显示买盘和卖盘的各 5 个价格，被称为 5 档买卖盘或 5 档盘口。

如图 1-11 所示是某股票的 5 档盘口。

卖五	3.88	2408
卖四	3.87	2381
卖三	3.86	1624
卖二	3.85	2470
卖一	3.84	3491
买一	3.83	2196
买二	3.82	1868
买三	3.81	2468
买四	3.80	2678
买五	3.79	1865

图 1-11　某股票的 5 档盘口

买盘从上至下列为买一、买二、买三、买四、买五，未成交的最高买价就是买一，买二到买五价格递减；卖盘从下至上列为卖一、卖二、卖三、卖四、卖五，未成交的最低卖价就是卖一，卖二到卖五价格递增。价格右边的数字代表该价格上的总委托数量。

买盘代表着资金的流入，市场预期向好，也是多方力量的根源；而卖盘代表着资金的流失，市场预期看跌，是空方力量的源头。

因此，通过观察买卖盘之间的对比，投资者就能够大致了解市场中资金流向如何、做空和做多力量的差距以及后市上涨和下跌的可能性。

（3）第三栏：实时数据

在数据窗口的第三栏中有着一系列实时数据，主要分为价格、涨跌幅、成交量以及内外盘这 4 类。

如图 1-12 所示是某股票的第三栏数据。

现价	375.50	今开	395.00
涨跌	-19.00	最高	395.00
涨幅	-4.82%	最低	368.37
总量	17355	量比	1.08
外盘	7978	内盘	9377

图 1-12 某股票的第三栏数据

这些数据的具体含义如表 1-3 所示。

表 1-3 第三栏数据含义

数 据	含 义
现价	指的是股票当前的最新价格
今开	指的是股票当日的开盘价格
最高	指的是股票截至某一时刻所达到的最高价格
最低	指的是股票截至某一时刻所达到的最低价格
涨跌	指的是当前股价相较于前日收盘价的差值。若股价相较于前日收盘价位置更高，那么涨跌值显示为正；若股价相较于前日收盘价位置更低，涨跌值则显示为负
涨幅	指的是当前股价相较于前日收盘价上涨或下跌的幅度。若股价位于前日收盘价上方，则涨幅显示为正；若股价位于前日收盘价下方，则涨幅显示为负
总量	指的是股票当日截至目前所有的买进数量和卖出数量
量比	指的是股票平均每分钟的成交量与过去 5 个交易日平均每分钟成交量之比。量比值呈红色且数值越大，表明盘口成交相较于往日越活跃；量比值呈绿色且数值越大，表明盘口成交相较于往日越冷淡
内盘	指的是主动性卖盘，数字代表成交数量
外盘	指的是主动性买盘，数字代表成交数量

（4）第四栏：其他参考数据

在数据窗口的第四栏中，还存在一些投资者常常忽视的数据，主要包括换手率、股本、净资产等。

如图 1-13 所示是某股票的第四栏数据。

换手	3.47%	股本	8800万
净资	18.83	流通	4996万
收益(三)	2.440	PE(动)	115.2

图 1-13 某股票的第四栏数据

这些数据的具体含义如表 1-4 所示。

表 1-4 第四栏数据含义

数 据	含 义
换手	指的是在一定时间内市场中股票转手买卖的频率。换手率越高，意味着该只股票的交投越活跃；反之，股票的交投越冷淡
股本	指的是上市公司发行的全部股票所占的股份总数
净资	指的是股票净资产，即每股股票所拥有的净资产值。每股净资产值越大，表明上市公司每股股票代表的价值越高；反之，每股股票代表的价值就会越低
流通	指的是流通股本，即上市公司在外发行的、可以通过二级市场流通交易的股票数量，包含在股本之中
收益	该数据后缀会根据当前季度出现（一）、（二）、（三）、（四），代表股票每一季度的每股业绩
PE【动】	指的是股票动态市盈率，是股票价格除以每股收益的比率。当股票市盈率过高，说明市场估值偏高，有向下修复的可能；当股票市盈率过低，说明市场估值偏低，有向上修复的可能

第四栏包含的大多是上市公司的基本资料和权息数据，但交易所要求上市公司披露的数据远不止窗口中显示的这几项。

因此，炒股软件也在这一栏添加了一个功能，投资者只要双击这一栏中的任意位置，就能够调出该上市公司的部分财务数据、资产负债以及权息资料等，方便投资者对其基本面进行分析。

如图 1-14 所示是首药控股（688197）双击第四栏数据调出的基本资料。

```
注意：本软件提供的数据仅供参考,力求但不保证内容的及时性和准确性. 据此操作,风险自担
更新：2022年3月22日 以下货币单位为人民币 权息股本为万股 Ctrl+PageUp/Down 前/后品种
```

首药控股(688197)基本资料

总股本：	14871.92万股	流通A股：	3381.37万股
B股：	0.00万股	H股：	0.00万股
总资产：	5817.58万元	流动资产：	3645.83万元
固定资产：	622.21万元	无形资产：	24.44万元
流动负债：	5441.85万元	资本公积金：	33633.78万元
净资产：	18.08万元	营业收入：	1303.25万元
应收账款：	190.00万元	营业利润：	-14686.90万元
投资收益：	0.00万元	经营现金流量：	-10403.78万元
总现金流量：	-11699.46万元	存货：	146.27万元
利润总额：	-14624.20万元	扣非净利润：	-16396.07万元
净利润：	-14624.20万元	未分配利润：	-44769.62万元
所属地区：	北京板块	细分行业：	化学制药
每股净资产：	9.238元	每股未分配：	-3.010元
每股收益(四)：	-0.983元	每股公积金：	2.262元
股东权益比：	0.31%	资产负债率：	99.69%
少数股权：	0.00万元	每股现金流：	-0.700元
流动比率：	0.670	速动比率：	0.643
净益率ROE(四)：	-80886.06%	销售毛利率：	0.00%
营业利润率：	-1126.94%	净利润率：	-1122.13%
股东人数：	22121	报告类别：	年报

首药控股(688197)权息资料

权息日	类别	送转股	分红	配股	配股价	前流通盘	后流通盘	前总股本	后总股本
20220323	股本变化					0.0	3381.4	0.0	14871.9

图1-14　首药控股基本资料

（5）第五栏：会员功能与各项数据

在窗口的第五栏中，横向排列着一系列选项，分别是笔、价、细、势、联、值、主、筹，这些选项分别对应着不同的功能与数据，有一些需要开通软件会员才能使用。

如图1-15所示是某股票的第五栏数据。

09:45	16.23	1954	S	98

笔	价	细	势	联	值	主	筹

图1-15　某股票的第五栏数据

这些选项的具体含义如表 1-5 所示。

表 1-5　第五栏选项含义

选　项	含　义
笔	分时成交明细，指的是每一分钟的委托单。其中包含委托时间、委托价格、委托数量、买单与卖单和成交笔数，双击内容区可放大观看
价	分价表，指的是当天成交笔数在每个价位的分布。其中包含在各成交价位上分别成交的总手数、各价位成交的笔数、平均每笔手数以及各价位上的成交量占总成交量的比例
细	逐笔成交明细，指的是股票截至目前所有的成交明细，这一功能需要开通 Level 2 行情才能使用。其中包含每一笔交易的成交时间、成交价格、成交量、主动性和被动性，以及这笔交易的主动单、被动单如何组成
势	分时走势图，指的是股票当日的实时分时走势
联	关联品种的走势，指的是与股票相关的指数走势，如上证指数、深证成指、科创 50 等
值	相关数值，指的是与股票交易有关的一系列数值数据。主要包括涨（跌）停价、股票细分行业、市值、人均持股、总资产、市盈率、股息率等
主	主力监控精灵，这是通达信软件的一个预警功能，设置监控范围后，就可以列示监控范围内股票中的大资金流动以及操作手法
筹	移动筹码分布，简单来说就是每一时期的市场成本分布，在 K 线图中移动光标，就能查看每一个交易日内成本的分布情况，对分析主力的建仓与出货行为非常有用

（6）单独调出的分时图盘口数据

前面的内容介绍的都是 K 线图界面中的盘口数据，而单独调出的分时图中也存在一些不同于 K 线图界面的数据和指标，这些数据和指标也是投资者看盘时离不开的。

如图 1-16 所示是联合光电（300691）2021 年 11 月 4 日的分时图。

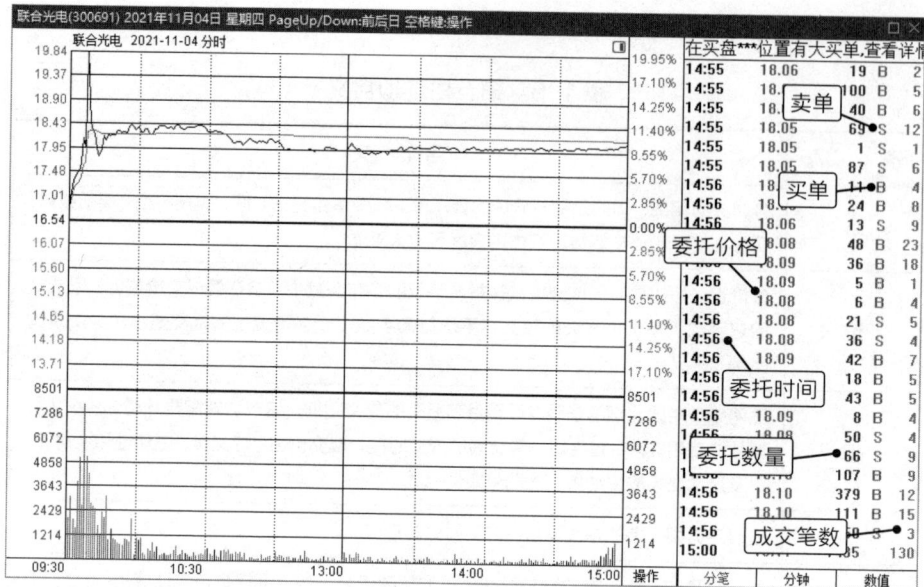

图 1-16 联合光电 2021 年 11 月 4 日的分时图

从图中可以看到，在分时走势的右侧数据窗口中有着一系列的数字显示，这些数字正是每分钟挂在盘中的委托单。

窗口中从左到右的第一和第二列，依次表示买卖单委托的时间和价格。第三列表示委托的手数（1 手等于 100 股），其中超过 500 手的委托数量都会标为紫色，以示这是一笔大买（卖）单。

第四列的字母 B 为 Buy 的首字母，意为买入，代表这是一单买单，呈现为红色；字母 S 为 Sell 的首字母，意为卖出，代表这是一单卖单，呈现为绿色。而最后一列的灰色数据表示这一单实际成交的笔数，简单来说，就是有多少笔成交消化掉了这一个买（卖）单。

在数据窗口下方，除了包含上面介绍的买卖单的"分笔"选项外，还有"分钟"和"数值"两个选项。如图 1-17 所示是分时图中"分钟"和"数值"内容界面。

14:46	11.28	5262
14:47	11.29	4486
14:48	11.30	4413
14:49	11.30	2100
14:50	11.29	1038
14:51	11.29	1570
14:52	11.31	5161
14:53	11.30	2319
14:54	11.31	2793
14:55	11.31	5671
14:56	11.32	7112
14:57	11.33	5
14:58	11.33	0
14:59	11.34	9199
分笔	分钟	数值

开盘价	11.10
最高价	11.50
最低价	11.00
收盘价	11.34
成交量	558542
成交额	6.30亿
涨跌	0.15
涨幅	1.34%
振幅	4.47%
换手率	2.19%
总股本	25.8亿
流通股	25.5亿
分笔	分钟	数值

图1-17　分时图中"分钟"（左）和"数值"（右）内容界面

"分钟"界面中有3列数字，从左到右分别代表了每一分钟的时间、每一分钟最后一笔的成交价格以及这一分钟内成交的数量。

"数值"界面则是一系列数据和指标，能够帮助投资者迅速了解与当日交易相关的信息，具体数据的含义及其实战用法会在本书第2章中进行详细介绍。

1.2.2　看盘常用术语介绍

除了基本的盘口数据外，投资者在看盘过程中还会遇到各种各样的盘口术语。这些术语所代表的含义各异，部分用语还比较口头化，但在实战中，简洁的盘口术语能够为投资者带来大量有价值的信息。

有关盘面的术语很多，如崩盘、护盘、盘档和盘坚等，具体含义如表1-6所示。

表1-6　有关盘面的术语

术　语	含　义
崩盘	突然有重大利空消息或其他事件出现，对股价造成严重打击，导致持有者大量抛售，进而产生恐慌性踩踏，使股价连续暴跌

续表

术　语	含　义
护盘	主力在行情低迷、市场参与度不高的情况下，投入大量资金购进股票，抬高市价，防止股价继续下滑的行为
盘档	股价当天波动幅度较小，市场多处于观望状态的情形
盘坚	股价缓慢上涨，呈坚定上升的状态
盘软	股价缓慢下跌，呈疲软下滑的状态
红盘	当天收盘价高于前日收盘价，股价整体上涨
盘整	股价在经过一段快速上涨或下跌后，进入一段相对平稳的运行期，股价波动幅度较小，在为下一次大幅变动做准备
试盘	主力在完成吸筹后，即将进行下一步操作时进行的，对盘口的全面试验行为。主要测试的是盘内筹码锁定的好坏、盘内大户或其他主力情况、浮筹情况以及市场追涨杀跌的意愿
获利盘	股票交易中，能够卖出并盈利的一部分
套牢盘	买入的股票亏损的部分

接下来再来看看，有关股价走势和涨跌的术语有哪些，具体含义如表1-7所示。

表1-7　有关股价走势和涨跌的术语

术　语	含　义
牛市	市场前景看好，股价持续上涨的行情
熊市	市场走势消极，股价持续下跌的行情
猴市	市场不断变动，股价如猴子一般持续上下震荡，难以判断后市走向的行情
跳空	股票当日的开盘价与前日的最高价或最低价之间产生了一个空白区域，两根K线之间形成缺口称为跳空
补空	股价在跳空后，在后续的时间里将跳空的缺口补上，称为补空
高开	股价当日以高于前日收盘价的价格开盘

续表

术　　语	含　　义
低开	股价当日以低于前日收盘价的价格开盘
阴跌	股价在阴阳线交错中缓慢下跌，如阴雨一般绵绵不绝
杀跌	行情进入下跌状态后，场内投资者不论盈亏迅速卖出，以求降低损失的行为
跳水	股价在短时间内迅速下滑，幅度较大，造成暴跌走势
反弹	在下跌行情中，股价突然脱离跌势出现上涨的状态
回调	在上涨行情中，股价阶段见顶出现下跌或横盘的状态
探底	股价寻找最低点的过程，在接触到底部后就会开始回升

有关多空和仓位的术语也有不少，具体含义如表 1-8 所示。

表1-8　有关多空和仓位的术语

术　　语	含　　义
多方	看好股票后市发展，挂出主动性买单的买家
空方	认为股票前景欠佳，挂出主动性卖单的卖家
看多	这里的"看"指的是投资者对于股票走势的判断，如果对股票后期的发展持乐观态度，持股待涨，就是看多
看空	对股票后期的发展持消极态度，希望迅速卖出的行为
利多	各种因素或基本面消息的出现，对股价的上涨和市场的多方产生有利影响
利空	各种因素或基本面消息的出现，导致股价下跌，对市场的空方产生有利影响
多翻空	多方认为股价即将见顶，或受不利因素影响下跌，大批卖出手中股票，由多方转为空方的行为
空翻多	空方认为股价即将见底，或受利好因素影响而上涨，大批买进股票，由空方转为多方的行为

术　语	含　义
踏空	投资者错误判断后市，认为即将出现下跌进而卖出股票，但在卖出后股价却一路上涨，导致错过获利机会的行为
建仓	投资者看多某股后买入的行为
囤仓	投资者在买入大量股票后并不急于交易，而是将所有筹码囤积在仓内的行为
全仓	在买入某只股票时投入所有的资金，不留剩余资金的行为
清仓	在卖出股票时全额抛售，仓位清空的行为
斩仓	在股价下跌后，投资者及时卖出，避免损失扩大的行为，有时也称为"割肉"

从以上的介绍可以看出，这些术语通常都是以简洁明了的词汇来代替某些特定的行为和信息，类似于一种暗号或代称。在实战中，使用术语来进行信息交换，明显会比冗长的描述更为高效、准确。

1.3　几种基本看盘方法

从盘面中观察股票走势，判断买卖时机时，有几种比较基础的分析方法。对于初次接触看盘的投资者来说，这些方法是学习高阶看盘技巧的基石，也是对股票技法的初步认知。

1.3.1　K线图与分时图结合

K线图与分时图结合的看盘方式是一种比较常用的方法，实用性非常强。一般来说，投资者在分析买卖点时首先会分析K线图，当K线走势出现明显看多或者看空迹象时，就可以进入分时图中，依据当日的分时走势进一步确认，进而精准定位买卖点。

下面通过一个具体的案例来解析。

实例分析 ➡

华鹏飞（300350）K 线图与分时图结合看盘

如图 1-18 所示是华鹏飞 2021 年 2 月到 6 月的 K 线图。

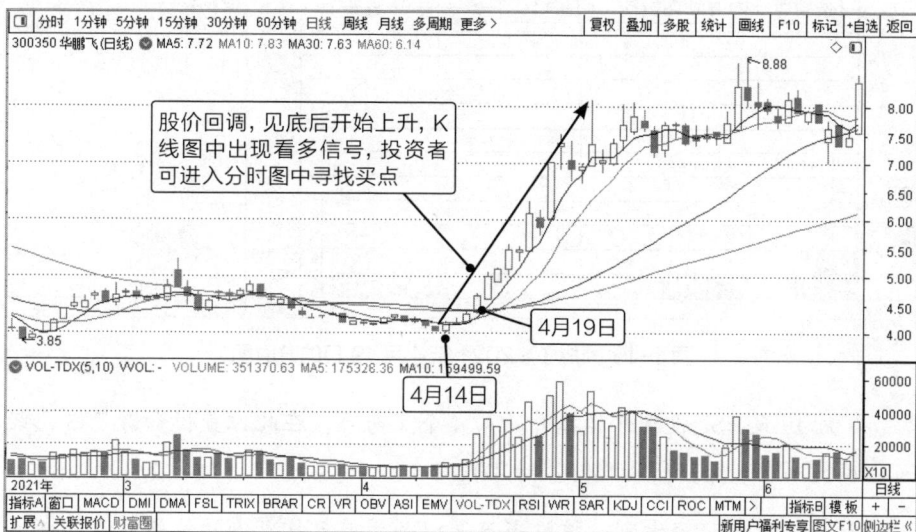

图 1-18　华鹏飞 2021 年 2 月到 6 月的 K 线图

从 K 线图中可以看到，华鹏飞正处于上涨阶段。在 2021 年 3 月到 4 月中旬期间，股价有所回调，从 5.00 元价位线附近跌至 4.00 价位线上。

4 月 14 日，股价见底后开始回升，在后续数个交易日内，该股连续收阳上涨，后市出现拉升的概率比较大。此时，投资者就可以进入分时图中选择合适的买入时机。

如图 1-19 所示是华鹏飞 2021 年 4 月 19 日的分时图。

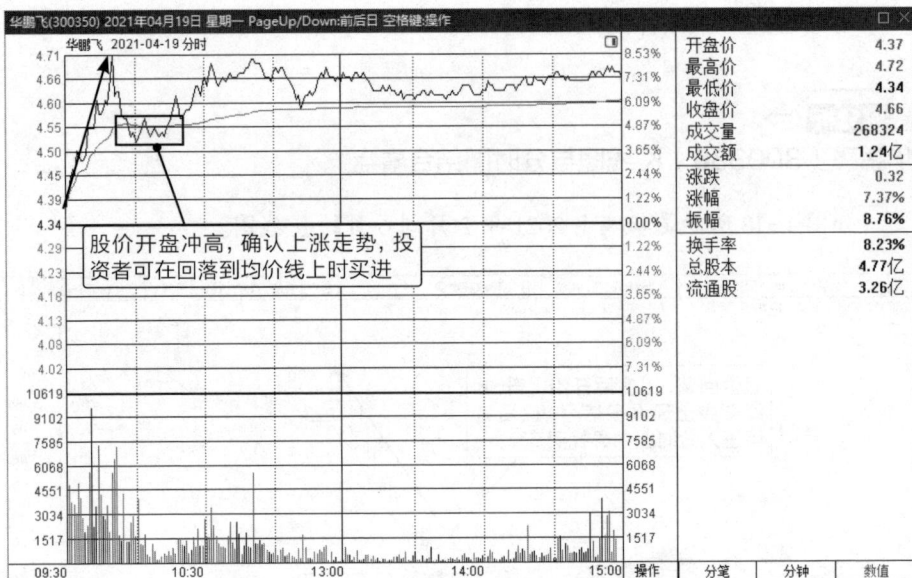

图1-19　华鹏飞2021年4月19日的分时图

　　4月19日正是股价开始拉升的第4个交易日，在此位置投资者基本已经可以确定上涨走势，所以此时入场比较安全。

　　从分时走势可以看到，该股当日是以高于前日收盘价的价格开盘，也就是高开。在开盘后成交量非常活跃，不断将股价向上推涨，开盘后半个小时内就达到了一个顶峰，股价创出4.72元的高价。

　　这样的走势进一步说明了涨势的强劲，那么在股价冲高回落，并在均价线上受到支撑时，投资者就要果断逢低买进，坚定持有。

　　直到阶段见顶后，投资者可以再次使用K线图与分时图结合的分析方法寻找到卖点，将手中筹码卖出，这样就能够获得不错的收益。

1.3.2　借助基本面分析盘面

　　基本面分析是指对宏观经济运行态势、上市公司所处行业和上市公司基本情况等基本信息的分析，从大环境入手，判断股票的投资价值，比较适合准备长期持有的投资者。

　　一般来说，长线作战的投资者不需要时时紧盯盘面变化，持仓期间的资金流动少，操盘方式稳健且理性。但在基本面分析的能力方面，要求比较高，毕竟做长线一旦判断失误，损失的将是大量的时间与资金。

　　那么，投资者应该从哪些方面入手，判断股票是否具有投资价值呢？

　　从行业入手。 选择处于快速成长期或是长期热门行业中的龙头股。

　　从运营状况入手。 选择业务稳定、销售收入稳步扩大的企业股票。

　　从管理层入手。 选择企业管理层优秀、时常分红派息的股票。

　　从产品销售状况入手。 选择产品具有高市场占有率、行业竞争力占据优势的企业股票。

　　从发展前景入手。 选择行业潜力大、暂时被低估的股票。

　　下面通过一个具体的案例来解析。

实例分析 ⇒
三孚股份（603938）借助基本面分析盘面

　　三孚股份是一家资源综合利用、产业循环发展的高科技化工企业。主要产品包括三氯氢硅、四氯化硅、光纤四氯化硅、氢氧化钾、硫酸钾等，广泛应用于光伏、光纤、精细化工、肥料、电子芯片等领域。

　　同时，公司也是国内中高端硅化合物龙头企业，截至 2020 年拥有近 1 万吨高纯四氯化硅产能，是国内少有的高纯四氯化硅规模化生产商。在 5G 和芯片原材料的国产替代以及出口贸易的驱动下，三孚股份有望成为全球领先的硅原材料供应商。

　　2021 年一季度，公司实现营收 2.88 亿元，同比增长 23.21%；实现归母净利润 0.53 亿元，同比增长 318.9%，公司业绩大幅增长。

　　如图 1-20 所示是三孚股份 2016 年到 2021 年 1 季度的公司营收及增速。

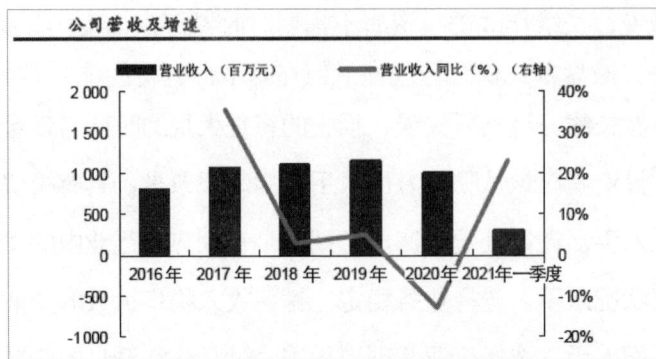

图 1-20　三孚股份 2016 年到 2021 年 1 季度的公司营收及增速

从数据上看，三孚股份在 2021 年 1 季度的营收增速大大提高，业绩超越市场预期，未来发展前景广阔，那么其股票就具有比较高的投资价值。

如图 1-21 所示是三孚股份 2021 年 1 月到 9 月的 K 线图。

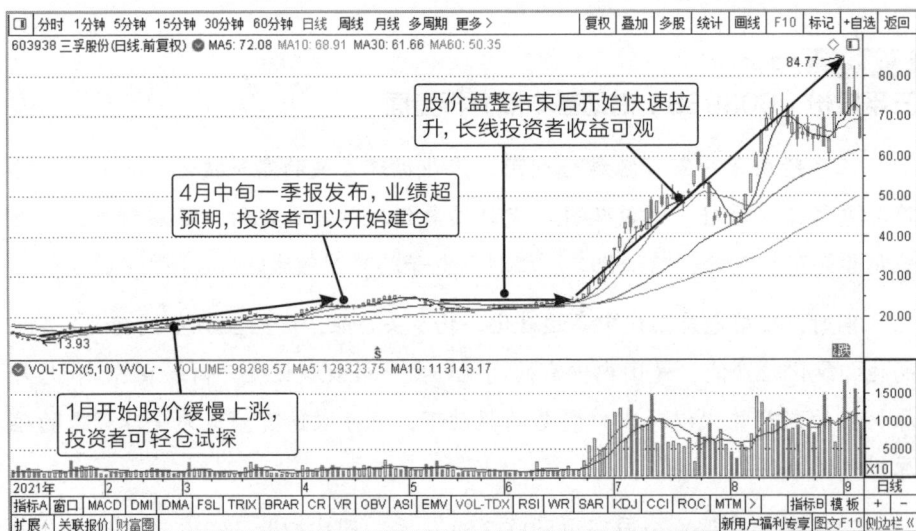

图 1-21　三孚股份 2021 年 1 月到 9 月的 K 线图

从 K 线图中可以看到，从 2021 年 1 月开始，三孚股份的股价就在不断上涨，尽管涨速比较缓慢，但涨势坚定且持续，呈盘坚状态。对公司运营状况保持关注的投资者，此时可以轻仓试探，等待一季报的发布。

在 4 月中旬，公司发布了一季报，投资者在确认业绩优秀后，就可以开始逢低吸纳、分批建仓，准备好长期作战了。

从后续的发展来看，三孚股份在 5 月到 6 月期间经历一段时间的盘整后，在 6 月中下旬开始了快速拉升。截至 9 月初，股价已经上涨至 84.77 元，相较于 4 月 22.00 元左右的持仓成本，涨幅达到了近 285%，长期持有的投资者收益可见一斑。

1.3.3　看技术面分析走势

技术面分析是指对反映股价变化的技术指标、走势形态以及 K 线组合等技术形态的分析。

对技术面的分析是投资者必备的看盘技能，依据市场行为包容一切信息、价格变化有一定的趋势和规律、历史会重演这三大技术分析前提假设，投资者能够从股价的各类技术形态中分析出大量的有效信息，其中就包含对未来走势的预判信号。

一般来说，在单边行情中，股价对支撑位和压力位的突破是比较容易判断的，在这些突破位置出现的买卖信号也比较强烈。尤其是当股价突破（跌破）压力线（支撑线）的同时，成交量有相应的放大（缩减）配合，这样的买入（卖出）信号就会更加可靠。

下面通过一个具体的案例来解析。

实例分析 ⇒
东方日升（300118）看技术面分析走势

如图 1-22 所示是东方日升 2020 年 6 月到 12 月的 K 线图。

从 K 线图中可以看到，东方日升正处于上涨行情之中。7 月中旬，股价在 20.00 元价位线附近阶段见顶开始下跌，随后进入了长时间的盘整阶段。在 8 月中上旬到 9 月期间，股价几乎都在围绕 16.00 元价位线做小幅波动。直到 9 月底，成交量大幅放大，股价迅速上涨，但依旧在 20.00 元价位线上受到压制，未能实现有效突破，买入信号不成立。

　　股价再次回到盘整区间后又进行了两个多月的整理。11 月底，股价出现了上涨迹象，并且随着时间的推移涨速愈发快速，成交量连续放大，对股价的涨势起到了强力的推动。

　　12 月中旬，股价突然出现了一根涨幅达到了 11.37% 的大阳线，直接突破了 20.00 元价位线的压制，并且在后续的交易日内连续上涨，实现了对压力位的有效突破，买入信号强烈。此时投资者就可以迅速买进，一直持有到下一个阶段见顶时卖出，就能获得比较稳定的收益。

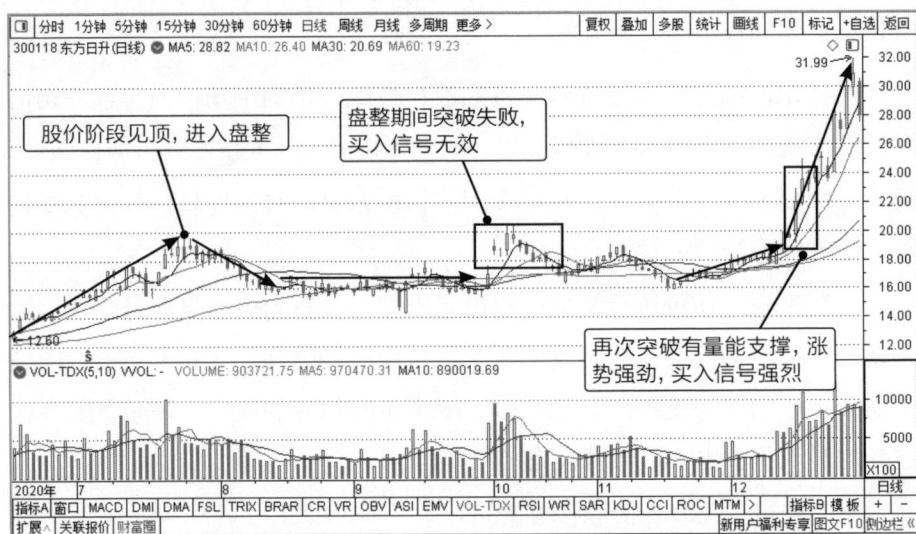

图 1-22　东方日升 2020 年 6 月到 12 月的 K 线图

1.3.4　大盘与个股互相影响

　　大盘指数是由一定范围内样本股的价格数据编制而成，本质上是这些样本股走势的集中表现。通俗来说，就是如果大盘指数逐渐上涨，就说明样本范围内多数的股票都在上涨；相反，如果大盘指数逐渐下降，就说明样本范围内多数股票都在下跌。

因此，大盘的走势与个股之间存在互相影响的关系，大盘的涨跌在很大程度上会影响个股的走势，这一点在大盘股和权重股上体现得尤为明显。

在投资研判上就可以充分利用这样的特性，首先观察当日大盘走势，如果大盘表现良好，并且有继续上涨的趋势，那么投资者就可以选择一只大盘股介入，获取一段上涨收益。

下面通过一个具体的案例来解析。

实例分析 ⇒
招商银行（600036）根据大盘走势选择个股买卖

如图 1-23 所示是上证指数（999999）2022 年 3 月 16 日的分时图。

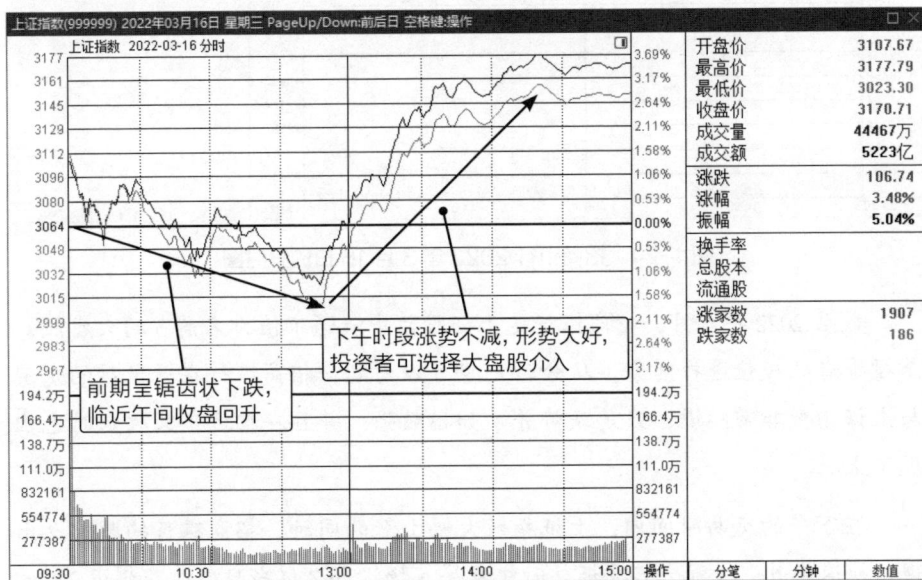

图 1-23　上证指数 2022 年 3 月 16 日的分时图

从上证指数的分时走势可以看到，在 3 月 16 日这一天，大盘指数开盘后呈锯齿状下挫，在早盘时间内跌到了 3023.30 的低点。临近午间收盘时，指数有所上涨，回归到了前日收盘指数附近。

在下午时段开盘后，指数延续之前的涨势，迅速向上攀升，这说明样本股中大部分的股票都在上涨，此时投资者就要迅速寻找一只大盘股进行操作。

如图 1-24 所示是招商银行 2022 年 3 月 16 日的分时图。

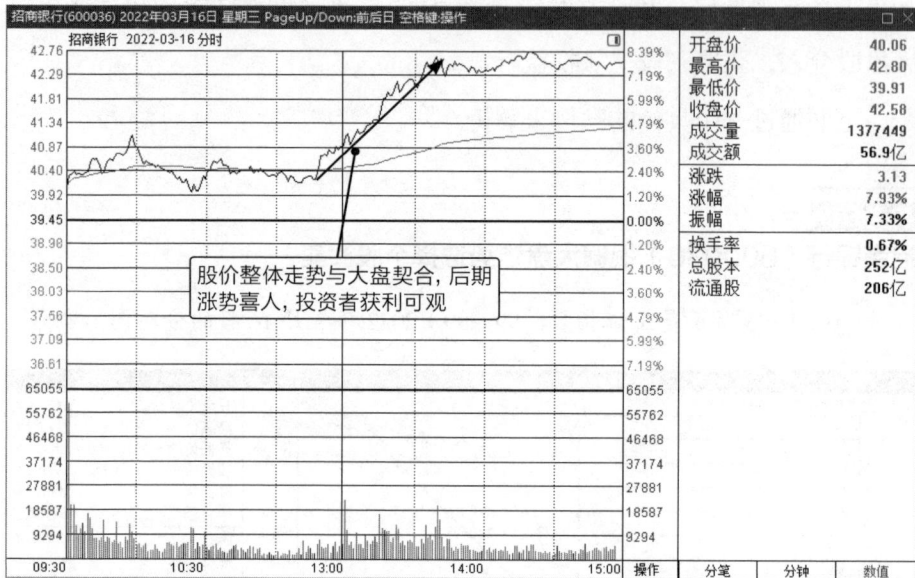

图 1-24　招商银行 2022 年 3 月 16 日的分时图

截至 2022 年 4 月，招商银行是上证股票中流通市值排名前 3 的大盘股，是投资者的极佳选择对象。从分时走势可以看到，招商银行在开盘后的走势与上证指数非常贴近，只是跌势并不如指数强，并且在临近午间收盘时也出现了上涨。

在下午的交易时间内，上证指数大幅上涨的同时，招商银行的股价也出现了快速攀升。投资者只要抓住时机及早入场，那么仅当日就能获得近 7% 的涨幅收益，性价比还是非常高的。

第2章

基础分析：盘口数据如何用

在盘面上，除了走势图外，显示最多的就是各类盘口数据了，如买卖盘、换手率、量比、涨跌幅等。只要投资者学会正确分析盘口数据，从简单的数字中解析出有用的信息，这些盘口数据就能够起到关键的研判作用。

2.1　借助买盘与卖盘分析盘面

盘面中的买盘表示有委托单以比市价高的价格进行买入，并且已经实现主动成交，资金由外部流向内部，也被称为外盘。卖盘表示有委托单以比市价低的价格进行卖出，并且已经实现主动成交，资金由内部流向外部，也被称为内盘。

买盘与卖盘的对比，在很大程度上体现了市场上看多和看空双方的较量。当某一方占据优势，委托量扩大时，市场期望趋于一致，股价就有可能朝着占优的方向运行。正是因为这一特性，买卖盘也成为投资者预判后市走向的依据之一。

2.1.1　5 档买卖盘怎么看

5 档买卖盘是买方力量与卖方力量对比的直观表现，它位于 K 线图右侧的数据窗口中，显示的是当日实时的委托数据。

如图 2-1 所示是司太立（603520）2022 年 2 月到 4 月的 K 线图。

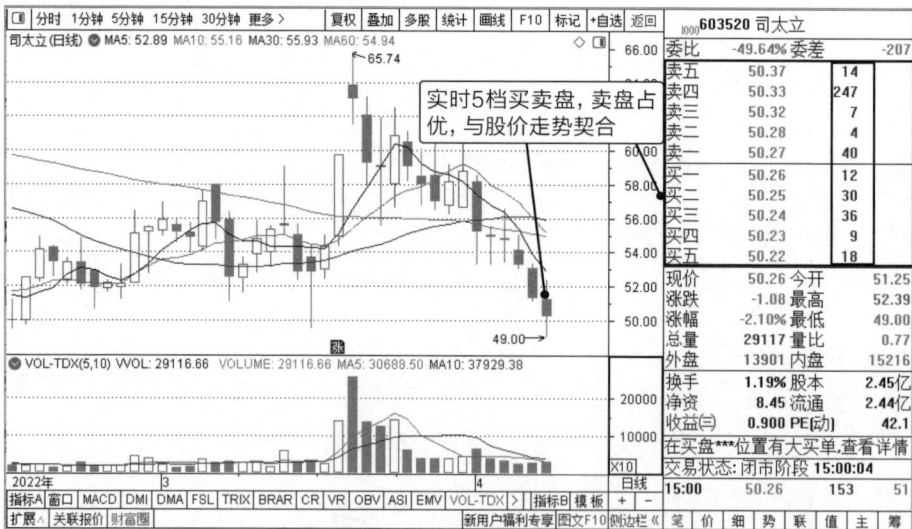

图 2-1　司太立 2022 年 2 月到 4 月的 K 线图

从图中的 K 线状态可以发现，在 4 月 12 日这一天，司太立是以比较低的价格开盘的，并且已经表现出了阴线的状态。这说明在这一时刻，市场的看空预期是强于看多预期的，再观察 5 档买卖盘就能看到，卖盘的委托量确实远超买盘，与股价走势相符。

那么根据买卖盘与股价走势的契合特点，投资者就可以通过实时观察买卖盘的对比，进而粗略判断后市走向，确认可操作性后再查看分时走势，精准定位买卖点。

下面通过一个具体的案例来解析。

实例分析 ⇒
永福股份（300712）通过 5 档买卖盘分析买卖点

如图 2-2 所示是永福股份 2022 年 6 月 23 日的分时图。

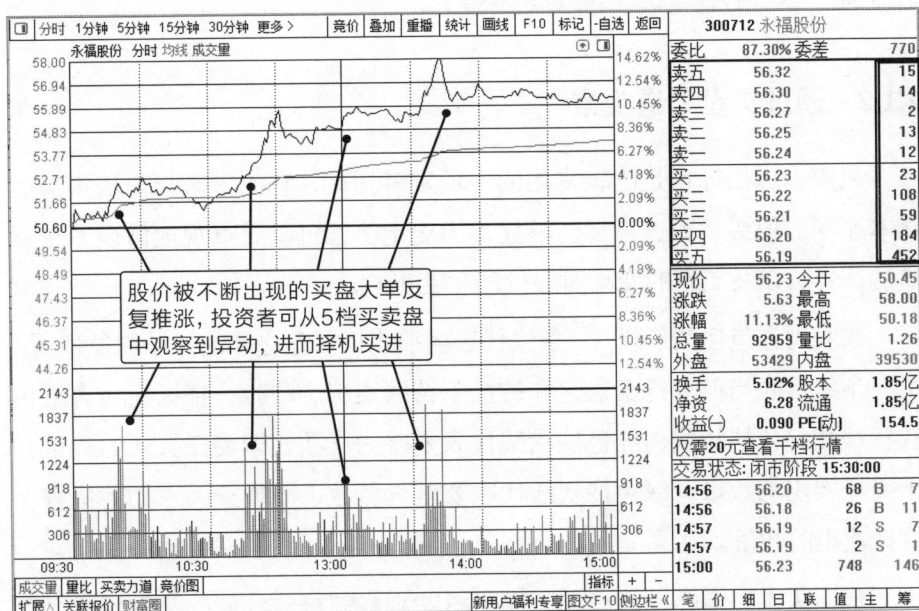

图 2-2　永福股份 2022 年 6 月 23 日的分时图

从分时走势可以看到，永福股份在 2022 年 6 月 23 日这一天是以低价开盘。股价在开盘后围绕均价线震荡一段时间后，很快就被买盘出现的大单推涨，越过了均价线来到其上方。

观察当时的买卖盘，投资者一定会发现买盘上骤然增加的大笔委托单，这样的迹象充分说明了买盘资金的介入，场内看多力量占据优势。在观察到资金大量流入，股价出现上涨的同时，投资者就要果断跟随入场。

再来看后续的走势，在股价上涨到均价线上方后不久，出现了小幅回落，但很快在 10:30 左右就再次上涨。成交量在后续集中放量推涨，代表着再次介入的机会，错过前期时机的投资者可积极跟进。

11:00 之后，股价再次回调，随后震荡向上缓慢上涨，盘中再次出现间歇性的大单，反复将股价上推。在 13:30 之后，成交量更是再度放出巨量，将股价一路推上最高 58.00 元，此时买盘异动将会非常明显，股价也已经有了较大的涨幅，短时间内的收益已经非常不错了。

2.1.2　通过买卖力道观察

买卖力道指标也是比较常用的一项实时指标，它的含义与 5 档买卖盘基本相同。但买卖力道指标能够显示历史走势，可以更直观地体现多空双方的博弈，以及二者的变动对股价产生的影响。

买卖力道包括两条线，一条线代表当前委托买盘之和的挂单持续情况；另一条线代表当前委托卖盘之和的挂单持续情况。同时，指标还包含红色柱状线和绿色柱状线，红色柱状线代表委差为正数，即委托买入的数量大于委托卖出的数量；绿色柱状线代表委差为负数，即委托买入的数量少于委托卖出的数量。

根据买卖力道指标的波动，投资者能观察到每一分钟的买盘与卖盘委托数量的对比，相对 5 档买卖盘来说更为直观。

买卖力道指标需要按【F5】快捷键切换至当日分时图查看，它位于分时走势图下方的选项栏中，单击"买卖力道"指标选项即可添加一个指标窗口进行查看，如图 2-3 所示。

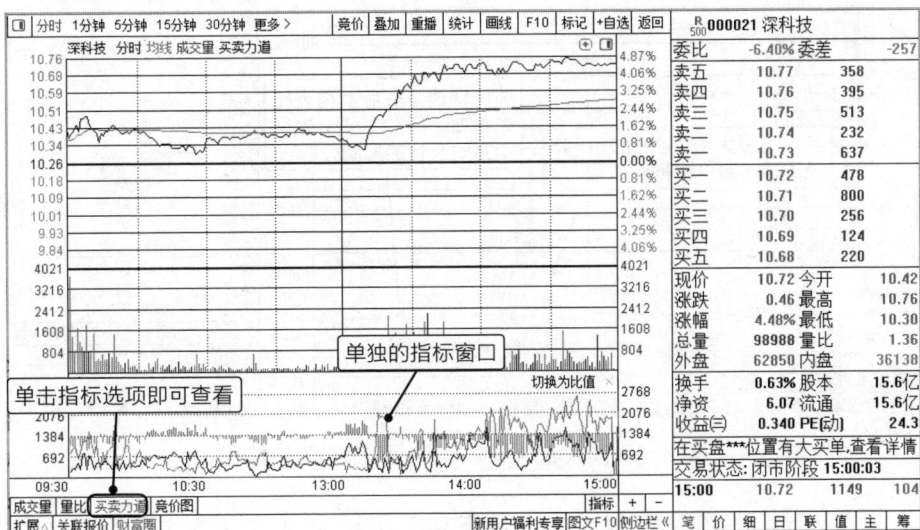

图 2-3 添加买卖力道窗口

拓展贴士 *买卖力道指标无法查看往日数据*

买卖力道指标是一项实时指标，它的历史数据仅限于当日，也就是说，投资者无法通过买卖力道指标查看往日分时走势的买卖盘对比。

如果需要查看往日买卖盘数据，投资者可以双击某日 K 线打开单独的分时图，再通过"操作"下拉列表中的"分时重播"功能，回溯当日每分钟的委托买卖情况，进而对其买卖力道进行分析。

下面通过一个具体的案例来解析。

实例分析 ⇒

光大证券（601788）通过买卖力道观察走势

如图 2-4 所示是光大证券 2022 年 4 月 12 日的分时图。

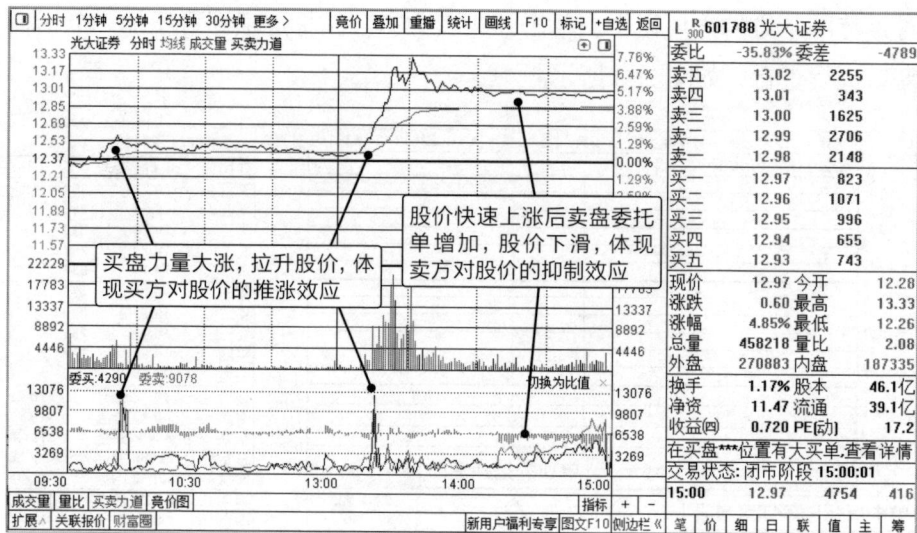

图 2-4 光大证券 2022 年 4 月 12 日的分时图

从分时走势可以看到，光大证券在 4 月 12 日这一天几乎是以平价开盘。股价在开盘后便在前日开盘价附近横盘运行，在此期间买方与卖方力度相近，导致股价没有快速上涨或下跌的动力。

9:51 左右，买方力量忽然大涨，将股价向上推高到了 12.53 元价位线附近，随后又很快回落，买卖力道指标形成一个尖尖的锥形形态。这说明当时场内有大笔资金介入拉高，主力可能是在试探拉升，因此没有继续。

此时股价小幅回落，在均价线受到了有效的支撑，随后一直维持在其上方运行，由于买卖力道的再次贴近，股价又一次进入横盘。

下午开盘后，股价横盘运行几分钟后再次拉高。此次拉高速度较快，并且买卖力道指标再次形成了尖锥形态，说明有主力资金在推涨，在此之后，股价便维持在高位运行。

在股价高位横盘运行的过程中，投资者可以明显地发现，卖盘的力量开始放大并压过了买盘。这可能是股价在快速拉升之后，盘中积累的获利盘希望兑利离场而集中抛售的缘故。在卖方力量上涨的同时，股价也在缓慢下跌，由此可以看出买卖盘对股价的影响。

2.2　从换手率看盘口活跃度

在众多盘口数据和指标中，换手率用于反映市场交投活跃程度，是极为重要的技术指标之一，它与成交量的判断作用比较类似。因此，投资者有必要对其含义和用法进行深入了解。

2.2.1　换手率代表的含义

换手率是以百分比衡量的，某一段时间内股票的成交量占股票总数的比例，计算公式为：换手率 = 某一段时期内的成交量 ÷ 发行总股数 × 100%。简单来说，换手率就是市场中股票转手买卖的频率。

日换手率数据处于不同范围代表着不同的含义，具体如图 2-5 所示。

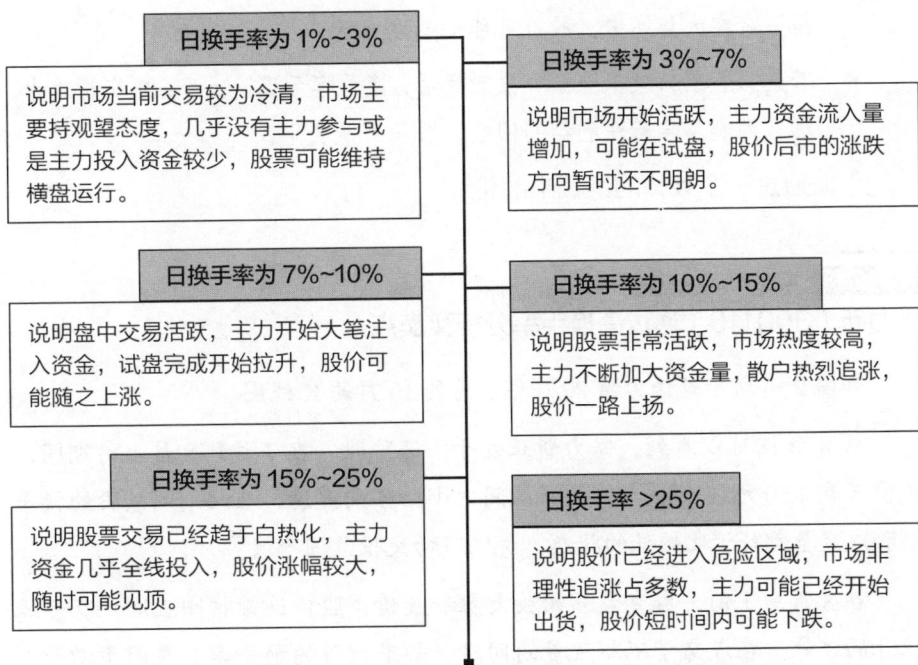

图 2-5　日换手率处于不同范围的含义

日换手率为 1%~3%
说明市场当前交易较为冷清，市场主要持观望态度，几乎没有主力参与或是主力投入资金较少，股票可能维持横盘运行。

日换手率为 3%~7%
说明市场开始活跃，主力资金流入量增加，可能在试盘，股价后市的涨跌方向暂时还不明朗。

日换手率为 7%~10%
说明盘中交易活跃，主力开始大笔注入资金，试盘完成开始拉升，股价可能随之上涨。

日换手率为 10%~15%
说明股票非常活跃，市场热度较高，主力不断加大资金量，散户热烈追涨，股价一路上扬。

日换手率为 15%~25%
说明股票交易已经趋于白热化，主力资金几乎全线投入，股价涨幅较大，随时可能见顶。

日换手率 >25%
说明股价已经进入危险区域，市场非理性追涨占多数，主力可能已经开始出货，股价短时间内可能下跌。

2.2.2 高换手率个股如何操作

高换手率的股票流通性好，市场参与度高，具有较强的转化获利能力，是追求交易效率的短线投资者的优秀投资对象。

同时，高换手率也说明该股票可能属于热门题材或行业，盈利机会比较多，但随着参与人数和资金的增加，股票走势的不确定性也在增加。也就是说，换手率越高，投资风险越大。

此时投资者就需要衡量收益与风险，对于换手率过高的股票，经验比较少的投资者最好还是谨慎考虑。

那么，如何通过换手率的变动来确定买卖点呢？其实投资者可以将其与成交量结合，成功率会比较高。

- ◆ 若某只股票的换手率突然上升，成交量放大，可能意味着有主力或是投资者在大量买进，股价可能会随之上扬。

- ◆ 若某只股票持续上涨了一段时间后，换手率又迅速上升，成交量放大，那么可能意味着获利盘的回吐，股价可能会下跌。

下面通过一个具体的案例来解析。

实例分析 ⇒
保力新（300116）通过高换手率分析买卖点

如图 2-6 所示是保力新 2020 年 7 月到 10 月的 K 线图。

从 K 线图可以看到，保力新正处于上涨阶段。在 7 月到 8 月上旬期间，股价还在 1.50 元到 1.80 元的价格区间内小幅横向震荡，在此期间该股的换手率和成交量都处于比较低的状态，说明市场交投氛围冷淡。

在 8 月中上旬，成交量开始放大推涨股价，股价连续收阳上涨，有开始拉升的迹象。在成交量不断放量的同时，如果该股的换手率也在同步增长，就说明后市的拉升即将来临。

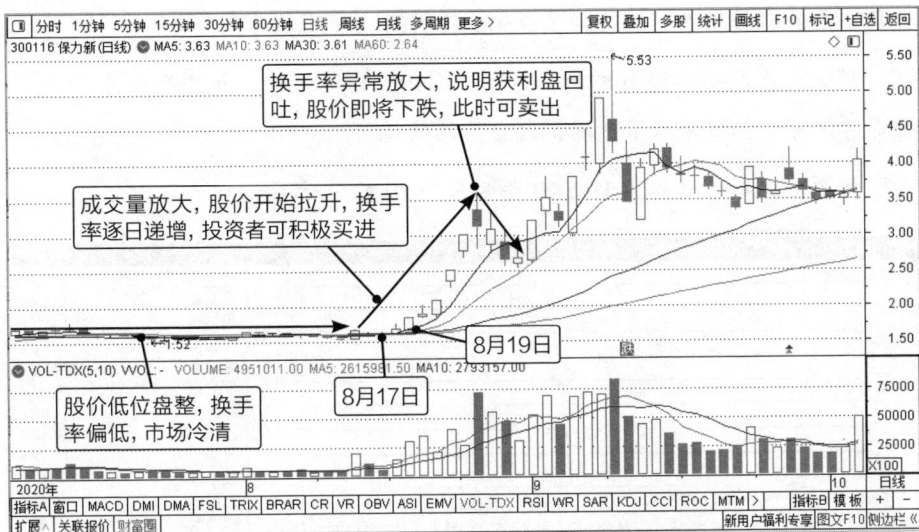

图 2-6　保力新 2020 年 7 月到 10 月的 K 线图

下面来观察拉升初始几个交易日的换手率。

如图 2-7 所示是保力新 2020 年 8 月 17 日到 8 月 20 日的盘口数据。

保力新	✕
时间	2020/08/17/一
数值	2.27
开盘价	1.61(-0.62%)
最高价	1.63
最低价	1.60
收盘价	1.61
成交量	525481
成交额	8497万
涨幅	-0.01(-0.62%)
振幅	0.03(1.85%)
换手率	1.43%
流通股	36.9亿

保力新	✕
时间	2020/08/18/二
数值	2.68
开盘价	1.62(0.62%)
最高价	1.77
最低价	1.60
收盘价	1.68
成交量	141.9万
成交额	2.40亿
涨幅	0.07(4.35%)
振幅	0.17(10.56%)
换手率	3.85%
流通股	36.9亿

保力新	✕
时间	2020/08/19/三
数值	1.85
开盘价	1.67(-0.60%)
最高价	1.85
最低价	1.66
收盘价	1.85
成交量	300.9万
成交额	5.43亿
涨幅	0.17(10.12%)
振幅	0.19(11.31%)
换手率	8.16%
流通股	36.9亿

保力新	✕
时间	2020/08/20/四
数值	1.90
开盘价	1.86(0.54%)
最高价	2.03
最低价	1.83
收盘价	1.90
成交量	350.4万
成交额	6.76亿
涨幅	0.05(2.70%)
振幅	0.20(10.81%)
换手率	9.50%
流通股	36.9亿

图 2-7　保力新 2020 年 8 月 17 日到 8 月 20 日的盘口数据

从连续 4 个交易日的盘口数据可以看到，在 8 月 17 日，保力新的换手率还只有 1.43%，说明当时的交易还比较冷清，资金流动量不大。次日，该股实现了 4.35% 的涨幅，换手率也上涨至 3.85%，说明该股进入了活跃阶段，主力开始注入资金。

到 8 月 19 日，股价涨速大增直接涨停，此时的换手率也达到了 8.16%，说明市场已经非常活跃，主力开始大量注入资金。8 月 20 日，股价涨速减缓，但换手率依旧居高不下，达到了 9.50% 的新高，说明拉升已经开始。

那么，在换手率逐日增加，达到 7%~10% 的区间时，也就是 8 月 19 日，投资者就可以积极介入了，以扩大自己的收益。

如图 2-8 所示是保力新 2020 年 8 月 19 日的分时图。

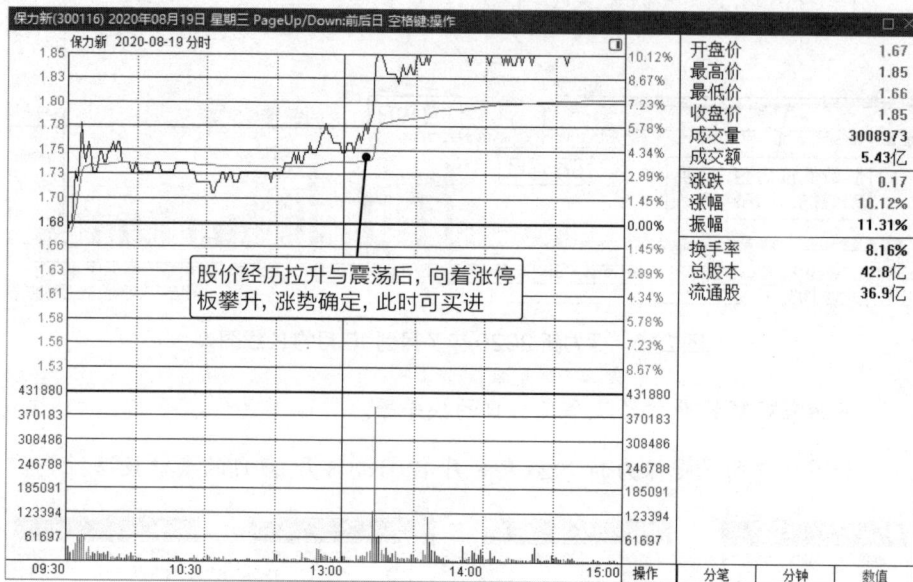

图 2-8　保力新 2020 年 8 月 19 日的分时图

从分时走势可以看到，保力新在 8 月 19 日这一天几乎是以平价开盘，在开盘后股价就迅速上涨，达到 1.78 元价位线附近后有所回落，随后股价围绕均价线做横向运动。

临近午间收盘时，股价再次上扬，并在下午开盘后延续涨势，斜线朝着涨停板运行。此时股价涨势已经确定，那么投资者就要果断决策，迅速买进。从后续的走势可以看到，股价在涨停后还在不断地开板交易，给投资者留下了充足的跟进空间。

在 8 月 19 日买入后，投资者就可以保持持有，并密切关注其换手率。当换手率在某个交易日抬高太多时，就意味着可能有获利盘大量抛售，股价后续可能下跌，此时投资者就可以卖出了。

2.2.3 低换手率个股怎样决策

有时候，高换手率不代表股票具有优势，同样的，低换手率也不代表股票只有劣势。除了股票冷门、市场交投不活跃的原因外，股票换手率偏低还存在以下几种情况，具体如图 2-9 所示。

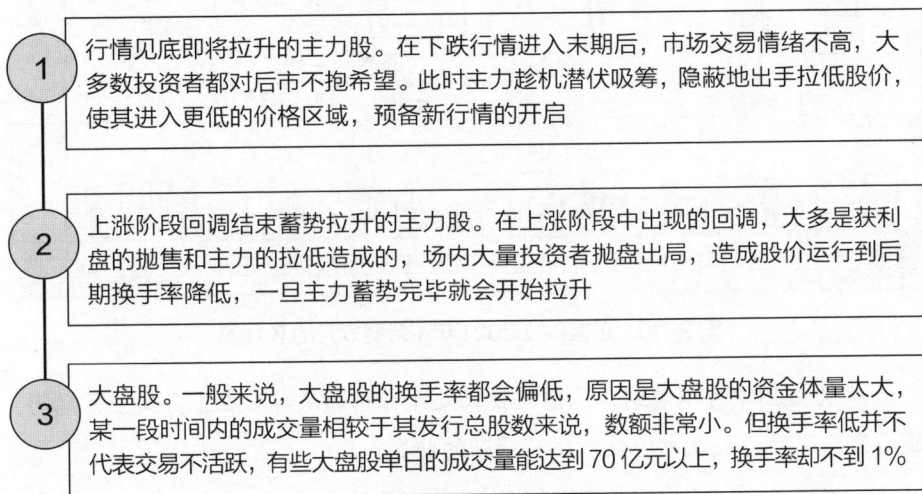

1 行情见底即将拉升的主力股。在下跌行情进入末期后，市场交易情绪不高，大多数投资者都对后市不抱希望。此时主力趁机潜伏吸筹，隐蔽地出手拉低股价，使其进入更低的价格区域，预备新行情的开启

2 上涨阶段回调结束蓄势拉升的主力股。在上涨阶段中出现的回调，大多是获利盘的抛售和主力的拉低造成的，场内大量投资者抛盘出局，造成股价运行到后期换手率降低，一旦主力蓄势完毕就会开始拉升

3 大盘股。一般来说，大盘股的换手率都会偏低，原因是大盘股的资金体量太大，某一段时间内的成交量相较于其发行总股数来说，数额非常小。但换手率低并不代表交易不活跃，有些大盘股单日的成交量能达到 70 亿元以上，换手率却不到 1%

图 2-9 低换手率的其他情况

在遇到除大盘股外的低换手率股票时，投资者可以首先将当前的换手率数据与以往进行对比，看近期是否出现明显下降；其次观察 K 线走势是否存在主力的痕迹。

当确定股票的可操作性后，激进的投资者就可以大胆跟随吸筹，而谨慎的投资者则可以保持观望，当股价出现明显的上涨迹象时再择机买进。

下面通过一个具体的案例来解析。

实例分析 ⇒
乐鑫科技（688018）通过低换手率分析买卖点

如图 2-10 所示是乐鑫科技 2021 年 1 月到 5 月的 K 线图。

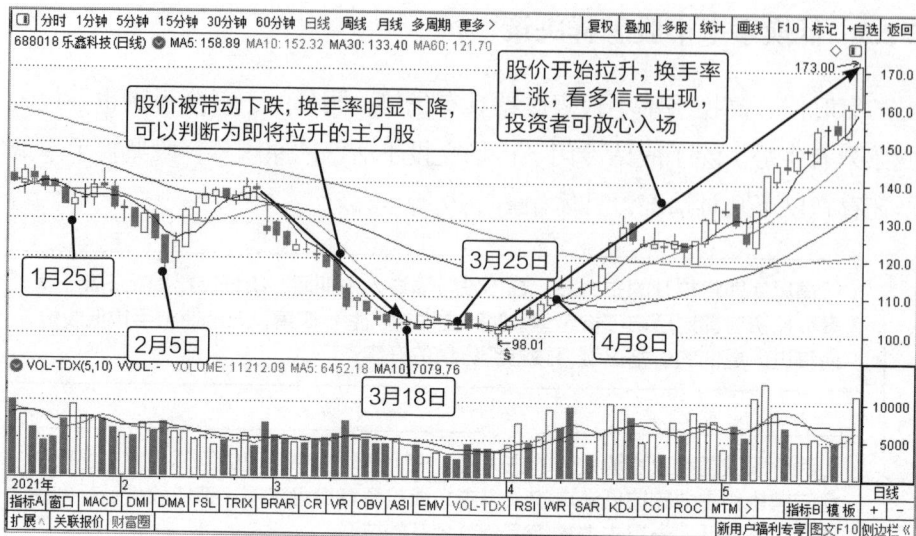

图 2-10　乐鑫科技 2021 年 1 月到 5 月的 K 线图

从 K 线图中可以看到，乐鑫科技正处于行情的底部。在 1 月到 2 月期间，股价震荡下跌，成交量还处于比较活跃的状态。

3 月开始，股价跌速突然加快，并且期间存在量增价跌的情况，说明该股大概率有主力潜伏其中，并放量拉低股价。从换手率的变动来观察，还能够发现一些端倪。

如图 2-11 所示分别是乐鑫科技 2021 年 1 月 25 日、2 月 5 日、3 月 18 日和 3 月 25 日的盘口数据。

图 2-11　乐鑫科技 4 个交易日的盘口数据

2021 年 1 月 25 日和 2 月 5 日是股价加速下跌之前的两个交易日，这段时间内股价处于震荡下跌状态。从盘口数据中的换手率来看，这两天的换手率分别是 2.14% 和 1.61%，属于下跌到后期的正常范围。

3 月 18 日和 3 月 25 日则是在主力拉低股价之后，在接近行情底部的两个交易日。这两天的换手率分别是 0.63% 和 0.54%，相较于之前的换手率有了明显的降低，结合主力的手法，基本可以判定这是一只即将拉升的主力股。

此时，激进的投资者就可以轻仓介入试探，而谨慎的投资者还要等待明显上涨信号的出现。

如图 2-12 所示是乐鑫科技 2021 年 4 月 8 日的分时图。

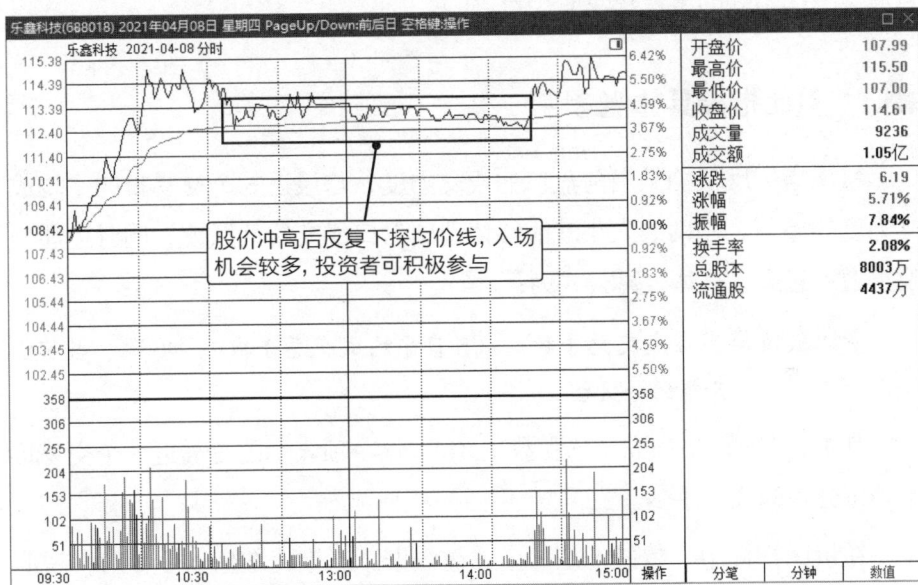

图 2-12 乐鑫科技 2021 年 4 月 8 日的分时图

4 月 8 日是股价见底回升，出现明显上涨迹象后的一个交易日。从分时走势可以看到，当日股价以低价开盘后，就出现了锯齿状的快速上涨，在 10:00 左右，股价快速冲到 114.39 元价位线上方后回落。

而在后续的交易时间内，股价持续在高位震荡，反复下探均价线，但始终受到其强力的支撑。那么，股价下探均价线的位置就是比较好的买入点，也为投资者留下了大量的入场空间。

强劲的涨势进一步确定了新行情的诞生，并且当日的换手率也达到 2.08%，市场已经开始活跃起来。此时，谨慎的投资者也可以积极跟进了。

2.3　通过量比指标抓盘面涨幅

与换手率指标一样，量比指标也是盘口数据中极其重要的一项，同时也是投资者在短线实战中，洞察主力短时间动向的有力工具。因此，投资者对于量比指标的掌握也是必不可少的。

2.3.1　量比指标具体概念

量比指标反映的是当前盘口的成交力度，与最近 5 个交易日的平均成交力度的差别。差别的大小就能够体现出盘口成交的活跃度，同时还能反映主力的意图。具体计算公式为：

量比数值＝现在成交总手数 ÷（5 日平均成交总手数 ÷240）÷ 当前已开市的分钟数

其中，"5 日平均成交总手数 ÷240"这一项表示的是最近 5 个交易日平均每分钟的成交手数。

在量比指标中，数值 1 是一个关键数据。当量比数值大于 1 时，说明当日每分钟的平均成交量要大于过去 5 个交易日的平均数值，也就是说市场活跃度比过去 5 个交易日好。

当量比数值小于 1 时，说明当日每分钟的平均成交量比不上过去 5 个交易日的平均水平，也就是说市场交投变得相对冷淡，或是热烈的追涨情绪平复下来了，成交量自然下降。

那么，当量比指标的数值处于不同的区间时，又代表了怎样的含义呢？具体如图 2-13 所示。

量比处于 0.5 以下

说明成交量缩减较为剧烈，股票交易非常惨淡。一般来说其中有主力的痕迹，若股价处于调整或上涨过程中，量比缩减，就说明主力持有的筹码较多。

量比处于 0.8~1.5

此时成交量处于正常水平，与前 5 个交易日的差距不大，股票波动风险较小。

量比处于 1.5~2.5

说明成交量量能开始放大，当股价处于上涨阶段，代表涨势良好；当股价位于下跌阶段，代表有继续下跌的趋势。

量比处于 2.5~5

说明成交量量能快速放大，若股价处于盘整区间或受到压力位（支撑位）的阻碍（支撑），此时就有突破（跌破）的可能。

量比处于 5~10

说明成交量量能剧烈放大，在股价底部和顶部比较常见，代表着价格的反转和后市发展方向的改变。

量比处于 10 以上

说明成交量放量比较极端，股价已经被推涨到高位，主力开始出货；或是被拉到较低的位置，主力开始拉升。

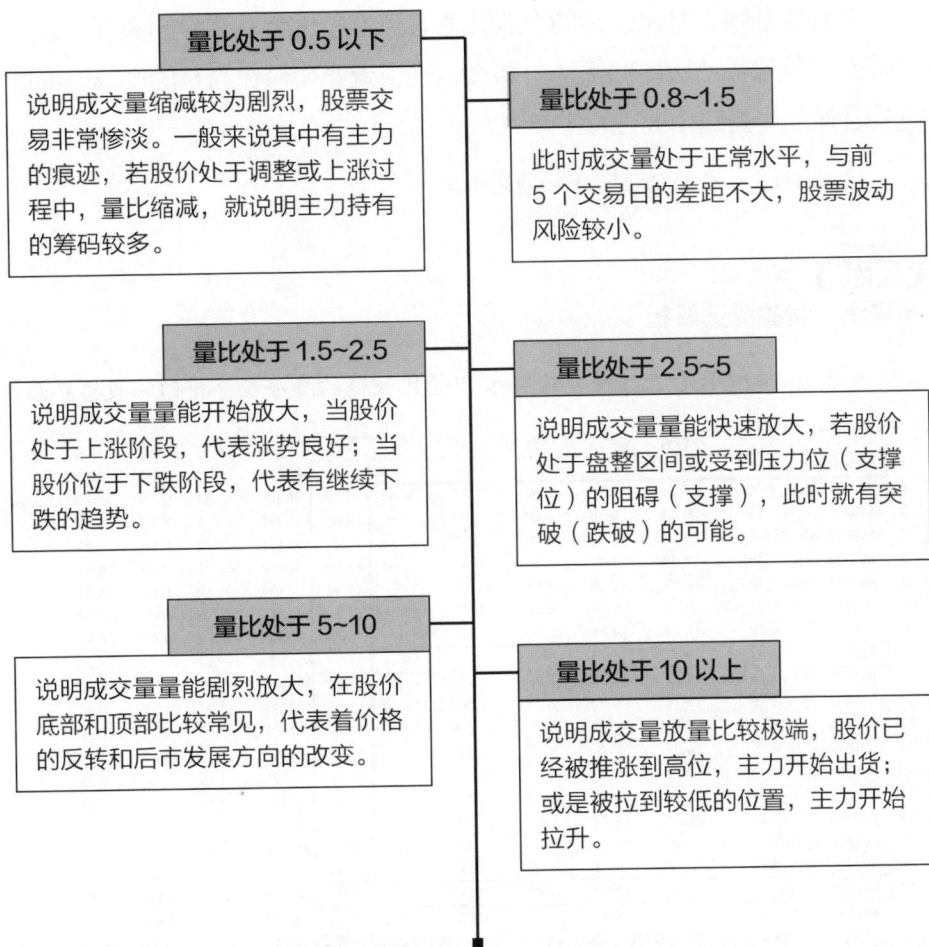

图 2-13　量比数值所处区间的不同含义

2.3.2　高量比个股筛选法

在了解了量比数值在不同区间所代表的含义后，再来分析高量比的个股就会更加高效。量比数值的增长往往意味着股价将有大的变化，而这种变化的剧烈程度将取决于量比数值增长的大小。

但有些时候，量比过高的个股并不意味着股价会有优异的表现，投资者需要对其进行一层层的筛选。那么，投资者要如何在当日的交易时间内选择合适的高量比个股进行操作呢？

下面通过一个具体的案例来解析。

实例分析 ⇒

高量比个股的筛选解析

如图 2-14 所示是 2021 年 4 月 18 日以量比数值的降序顺序排列的股票界面。

	代码	名称		涨幅%	现价	涨跌	买价	卖价	量比↓	总量	现量	涨速%	换手%
1	603299	苏盐井神	R	7.00	10.09	0.66	10.08	10.09	27.41	621619	7	0.00	11.11
2	300991	创益通	Z	4.56	32.08	1.40	32.02	32.08	20.12	76959	12	-1.19	34.20
3	603009	北特科技		10.02	6.59	0.60	6.59	—	20.06	166397	9	0.00	4.92
4	600626	申达股份	R	10.12	4.57	0.42	4.57	—	15.47	488131	28	0.00	5.73
5	603048	浙江黎明	N	9.99	20.47	1.86	20.47	—	12.78	40073	1	0.00	10.91
6	601279	英利汽车		10.05	6.35	0.58	6.35	—	12.57	97934	40	0.00	5.01
7	603755	日辰股份		2.69	35.17	0.92	35.17	35.20	12.19	38241	3	-0.02	11.18
8	605319	无锡振华	N	10.03	14.81	1.35	14.81	—	12.15	43366	2	0.00	8.67
9	600725	云维股份		-4.97	4.21	-0.22	4.20	4.21	11.95	654595	13	0.48	5.31
10	603035	常熟汽饰		10.02	14.49	1.32	14.49	—	11.91	389813	5	0.00	10.49
11	002801	微光股份		9.78	26.93	2.40	26.93	26.94	11.86	100722	31	0.71	8.95
12	002535	ST林重		4.85	1.73	0.08	1.73	—	11.77	157877	400	0.00	2.77
13	301072	中捷精工	Z	20.02	30.70	5.12	30.70	—	11.72	64959	1	0.00	24.73
14	688559	海目星	K	3.92	65.26	2.46	65.26	65.33	10.86	99785	23	0.32	8.20
15	000882	华联股份		9.96	2.54	0.23	2.54	—	10.57	373.6万	1836	0.00	13.65
16	300926	博俊科技	Z	20.01	21.77	3.63	21.77	—	10.15	41629	9	0.00	10.66
17	600036	招商银行	R	-6.85	43.62	-3.21	43.61	43.62	10.01	21.7万	165	-1.12	0.59
18	002406	远东传动		0.18	5.51	0.01	5.50	5.51	9.90	105836	2	0.18	2.13
19	601579	会稽山		9.97	10.26	0.93	10.26	—	9.58	99134	2886	0.00	1.99
20	603706	东方环宇		10.03	14.92	1.36	14.92	—	9.49	25818	6	0.00	1.61

◀▶ 分类 ▲ 沪深 ▲ 创业 ▲ 科创 ▲ 北证 ▲ B股 ▲ 基金 ▲ 债券 ▲ REITs ▲ 新三板 ▲ 板块指数 ▲ 港美联动 ▲ 自选 ▲ 板块 ▲ 自定 ▲ 港股 ▲ 期权 ▲

图 2-14　2021 年 4 月 18 日以量比数值的降序顺序排列的股票界面

从图中可以看到，在量比数值排名前列的股票中，数值超过 20 的个股有 3 只，并且排名第一的苏盐井神（603299）的量比数值已经接近了 30。

如此高的量比说明成交量放量比较极端，达到了天量的水平，其中大概率有主力的参与，投资者此时可进入该股的 K 线图观察情况。

如图 2-15 所示是苏盐井神 2021 年 12 月到 2022 年 4 月的 K 线图。

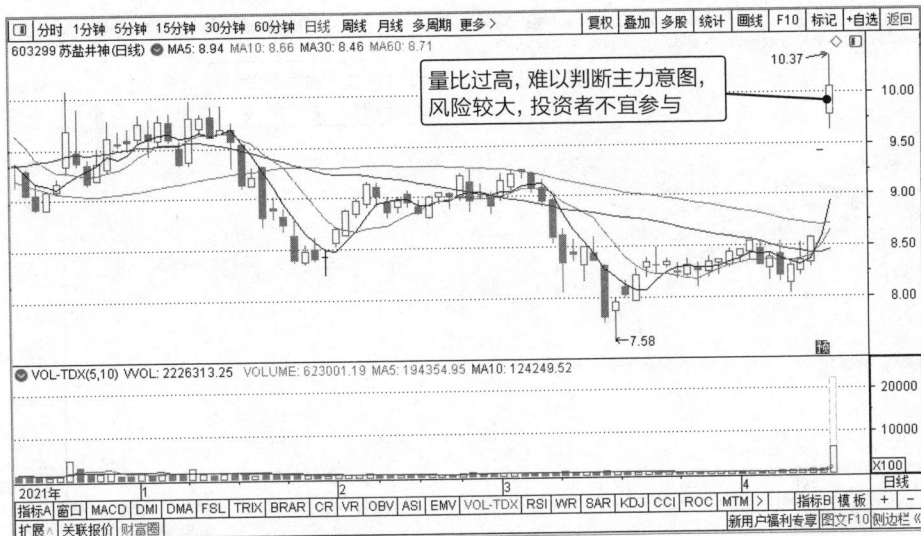

量比过高，难以判断主力意图，风险较大，投资者不宜参与

图 2-15　苏盐井神 2021 年 12 月到 2022 年 4 月的 K 线图

从 K 线图中可以看到，苏盐井神前期处于下跌状态，在 3 月中旬左右止跌回升。就在 4 月 18 日的前一个交易日，股价刚出现了一根一字涨停，次日就爆出了大量能，这很有可能是长时间下跌后，获利盘和套牢盘集中抛盘导致的，但也可能是主力准备蓄势拉升形成的。

在如此高的量比数值下，普通投资者很难准确判断主力的意图，激进的投资者可适当参与，稳健的投资者可以将其列入关注范围，观察其后续发展方向，待行情明朗化后再操作。

下面再来看一个量比数值在 10 左右的个股。

如图 2-16 所示是云维股份（600725）2021 年 12 月到 2022 年 4 月的 K 线图。

从 K 线图中可以看到，云维股份当日的量比数值虽然达到了 11.95。但从 K 线状况来看，4 月 18 日这一天出现的是阴线，也就是说，高量比数值是当日股价急速下跌导致的。

很明显，这样的急速下跌说明盘中杀跌气氛浓厚，并且很有可能有主力在拉低股价。在当前情况下股价下跌空间无法探明，后续是否继续上涨也无从知晓，因此不宜参与。

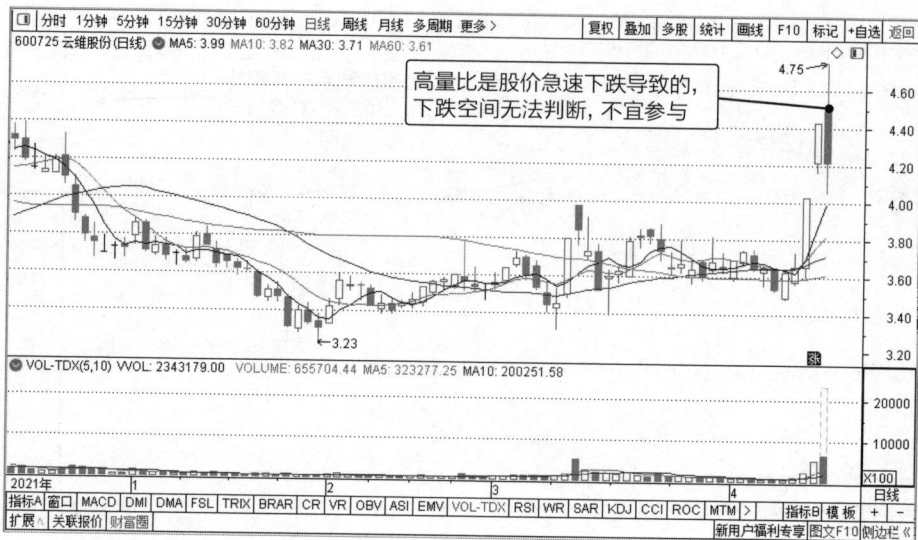

图 2-16　云维股份 2021 年 12 月到 2022 年 4 月的 K 线图

下面再来筛选量比数值在 10 以下的个股进行分析。

如图 2-17 所示是会稽山（601579）2021 年 10 月到 2022 年 4 月的 K 线图。

图 2-17　会稽山 2021 年 10 月到 2022 年 4 月的 K 线图

从 K 线图中可以看到，会稽山当日的量比数值在 10 以下，也属于大量放量，但相对于排名前列的数十只个股来说已经比较温和了。

这样的高量比就更有可能是主力在发力推涨、投资者追随进场导致的。如果投资者选择参与这样的个股，承担的风险就会相对降低。

2.4　涨跌幅与振幅的盘面使用

涨跌幅与振幅是衡量股价波动情况的两项盘口数据，尽管它们的含义不同，但都能从某些方面反映出股价在当日的走势是否平稳。对于投资者来说，也是判断股价趋势的重要工具。

2.4.1　涨跌幅与振幅的意义

涨跌幅指的是当前股价相较于前日收盘价上涨或下跌的幅度，在盘口数据中仅显示为"涨幅"，具体计算公式为：

涨幅 =（股价当前价格 – 前日收盘价）÷ 前日收盘价 ×100%

若股价高于前日收盘价，则涨幅显示为正的百分比；若股价低于前日收盘价，则涨幅显示为负的百分比。

由于 A 股市场对股价单日涨跌幅度做了一定限制，因此当股价上涨或下跌至限额时，就会被强制停止，出现涨停或跌停。

而振幅的计算并不依赖当前价格，它是指股票在一定时期中最低价与最高价之间的振荡幅度，在一定程度上可以体现出股票的活跃程度。具体计算公式为：

振幅 =（股票当期最高价 – 股票当期最低价）÷ 上期收盘价 ×100%

振幅没有负数，只有零和正数之分。如果股价某日振幅为零，说明其最高价与最低价相等，也就是说，这只股票当日的走势没有任何波动，价格线是一条直线。

　　这样的走势并不少见，当一只股票以涨停或跌停开盘，并且整个交易日都没有将涨停板或跌停板打开，那么这一天的价格线就将是一条直线，当日振幅为零，这样的形态被称为一字涨停和一字跌停。

　　在实战中，振幅大于零时，其高低一般会受到两种因素的影响，一是股票的活跃程度，二是股价当日涨跌幅度的大小，具体如图 2-18 所示。

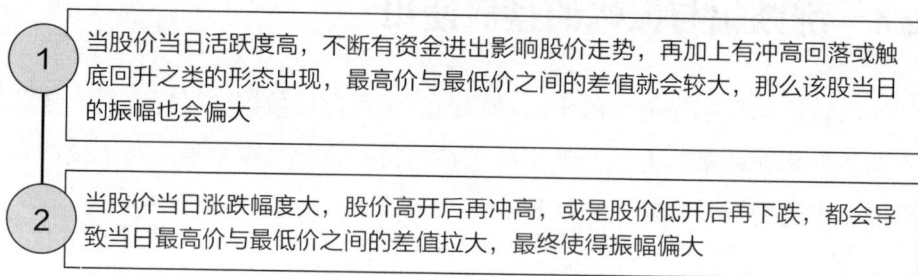

① 当股价当日活跃度高，不断有资金进出影响股价走势，再加上有冲高回落或触底回升之类的形态出现，最高价与最低价之间的差值就会较大，那么该股当日的振幅也会偏大

② 当股价当日涨跌幅度大，股价高开后再冲高，或是股价低开后再下跌，都会导致当日最高价与最低价之间的差值拉大，最终使得振幅偏大

图 2-18　振幅的影响因素

　　接下来，投资者就可以根据这两种因素对振幅的影响以及股价当前的涨跌幅来判断买卖点。

2.4.2　涨跌幅与振幅结合解析

　　在股价活跃度高，盘中不断震荡，导致振幅偏高时，说明多空双方之间的分歧较大，两方的预期趋于分化，将股价反复拉扯，最终呈现出了拉锯式的震荡走势。

　　但股价震荡形成的高振幅，并不代表股价的涨幅也高。有时候股价在震荡一整天后，收盘价还会回到前日收盘价附近甚至是重合，当日就可能收出一根小阳（阴）线或是十字星。

　　这样的状态是比较难以判断后期走势的，如果股价在临近收盘时还未表现出明显的方向性，那么投资者可以暂时保持观望，待到第二天出现明显转机后再决定。

但在股价当日涨幅较高时，往往振幅也会比较大，尤其是当股价出现冲高回落或是触底回升的走势时，振幅更是可能会比涨幅还要大。在这种情况下，市场中多空双方的预期方向趋于一致，对于走势的判断就会相对简单，投资者可以根据自身的操作策略决定是否买卖。

下面通过一个具体的案例来解析。

实例分析 ⇒
盘江股份（600395）涨跌幅与振幅结合解析

如图 2-19 所示是盘江股份 2021 年 8 月 11 日的分时图。

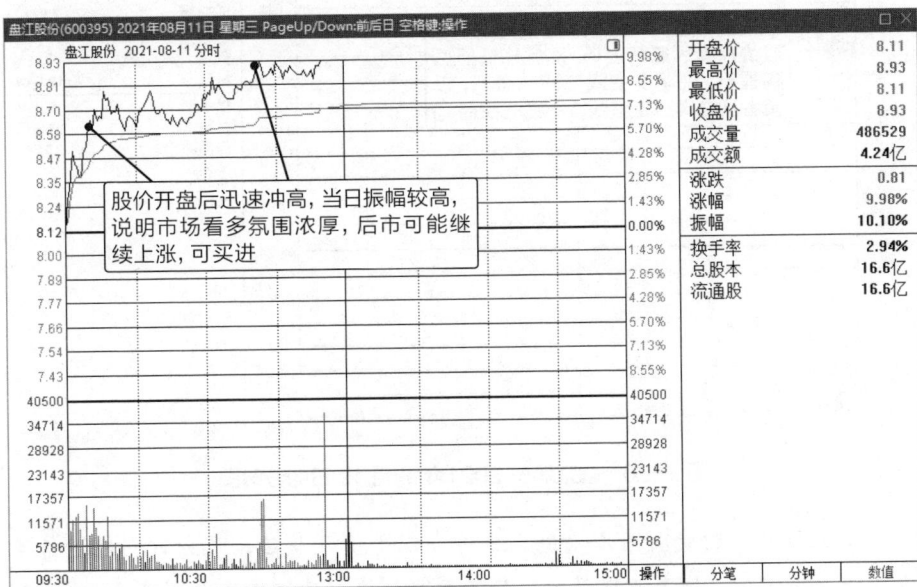

图 2-19　盘江股份 2021 年 8 月 11 日的分时图

从分时走势可以看到，盘江股份在 8 月 11 日这一天是以低于前日收盘价 0.01 元的价格开盘的。开盘后股价就不断震荡上扬，上涨期间均价线提供了足够的支撑力，保证股价走势的稳定。

10:52 时，股价首次接触到涨停板，此时股价的涨幅已经达到了上限，数据显示为 9.98%。而当日振幅却是 10.10%，比涨幅还要高 0.12%，明显是 8 月

11 日这一天的开盘价比前日开盘价要低0.01 元的缘故。这一天的走势说明市场看多气氛浓厚，后市还有上涨的可能，投资者可以在股价随后出现的冲高回落时买进。

随后该股数十分钟内持续震荡，最终于 11:19 涨停封板。而在接下来的交易时间内，股价都没有离开过涨停板。

如图 2-20 所示是盘江股份 2021 年 8 月 12 日的分时图。

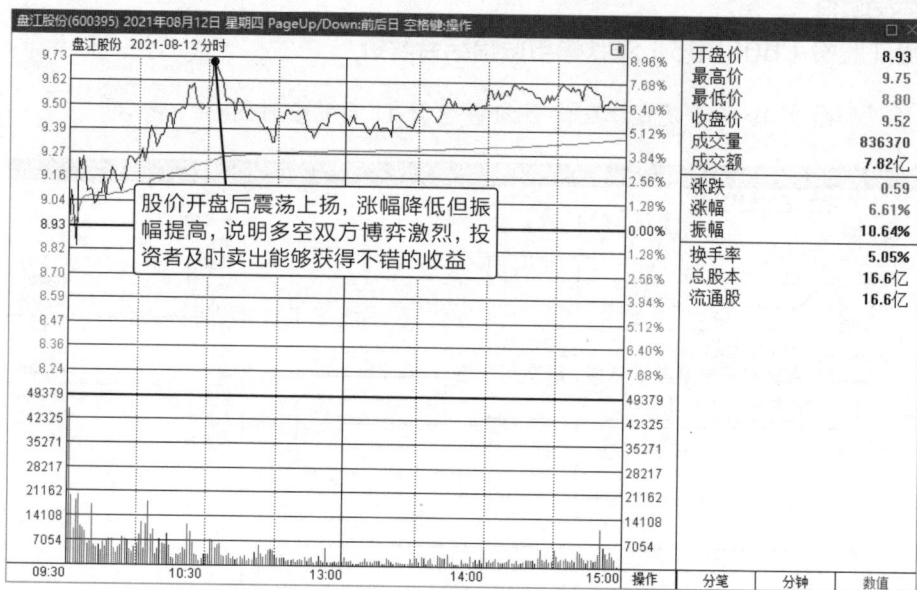

图 2-20　盘江股份 2021 年 8 月 12 日的分时图

从次日的分时走势可以看到，股价在以平价开盘后，几分钟内就进行了剧烈的上下震荡，但最终还是维持住了上涨趋势，呈锯齿状向上攀升。

在早盘时间内，股价就创出了当日最高涨幅 8.96%，随后冲高回落，最终以 6.61% 的涨幅收盘。当日的振幅比前日还要高，达到了 10.64%。

高振幅与高涨幅，在短短两个交易日内为投资者带来了接近 19% 的获益空间。只要投资者抓住时机买卖，赚取的收益将非常不错。

第3章

看盘进阶：K线形态含义多

K线图在看盘实战中占据了极其重要的地位，它涵盖了历史走势和交易信息，其形成的各种特殊形态还可以反映出行情未来可能的走势。无论是单根K线还是多根K线，对后市的发展都有着或强或弱的预示意义。这是投资者重点研究的对象之一。

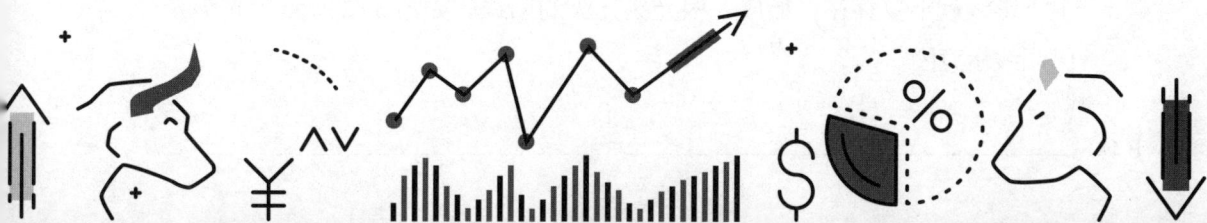

3.1 盘口分析之单根 K 线

单根 K 线的表现形式多种多样，但具有分析价值的特殊形态并不多。当这些特殊形态出现在某些位置时，就可能会对后市的走向做出预示。投资者通过对这些单根 K 线的特殊形态进行分析，能够获取非常多的信息，有助于决策买卖。

3.1.1 光头光脚大阳线用法

经过第 1 章的学习可以知道，K 线是由开盘价、收盘价、最高价以及最低价绘制而成的一段柱状的线条。

如图 3-1 所示为 K 线中阳线与阴线示意图。

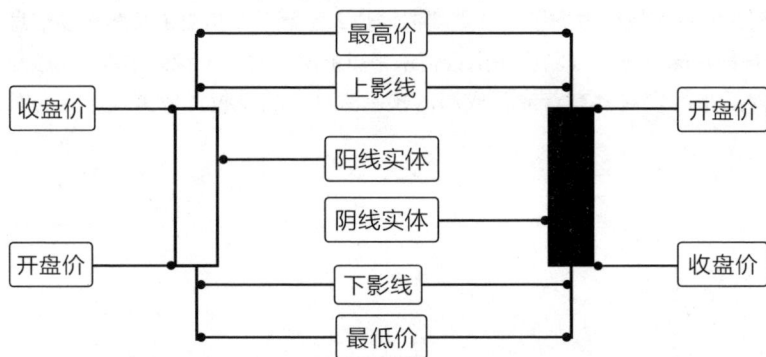

图 3-1 K 线中阳线（左）与阴线（右）示意图

从图中可以看到，普通的 K 线是有实体和上下影线的。实体的长短取决于股票当日的开盘价与收盘价之间的差值，而上下影线的长短则取决于股票当日的最高价与收盘价之间的差值，以及最低价与开盘价之间的差值（这里指的是阳线，下同）。

但当股票当日的开盘价与最低价相等，收盘价与最高价相等，K 线的上下影线就不复存在，形成一根光头光脚的阳线。如图 3-2 所示为光头光脚阳线示意图。

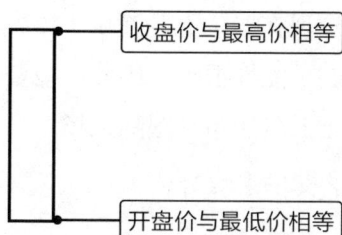

图 3-2 光头光脚阳线示意图

那么光头光脚大阳线的含义就非常明显了，这样的形态意味着股价从开盘就在上涨，交易期间涨势非常迅猛，甚至最终涨停封板，收盘价就是最高价。

如图 3-3 所示是海目星（688559）2021 年 6 月到 8 月的 K 线图。

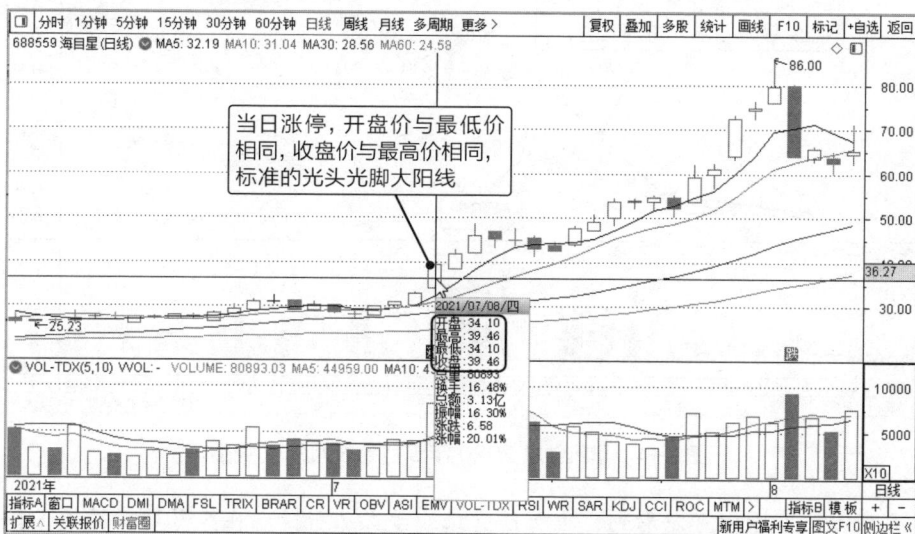

图 3-3 海目星 2021 年 6 月到 8 月的 K 线图

从 K 线图中 7 月 8 日这一天的盘口数据可以看到，当日的开盘价与最低价相同，都是 34.10 元；收盘价与最高价相同，都是 39.46 元。这一天的 K 线属于光头光脚阳线。并且当日的涨幅达到了 20.01%，也就是说当日涨停，这根阳线就是非常标准的光头光脚大阳线。

光头光脚大阳线多出现在股价上升途中，K线实体较大，显示买盘力量很大，后续顺势拉阳的可能性很大。因此，投资者在上升行情中观察到这样的 K 线形态时，就要及时决策，跟随入场。

下面通过一个具体的案例来解析。

实例分析 ⇒
华凯创意（300592）光头光脚大阳线用法解析

如图 3-4 所示是华凯创意 2020 年 5 月到 8 月的 K 线图。

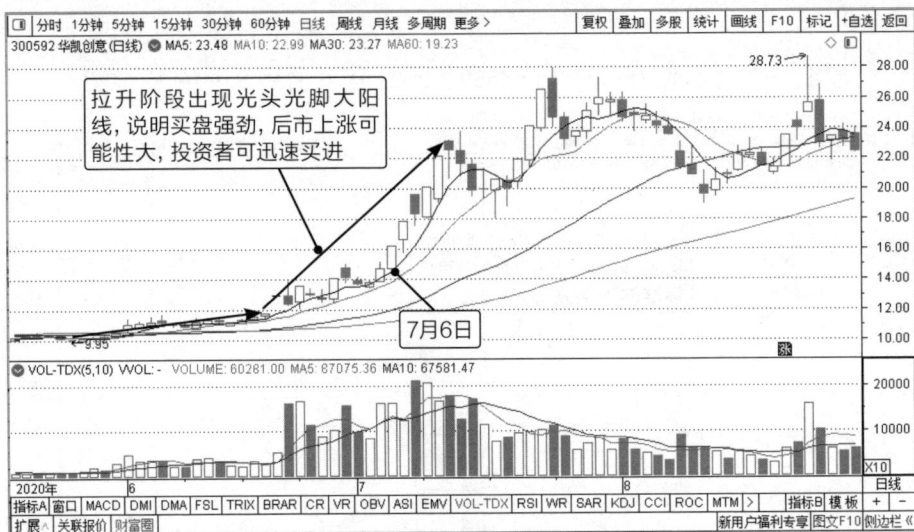

图 3-4　华凯创意 2020 年 5 月到 8 月的 K 线图

从 K 线图中可以看到，华凯创意正处于上涨行情。在 5 月期间股价还在相对低位盘整，从 5 月底开始，股价逐渐上扬，成交量也在阶梯式放量。6 月中下旬，K 线突然拉出涨停，股价涨速加快，说明多方蓄势完毕开始上攻。

如图 3-5 所示是华凯创意 2020 年 7 月 6 日的分时图。

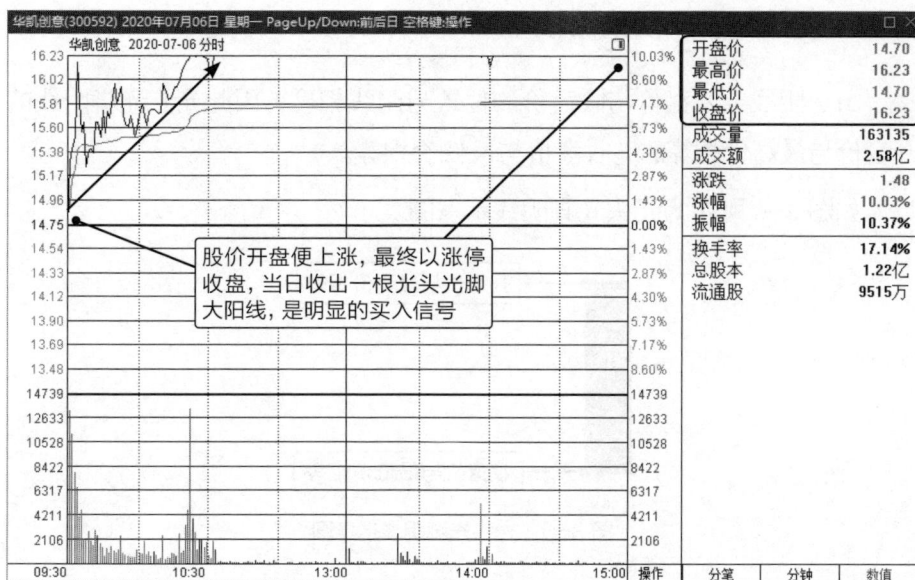

图 3-5　华凯创意 2020 年 7 月 6 日的分时图

　　7 月 6 日正是股价加速上涨进入拉升后的一个交易日。从分时走势可以看到，该股当日以 14.70 元的低价开盘，但在开盘后股价一路上扬，前几分钟涨势非常迅猛。

　　9:33 左右，股价冲高回落，在均价线上受到支撑后，开始了锯齿状上涨。最终在 10:22 左右，股价被一根天量柱线强势推涨到了涨停板上，达到了当日最高价 16.23 元。

　　在后续的交易时间内，股价有过数次开板交易，但开板幅度极小，持续时间也短并且收盘时也是以涨停收盘。从当日的盘口数据可以看出，7 月 6 日这一天的开盘价就是最低价，即 14.70 元，收盘价就是最高价，即 16.23 元，再加上涨停，这一天收出的阳线就是一根标准的光头光脚大阳线。

　　在拉升之时出现光头光脚大阳线，说明买盘力量非常充沛，市场意愿趋于一致，后续继续上涨的可能性比较大。此时投资者就可以果断抓住机会，迅速买进。

3.1.2　光头光脚大阴线用法

由于阴线上开盘价与收盘价的位置与阳线相反，因此光头光脚阴线的开盘价与最高价相等的，收盘价与最低价相等。

如图 3-6 所示为光头光脚阴线示意图。

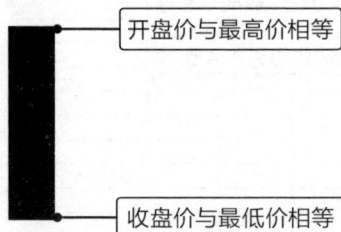

图 3-6　光头光脚阴线示意图

光头光脚大阴线指的是股价从开盘就在下跌，盘中跌势持续，甚至最终跌停封板并收盘，收盘价就是当日所能达到的最低价。

这样的形态常出现在急速下跌的走势中，说明可能有突然的利空消息打击或是主力开始大批量出货，导致市场产生了恐慌性的杀跌情绪，卖盘力量强劲，股价被拉低下跌，短时间内很难有所改变。

那么，投资者在下跌行情中遇到这样的极端形态时，就要果断卖出，以免扩大损失。

下面通过一个具体的案例来解析。

实例分析 ⇒
青海华鼎（600243）光头光脚大阴线用法解析

如图 3-7 所示是青海华鼎 2021 年 7 月到 11 月的 K 线图。

从 K 线图中可以看到，青海华鼎正处于股价的高位。在 8 月中下旬期间，股价还在急速收阳上涨，涨势非常迅疾。但在 9 月初，股价创出 7.70 元的新高后冲高回落，走势迅速反转，开始大幅度下跌。

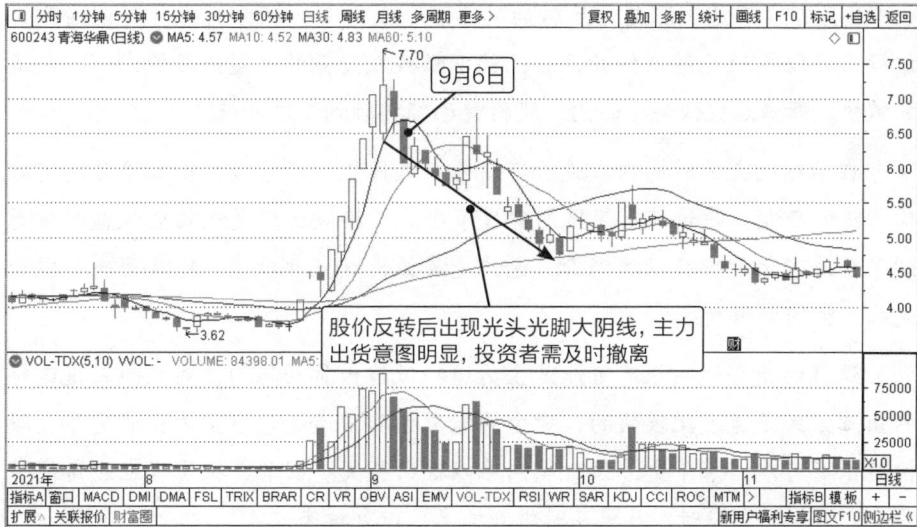

图 3-7　青海华鼎 2021 年 7 月到 11 月的 K 线图

就在股价反转后，一根光头光脚大阴线出现了。

如图 3-8 所示是青海华鼎 2021 年 9 月 6 日的分时图。

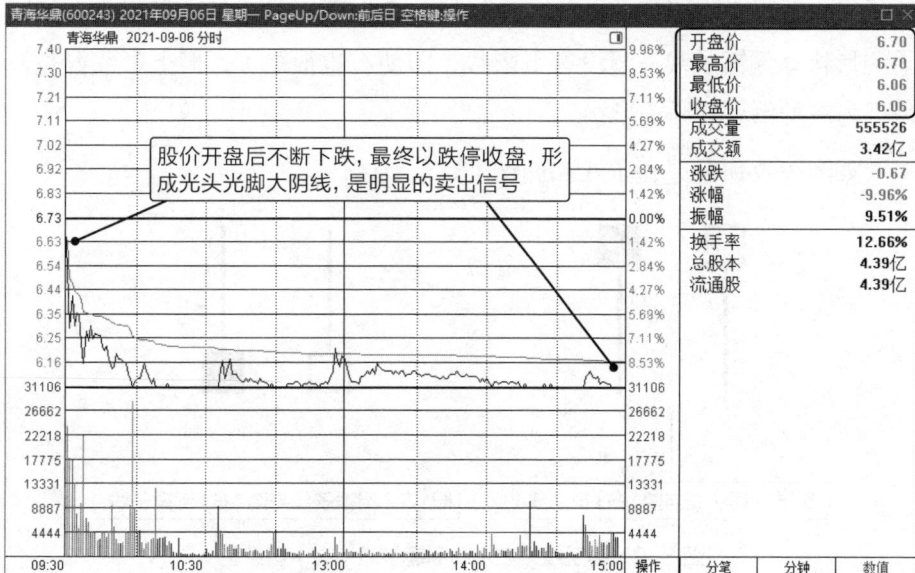

图 3-8　青海华鼎 2021 年 9 月 6 日的分时图

9月6日正是上涨趋势反转后的第2个交易日。从分时走势可以看到，该股当日以6.70元的低价开盘后，就不断被成交量的大量能拉低向下，跌速非常快。开盘后仅仅半小时内，股价就已经接触到了跌停板。

在后续的交易时间内，股价不断地在跌停板附近震荡，但始终无法突破均价线的压制，导致其震荡区间愈发窄小。最终股价还是在临近收盘时被封到了跌停板上。当日以跌停价，也就是最低价6.06元收盘，K线形态呈现为光头光脚的大阴线。

这样的走势说明很有可能是主力边拉低边出货的行为，对主力来说这样的出货方式是速度比较快的，资金的撤离也非常迅速。当主力出货完毕，股价就很有可能一落千丈，短时间内难以挽回损失。因此，投资者在股价高位观察到这样的形态时，就要及时跟随撤离，以免被套。

3.1.3　锤子线与倒锤子线解析

锤子线和倒锤子线是实体较小的一类K线，并且也有阳线和阴线之分。锤子线一般没有上影线（即使有也很短），但下影线很长，呈现为一把锤子的形状；倒锤子线一般没有下影线（即使有也很短），但上影线很长，呈现为一把倒立的锤子形状。

如图3-9所示是锤子线和倒锤子线示意图。

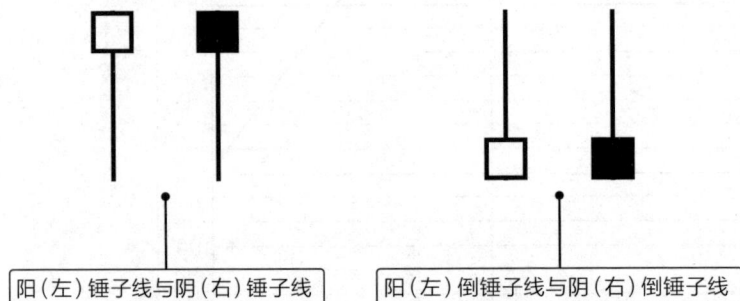

图3-9　锤子线（左）和倒锤子线（右）示意图

在下跌行情的底部出现的锤子线和倒锤子线，是比较具有参考和分析价值的。但在此之前，股价需要经过一段时间的下跌，下跌的时间越长，跌幅越大，在低位出现锤子线或倒锤子线，止跌的效果就越明显。

同时，锤子线和倒锤子线的锤头实体越小，影线越长，形态预示的见底含义也越明显。而且股价见底的时候，出现阳锤子线或阳倒锤子线，预示的反转信号会更可靠。

如果出现了锤子线或倒锤子线，次日的 K 线向上跳空或大幅度上涨，收盘价远远超过了锤子线或倒锤子线的实体，那么向上跳空的距离越大或是上涨的幅度越大，上涨信号就越强烈。

下面通过一个具体的案例来解析。

实例分析 ⇒

科力尔（002892）倒锤子线用法解析

如图 3-10 所示是科力尔 2021 年 1 月到 6 月的 K 线图。

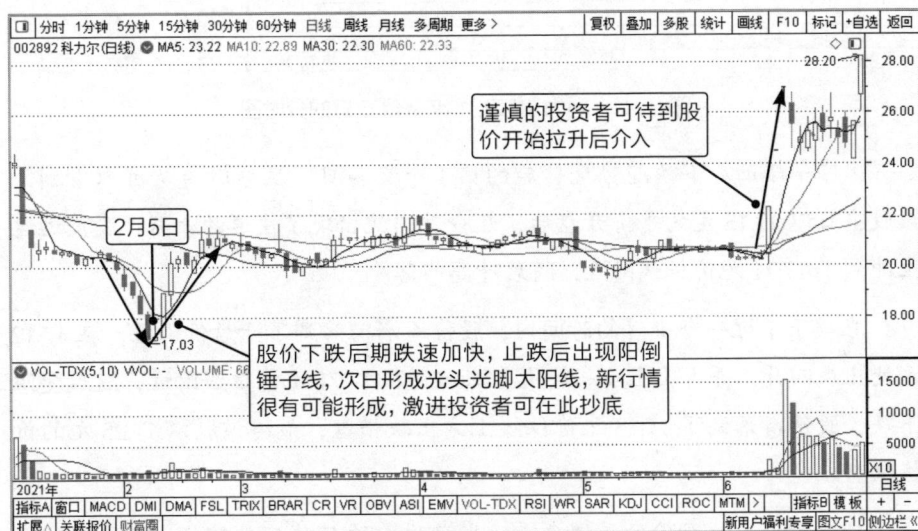

图 3-10　科力尔 2021 年 1 月到 6 月的 K 线图

从 K 线图中可以看到，科力尔正处于股价的低位区域。在 1 月到 2 月初期间股价还在下跌，并且在后期跌速加快，说明可能是主力在低价区域的拉低行为，意图在更低区域吸取廉价筹码。

2月4日，在股价创出17.03元的新低后，次日就出现了收阳上涨。

如图3-11所示是科力尔2021年2月5日的分时图。

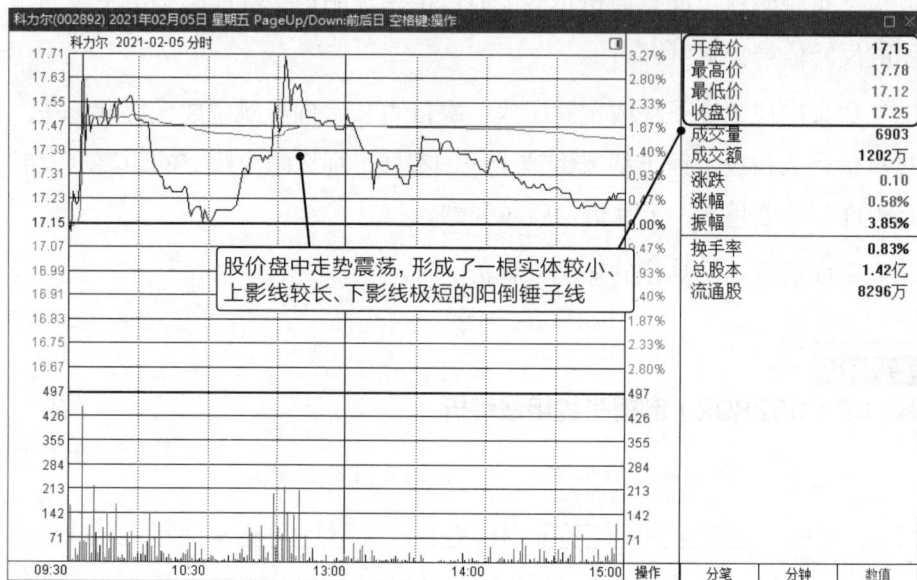

图3-11 科力尔2021年2月5日的分时图

2月5日正是下跌趋势反转后的第1个交易日。从分时走势可以看到，该股当日以17.15元的平价开盘后，几分钟内就出现了快速的上涨，股价迅速上冲到了17.71元价位线附近，随后冲高回落。

在接下来近一个小时的时间内，股价逐渐回落到了开盘价附近，在17.12元处止跌回升，并再次上攻。此次上涨回到了17.71元价位线附近，随后受阻下跌，股价滑落到了17.23元价位线上方止跌横盘，最终该股以17.25元的价格收盘。

从开盘价与收盘价的差值来看，当日收出的K线实体较短；从冲高的幅度和最低价的位置来看，K线的上影线较长，下影线非常短，几乎与开盘价齐平。由此可以得出结论，2月5日这一天形成的是一根阳倒锤子线。

在股价低位形成的阳倒锤子线，可能预示着行情的反转，此时投资者需要注意观察次日的走势，看是否有继续上涨的趋势。

如图 3-12 所示是科力尔 2021 年 2 月 8 日的分时图。

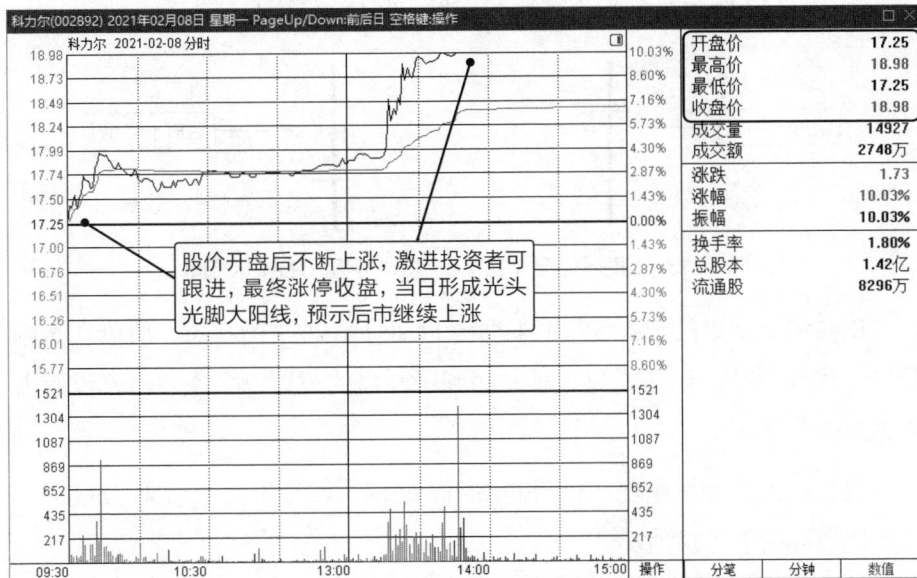

科力尔(002892) 2021年02月08日 星期一　PageUp/Down:前后日 空格键:操作

开盘价	17.25
最高价	18.98
最低价	17.25
收盘价	18.98
成交量	14927
成交额	2748万
涨跌	1.73
涨幅	10.03%
振幅	10.03%
换手率	1.80%
总股本	1.42亿
流通股	8296万

股价开盘后不断上涨，激进投资者可跟进，最终涨停收盘，当日形成光头光脚大阳线，预示后市继续上涨

图 3-12　科力尔 2021 年 2 月 8 日的分时图

从阳倒锤子线的第二个交易日的分时走势可以看到，该股当日以 17.25 元的平价开盘后就开始了上涨，期间经过回落、横盘和再次上冲后，股价到达了涨停板，并且封板直至收盘。

从当日的盘口数据可以看到，2 月 8 日的 K 线是一根标准的光头光脚大阳线，再结合前期的加速下跌走势和阳倒锤子线，此时基本可以确定新行情的出现。此时激进的投资者可以先行抄底入场，而谨慎的投资者则可以继续观望，待到股价开始拉升后再入场更为稳妥。

3.1.4　十字星形态用法

十字星是一种只有上下影线，没有实体的 K 线形态。也就是说，十字星的开盘价与收盘价相等。如果十字星的下影线较长，那么就被称为剑形十字星或向下射击之星；如果十字星的上影线较长，那么就被称为弓形十字星或向上射击之星。

如图 3-13 所示是剑形十字星和弓形十字星示意图。

图 3-13　剑形十字星（左）和弓形十字星（右）示意图

K 线中十字星的形态说明目标股暂时处于一种平衡状态，股价在盘中几经上攻和下跌，但在收盘之时又回到了开盘的位置，多空双方都没有占据绝对的优势。

这样的形态如果出现在行情的顶部、底部，或是阶段的顶部、底部时，会有比较高的参考价值。

◆ **阶段底部出现十字星：**表明空方力量接近衰竭，多方力量正逐渐增强，短期内有望止跌回升，投资者可跟随买进。

◆ **行情底部出现十字星：**在此之后股价连拉阳线，并且成交量也在逐渐放大，就表明主力可能蓄势完毕准备拉升，此时投资者也可以跟进。

◆ **阶段顶部出现十字星：**在连续收阳上涨后出现十字星，说明多方攻势减缓，股价上涨无力，后续将进入回调，投资者可根据自身策略选择是否撤离。

◆ **行情顶部出现十字星：**说明此时多方的推涨力量已经消耗殆尽，空方开始施加压力，双方取得暂时平衡。一旦后续多方无力支撑，股价将深幅下挫，此时投资者应当果断斩仓。

下面通过一个具体的案例来解析。

实例分析 ⇒
美格智能（002881）十字星用法解析

如图 3-14 所示是美格智能 2021 年 5 月到 8 月的 K 线图。

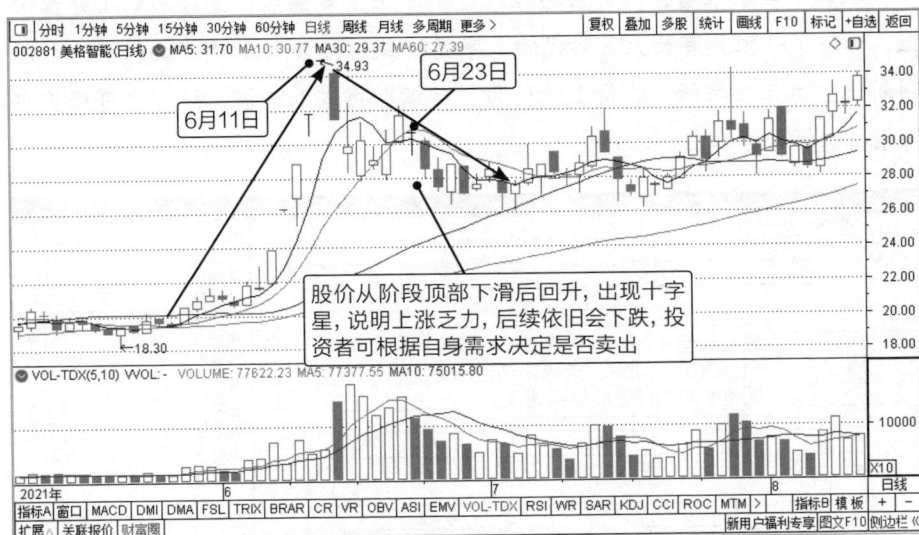

图 3-14　美格智能 2021 年 5 月到 8 月的 K 线图

从 K 线图中可以看到，美格智能正处于上涨阶段。在 5 月到 6 月中旬期间股价还维持着上涨状态，并且 6 月中上旬期间的涨势非常积极，涨停接连出现。

6 月 11 日，股价再次涨停并创出 34.93 元的新高后，于第二个交易日迅速下跌并直接跌停，形成一根光脚的大阴线。后续几个交易日股价止跌收阳，在回升到 32.00 元价位线附近后再次下跌。

如图 3-15 所示是美格智能 2021 年 6 月 23 日的分时图。

6 月 23 日是股价收阳回升后，再次下跌的第一个交易日。从分时走势可以看到，该股在以 30.70 元的低价开盘后，成交量放出大量能拉低股价，使得股价出现了快速下跌。

9:33 左右，股价止跌回升，在短暂突破 30.21 元价位线后上冲受阻再次下跌，随后开始在 29.62 元到 30.21 元的价格区间内横向震荡。

下午时段开盘后，股价有了上涨的趋势，走势开始震荡上扬，进入尾盘时已经上涨到了 31.32 元的位置。但进入尾盘后，股价迅速回落，最终下跌到 30.70 元的位置收盘。

从盘口数据来看，当日价格在经过不断上下震荡后，最终回到了开盘价上，形成了一根具有长上下影线的十字星 K 线。结合 K 线图中的位置，可以判断出主力正在拉低，股价上涨乏力，后续即将进入回调，投资者可根据自身策略选择是否卖出。

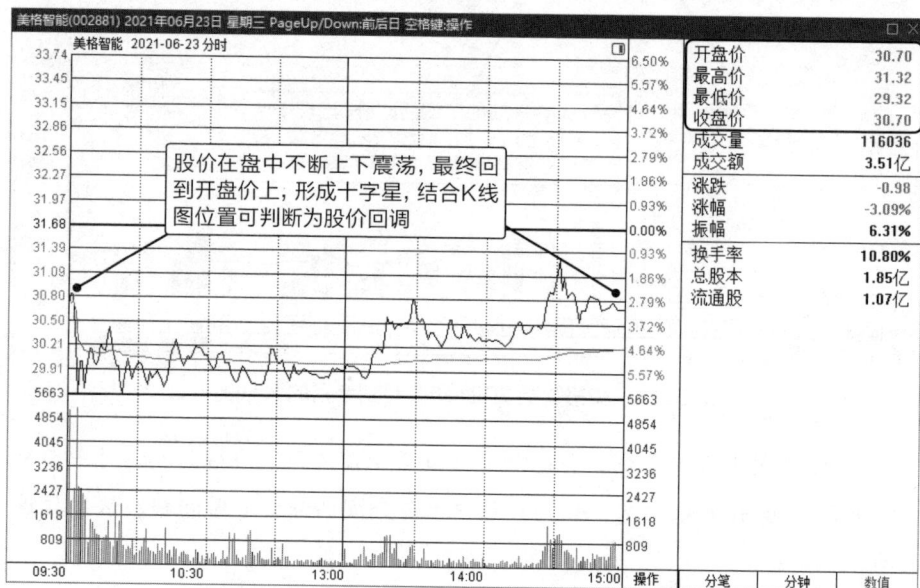

图 3-15　美格智能 2021 年 6 月 23 日的分时图

3.2　盘口分析之多根 K 线结合

尽管单根 K 线的使用方法非常方便，判断依据也比较简单，但单根 K 线的形态始终太过普遍，信号强度也不足。有时候投资者还会遇到主力刻意营造的欺骗性形态，进而遭受损失。

　　因此，投资者还需要进一步了解多根 K 线的组合形态，熟悉其含义并学习其用法。多根 K 线的组合形态判断依据比较复杂，相较于单根 K 线来说出现概率更小，但传递的信号会更为可靠。

3.2.1　早晨之星的盘口应用

　　早晨之星也被称为启明星、希望之星、黎明之星等，是由三根 K 线组成的组合形态，一般出现在长期下降趋势的末尾或者阶段深幅回调的末尾，代表着黎明的希望。

　　当股价在下跌的后期，某个交易日出现一根实体较长的中阴线或大阴线，紧接着第二根为向下实体跳空的小 K 线（阴阳线都可以）或十字星，第三根则是一根中阳线或大阳线，且收盘价显著地向上穿入甚至穿过第一根阴线实体内部。

　　如图 3-16 所示是早晨之星 K 线组合示意图。

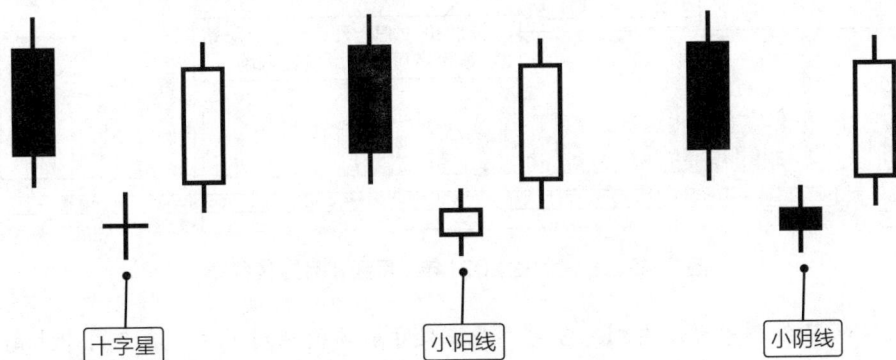

图 3-16　早晨之星 K 线组合示意图

　　早晨之星是一个比较强烈的趋势反转信号，当形态具有以下特征时，见底信号会更加强烈。

◆　第二根 K 线是实体跳空的十字星。

◆　阳线实体深入阴线实体的部分较多，甚至穿过了阴线实体。

◆　第一根 K 线对应的成交量较小，第三根 K 线对应的成交量较大。

当后续股价上涨回踩不破早晨之星低点时，就是一个较好的入场点。此时投资者就可以积极入场，持股待涨。

下面通过一个具体的案例来解析。

实例分析 ⇒

舍得酒业（600702）早晨之星用法解析

如图 3-17 所示是舍得酒业 2021 年 1 月到 4 月的 K 线图。

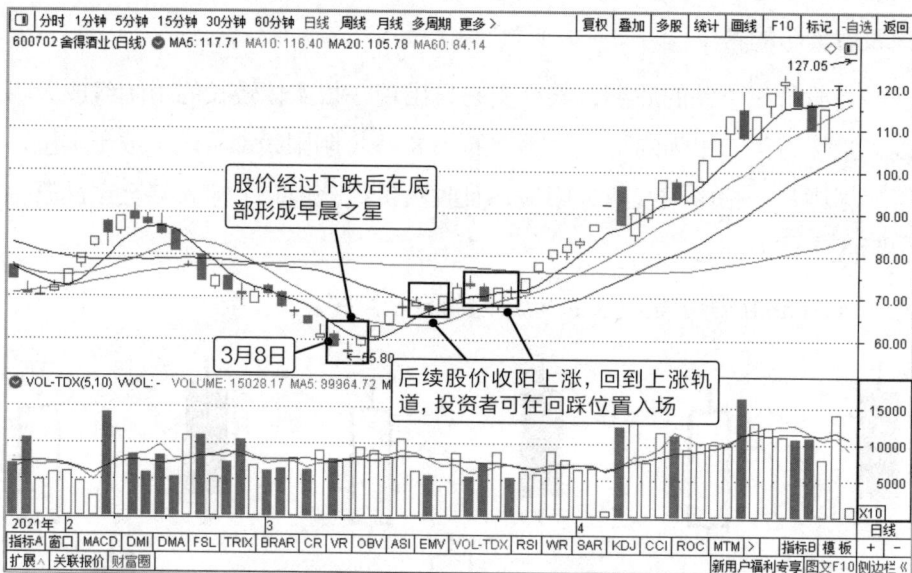

图 3-17　舍得酒业 2021 年 1 月到 4 月的 K 线图

从 K 线图中可以看到，舍得酒业正处于股价的相对低位。在 2 月中上旬到 3 月初期间，股价深幅回落阶段，股价从 90.00 元附近下跌到 60.00 元附近，跌幅达到 33% 左右。直到 3 月中上旬，股价跌至 55.80 元价位线附近，出现了见底回升的迹象。

如图 3-18 所示是舍得酒业 2021 年 3 月 8 日到 3 月 10 日的分时图。

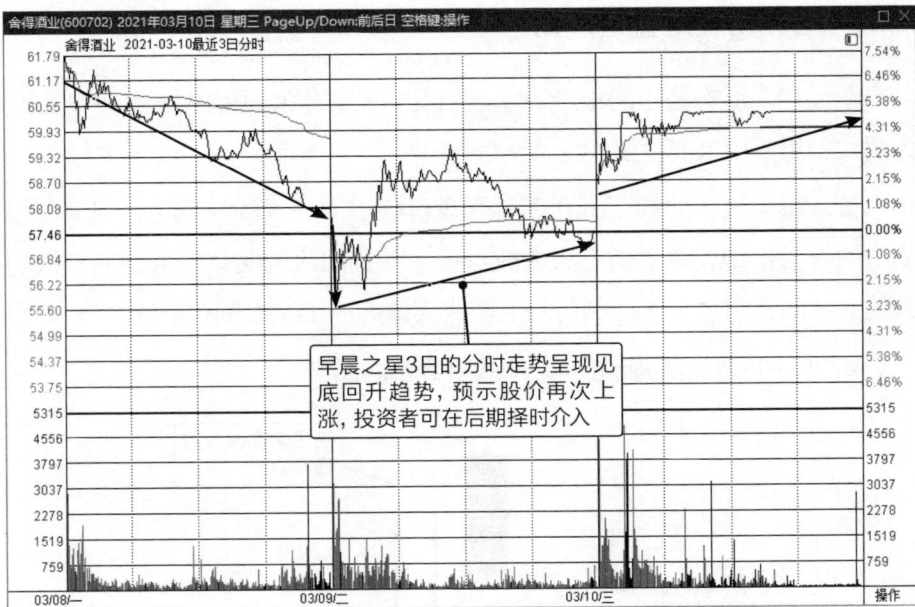

图 3-18　舍得酒业 2021 年 3 月 8 日到 3 月 10 日的分时图

3 月 8 日是股价下跌后期的一个交易日。从分时走势可以看到，股价当日以稍高的价格开盘，随后一路下滑。股价在 59.93 元价位线附近受到支撑后止跌回升，但很快便受压再次下行，期间震荡不断，最终以 58.05 元的价格收盘，当日收出一根光脚中阴线。

3 月 9 日，股价以 57.25 元的价格向下跳空低开，在盘中经历了下跌、回升、再次下跌和横盘震荡后，最终以 57.46 元的价格收盘，当日形成一根实体较小的小阳线。

3 月 10 日，股价在以高价开盘后就出现了快速的拉升，在 59.51 元价位线附近受压小幅回落后，之后被集中放量的天量量柱直线推高到涨停。随后股价开板在高位震荡了一段时间，最终还是以涨停收盘，当日收出一根阳线。

从这 3 日的 K 线形态来看，第二根小 K 线实体向下跳空，第三根阳线的实体深入了第一根阴线的实体内部，由此可以判断这三根 K 线形成了早晨之星组合形态。投资者在该位置确定了早晨之星的成立后，就可以对其保持高度关注，待到后期回踩不破低点时，就可以介入了。

3.2.2 曙光初现的盘口应用

曙光初现形态是由两根走势完全相反的长实体 K 线构成，第一根 K 线为阴线，第二根 K 线为阳线。

第二根阳线需要向下低开，且开盘价低于前一天的最低价，但第二根阳线的收盘价却要高于前一天的收盘价，并且阳线的实体深入到第一根阴线的实体部分中，几乎达到前一天阴线实体的一半左右的位置。

如图 3-19 所示是曙光初现 K 线组合示意图。

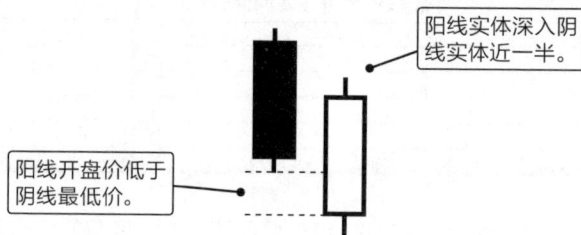

图 3-19　曙光初现 K 线组合示意图

曙光初现常出现在股价的低位，是一种见底信号，并且第二根阳线的实体吞没前一根阴线的实体越多，信号就会越强烈。如果曙光初现形态成立后，股价并没有立即拉升，而是回升到一定位置进行横盘整理，那么该股的上涨潜力可能会非常大。

投资者在判定曙光初现形态成立后不要急于入场（因为存在主力"骗线"的可能），建议继续观察几日。当股价后续收阳上涨，回踩不破低点时，就可以大胆买进，持股待涨。

下面通过一个具体的案例来解析。

实例分析 ⇒
宁波联合（600051）曙光初现用法解析

如图 3-20 所示是宁波联合 2018 年 8 月到 2019 年 3 月的 K 线图。

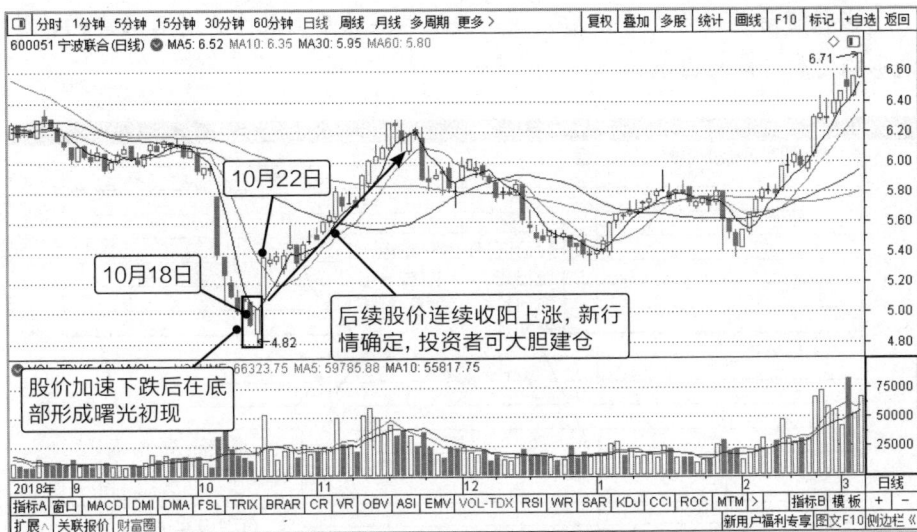

图3-20 宁波联合2018年8月到2019年3月的K线图

从K线图中可以看到，宁波联合正处于股价低位。从均线的状态可以看出，经过前期的下跌后，股价在8月到9月期间暂时止跌横盘，在6.00元到6.20元的价格区间内震荡。

10月初，股价突然接连收阴急速下跌，迅速跌至5.00元价位线附近，横盘数个交易日后，再次下跌穿过了5.00元价位线向下运行。

如图3-21所示是宁波联合2018年10月18日到10月22日的分时图。

10月18日正是股价再次下穿5.00元价位线的交易日，从分时走势可以看到，股价当日以平价开盘后就在不断下跌。在4.97元价位线附近止跌后，开始横向运行，最终以3.15%的跌幅收盘，当日收出了一根实体较长的光头大阴线。

次日，股价向下低开，并且在开盘后就出现了上涨迹象，股价在盘中震荡向上攀升，最终以2.24%的涨幅收盘，当日收出一根实体较长的光头大阳线。

10月19日形成的这根大阳线，开盘价低于前一日阴线的最低价，收盘价高于前一天的收盘价，并且实体已经超过了前一日阴线实体的一半。种种迹象说明，这两条走势相反的K线构成了曙光初现形态。

当投资者确定形态成立后，还需要继续观察后面几个交易日的走向，才能够确定新行情的出现。

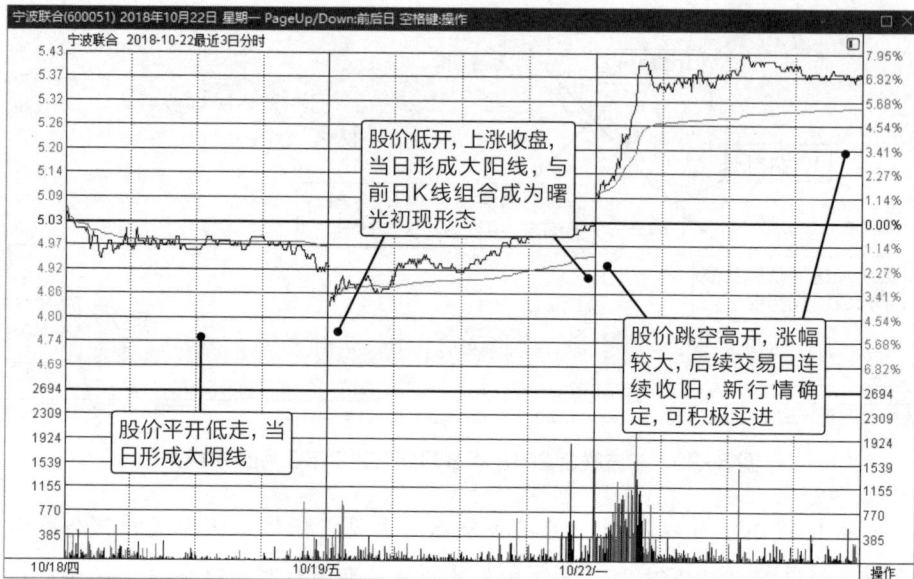

图 3-21　宁波联合 2018 年 10 月 18 日到 10 月 22 日的分时图

10 月 22 日是曙光初现形态成立后的第一个交易日。从分时走势可以看到，该股当日向上跳空高开，并且在高开后就迅速向上攀升，开盘后半个小时内就上涨越过了 5.37 元价位线，随后回落到该价位线附近震荡运行，最终以 6.76% 的涨幅收盘，当日收出一根跳空高开的大阳线。

从连续 3 个交易日的分时走势可以看到，股价在低位形成了明显的见底回升走势。再结合 K 线图中后续的连续收阳上涨，基本上可以判断行情筑底，那么在股价不断上涨的同时，投资者就可以积极买进了。

3.2.3　前进三兵的盘口应用

前进三兵由 3 根连续上涨的 K 线构成，并且开盘价和收盘价都要依次上涨，呈阶梯式攀登状态。其中，每一根阳线的开盘价都要处在前一根阳线的实体内，或者附近的位置上。

根据后续两根阳线的形态不同，前进三兵可以分为 3 种形态，分别是标准前进三兵、升势受阻（前方受阻三兵）和升势停顿（前方停顿三兵），具体含义如图 3-22 所示。

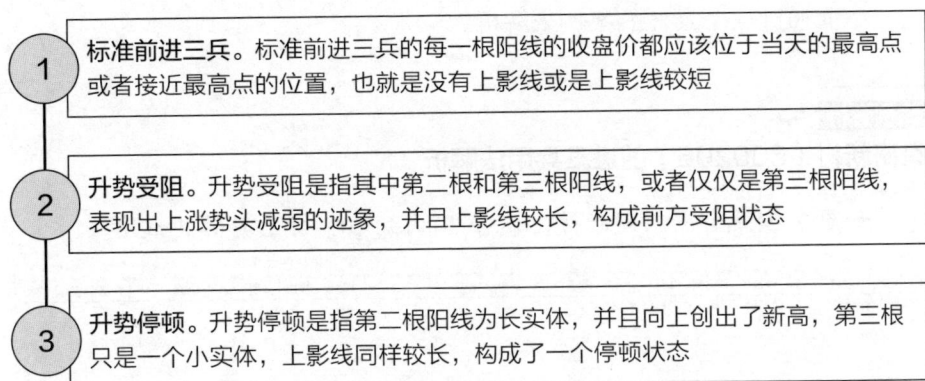

1	**标准前进三兵。**标准前进三兵的每一根阳线的收盘价都应该位于当天的最高点或者接近最高点的位置，也就是没有上影线或是上影线较短
2	**升势受阻。**升势受阻是指其中第二根和第三根阳线，或者仅仅是第三根阳线，表现出上涨势头减弱的迹象，并且上影线较长，构成前方受阻状态
3	**升势停顿。**升势停顿是指第二根阳线为长实体，并且向上创出了新高，第三根只是一个小实体，上影线同样较长，构成了一个停顿状态

图 3-22　前进三兵 3 种形态的含义

在技术形态上，三者也有一定的区别，如图 3-23 所示是前进三兵 3 种形态的示意图。

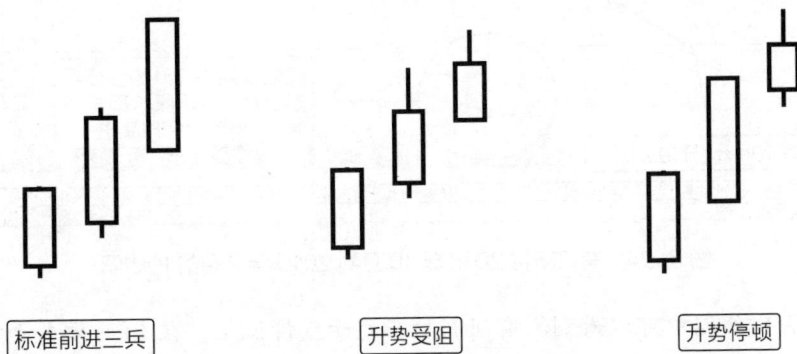

标准前进三兵　　　　　升势受阻　　　　　升势停顿

图 3-23　前进三兵 3 种形态的示意图

在这 3 种状态中，标准前进三兵形态预示的上涨是最积极的。当股价从底部回升，在某一位置形成标准前进三兵形态，说明主力已经蓄势完毕开始拉升，后续可能会迎来一波迅猛的涨势。此时投资者需要果断介入，然后在股价阶段见顶时卖出，就能在短时间内获得不错的收益。

另外两种前进三兵形态预示的走势就要缓和许多，一般是股价探底回升后，即将进入回调整理的预兆。投资者可在回调底部的低价区域，或者是回调完成后出现明显上涨信号时再入场。

下面通过一个具体的案例来解析。

实例分析 ⇒
有研新材（600206）前进三兵用法解析

如图3-24所示是有研新材2018年10月到2019年2月的K线图。

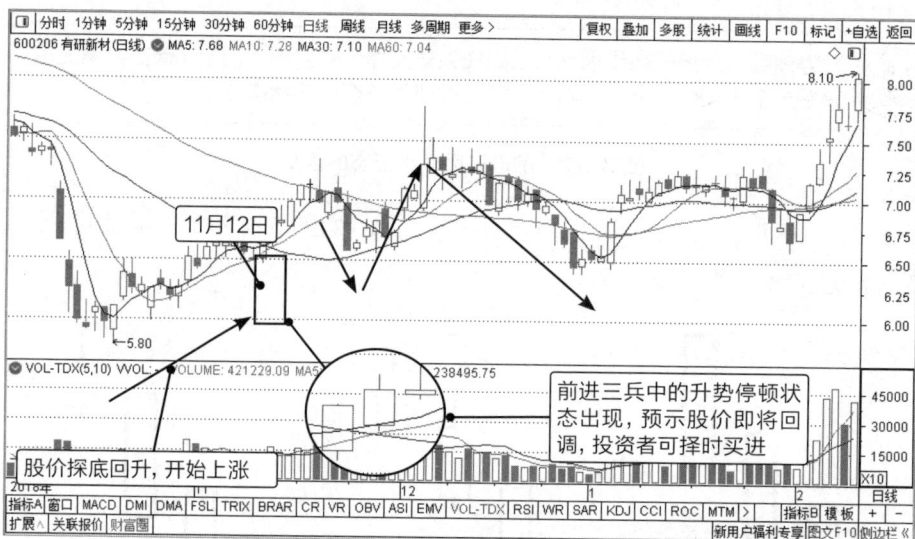

图3-24　有研新材2018年10月到2019年2月的K线图

从K线图中可以看到，有研新材正处于股价低位。在10月中旬之前，该股还处于下跌状态，并且到后期跌速加快，股价在短时间内就从7.50元价位线附近跌至6.00元价位线附近。

10月19日，股价创出5.80元的新低后开始回升。随着时间的推移，价格缓慢上涨越过了6.50元价位线，在其上方横盘数日后再次上涨。

如图 3-25 所示是有研新材 2018 年 11 月 12 日到 11 月 14 日的分时图。

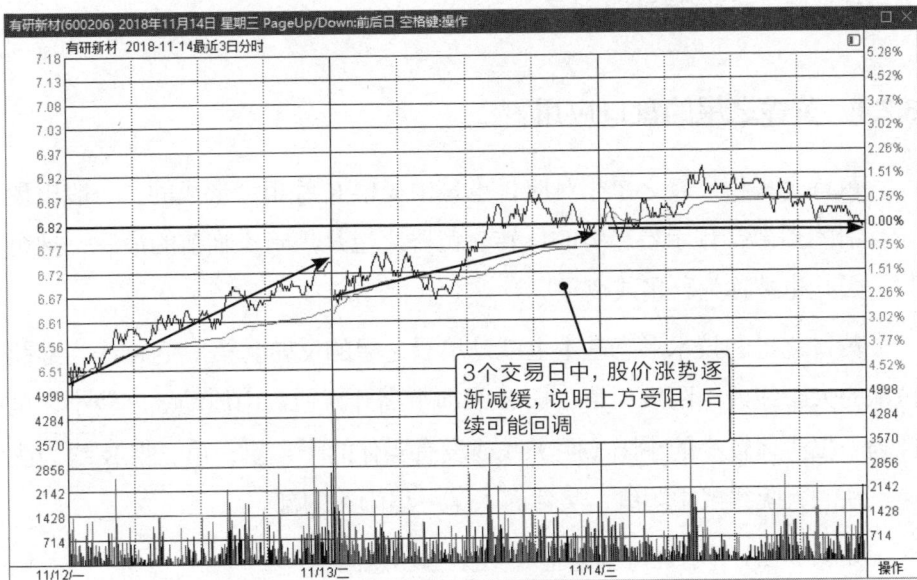

图 3-25　有研新材 2018 年 11 月 12 日到 11 月 14 日的分时图

11 月 12 日正是股价再次上涨的第一个交易日。从分时走势可以看到，该股当日以高价开盘后就在不断上涨，均价线承托在其下方起到了坚定的支撑作用。股价在临近收盘时创出 6.75 元的最高价，随后小幅回落，最终以 6.74 元的价格收盘，当日以一根实体较长、上影线极短的大阳线报收。

再看次日的情况，该股在 11 月 13 日以低价开盘，盘中经历了上涨、回落和震荡后，于 14:30 左右上涨至 6.87 元价位线附近。进入尾盘后，股价出现下滑，最终以 6.82 元的价格收盘，当日收出一根上影线较长的中阳线。此时已经可以看出，股价的涨势有所减缓了。

11 月 14 日，该股同样是以低价开盘，随后震荡上扬，但涨势已经变得比较缓慢。11:00 之后，股价从 6.92 元价位线附近下滑，一路下跌至前日收盘价附近，最终以 6.82 元的价格收盘，当日形成的 K 线实体较短，上影线较长。

从 3 根连续 K 线的形态，以及涨势逐渐停滞的分时走势来看，这 3 根 K 线形成了前进三兵中的升势停顿状态，也就是说，后续的股价可能面临回调。此时投资者需要先保持观望，当股价回调到相对低位，或者出现继续上涨的迹象时，就可以积极买进了。

3.2.4 黄昏之星的盘口应用

黄昏之星与早晨之星相对应，也是由 3 根 K 线组合形成的，一般出现在行情的顶部，预示着趋势的反转。黄昏之星是黑暗来临前的最后一抹余晖，因此也被称为暮星或夜星。

黄昏之星的技术形态基本上就是早晨之星的反转。第一根 K 线为继续拉涨的大阳线或中阳线；第二根 K 线向上高开，但盘中波动幅度较小，呈现为一根实体较小的小阳（阴）线或没有实体的十字星；第三根 K 线为快速下跌的大阴线或中阴线，实体深入第一根阳线内部。

如图 3-26 所示是黄昏之星 K 线组合示意图。

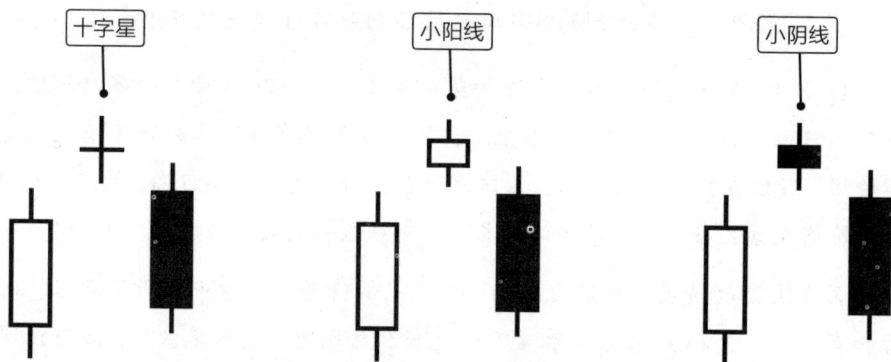

图 3-26　黄昏之星 K 线组合示意图

黄昏之星在股价高位出现时，属于比较强烈的见顶信号，并且第三根阴线的实体深入第一根阳线越多，第二根 K 线的实体越小，那么形态的卖出信号就越可靠。

因此，投资者在行情高位观察到黄昏之星形态时，就要当机立断，立刻卖出，将已有收益落袋为安。

下面通过一个具体的案例来解析。

实例分析 ⇒
上海洗霸（603200）黄昏之星用法解析

如图 3-27 所示是上海洗霸 2020 年 3 月到 6 月的 K 线图。

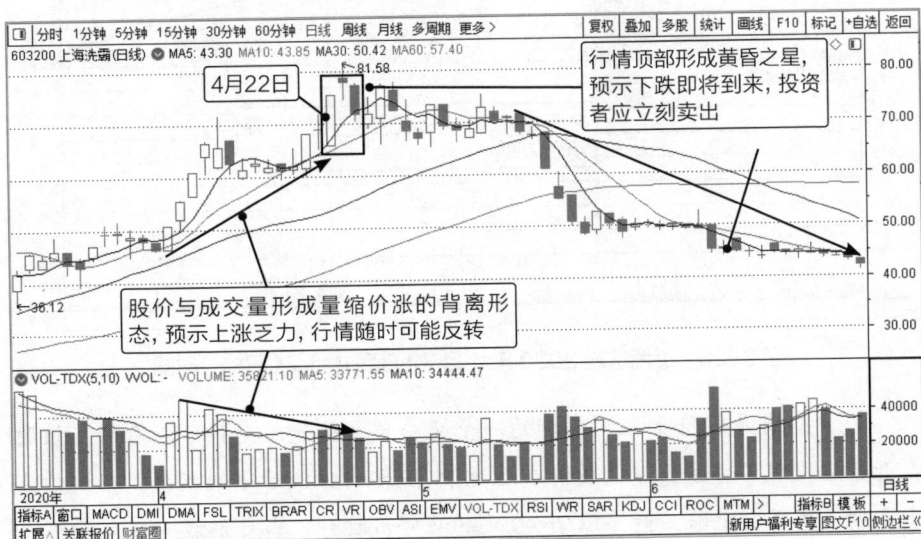

图 3-27　上海洗霸 2020 年 3 月到 6 月的 K 线图

从 K 线图中可以看到，上海洗霸正处于行情的顶部。在前期经历了快速上涨后，股价逐渐来到了较高的位置，此时已经出现了危险的预警信号。

仔细观察成交量可以发现，从 4 月初开始，量能就在逐步下滑，但与此同时股价却还在快速攀升，二者形成了量缩价涨的背离形态。

在股价高位出现这样的背离形态是非常危险的，这意味着多方的支撑力不足。股价虽然还在上涨，但已经进入力竭状态，行情随时可能出现反转，投资者需要保持高度警惕。

如图 3-28 所示是上海洗霸 2020 年 4 月 22 日到 4 月 24 日的分时图。

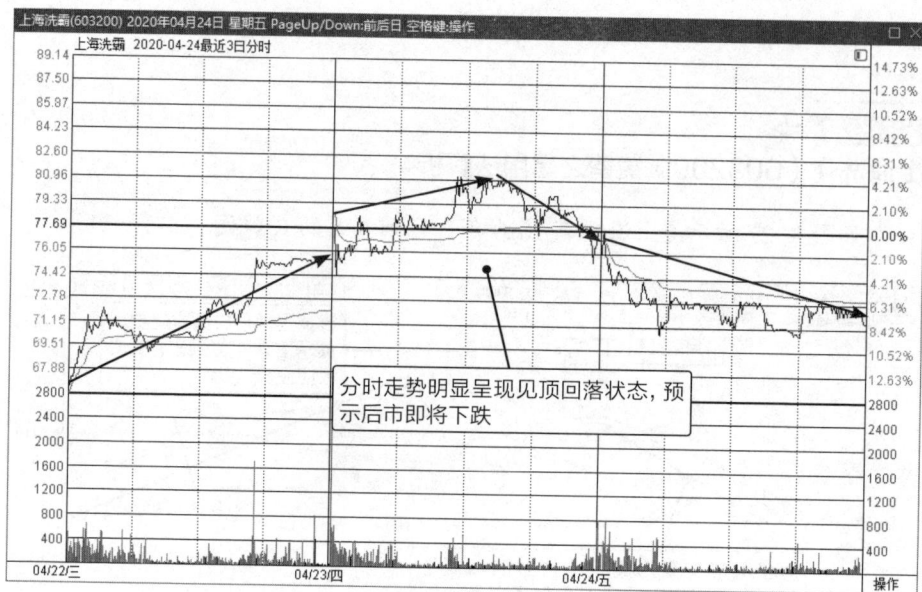

图3-28 上海洗霸2020年4月22日到4月24日的分时图

4月22日是股价上涨到末期的一个交易日。从分时走势可以看到，该股在开盘后出现了快速上涨，股价在越过71.15元价位线后小幅回落，在均价线上受到支撑再次上涨，最终以75.49元的涨停价收盘，当日形成一根大阳线。

次日，该股以78.62元的价格高开，开盘后由于获利盘的抛售而快速下跌，但很快便止跌回升，开始震荡上行。在下午的交易时间内，股价从80.96元价位线附近下滑，最终以77.69元的价格收盘，当日形成一根实体较小的阴线。

4月24日，股价在开盘后就不断下跌，均价线在其上方形成了牢固的压制，导致股价一路下滑，几乎没有突破的机会，最终以71.64元的低价收盘，当日收出一根大阴线。

从这3日形成的K线形态来看，基本符合黄昏之星形态的判定标准，并且通过连续3日的分时走势，投资者也可以比较明显地看出一个峰顶的形成。所以，在收到了前期量缩价涨形态的警告后，再观察到黄昏之星的成立，投资者就要立刻卖出，保住收益了。

3.2.5　乌云盖顶的盘口应用

乌云盖顶是曙光初现的反转形态，同样由两根 K 线构成。当乌云盖顶出现在股价顶部时，具有比较高的参考价值，它意味着天气转阴，暴雨即将来临。

构成乌云盖顶形态的第一根 K 线是一根正常上涨的大阳线或中阳线，第二根 K 线则是一根跳空高开的阴线，因其跌幅较大，这根阴线的实体将深入到阳线内部，并越过一半的位置。

如图 3-29 所示是乌云盖顶 K 线组合示意图。

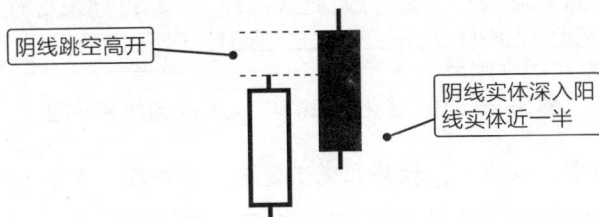

图 3-29　乌云盖顶 K 线组合示意图

乌云盖顶可能出现的位置比较多，如行情顶部、上涨阶段的拉升顶部以及下跌阶段的反弹顶部，这些位置都能够发现乌云盖顶的身影。但无论出现在哪个位置，这样的形态对后市的预示都是下跌，对投资者来说就是一个预警信号。

因此，在观察到这样的形态时，投资者需要根据其所处位置来判断是否立刻卖出。

下面通过一个具体的案例来解析。

实例分析 ⇒
拉芳家化（603630）乌云盖顶用法解析

如图 3-30 所示是拉芳家化 2020 年 3 月到 7 月的 K 线图。

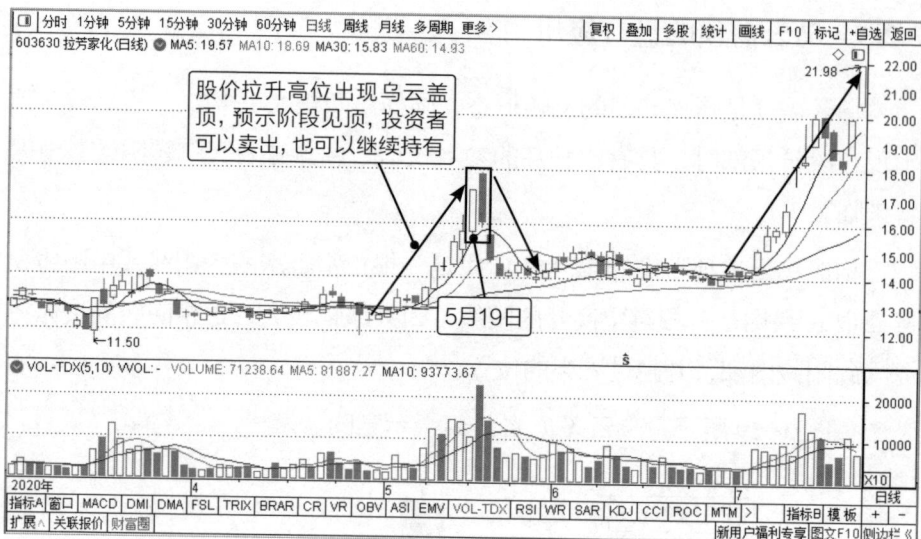

图 3-30 拉芳家化 2020 年 3 月到 7 月的 K 线图

从 K 线图中可以看到，拉芳家化正处于上涨阶段。在 3 月到 4 月期间，股价大致被限制在 12.00 元到 14.00 元的价格区间内横盘震荡，直到 4 月底才开始拉升。

此次拉升的速度比较快，涨幅也比较高，股价在短短半个月内就从 12.00 元左右上涨至 18.00 元价位线附近，随后受阻止涨。

如图 3-31 所示是拉芳家化 2020 年 5 月 19 日到 5 月 20 日的分时图。

5 月 19 日是股价拉升到末期的一个交易日。从分时走势可以看到，股价当日在开盘后就迅速上升，数十分钟内就冲上了涨停板，随后封住直至收盘，当日形成一根光头的涨停大阳线。

次日，股价跳空高开，在创出 17.86 元的新高后迅速回落，呈锯齿状下滑。9:55 左右，股价在 16.50 价位线附近受到支撑，随后止跌回升，但最终还是在数十分钟后再次下落，最终以 16.02 元的价格收盘，当日收出一根大阴线。

从这两个交易日的 K 线形态来看，前阳后阴，阴线跳空高开，并且其实体深入阳线内部，符合乌云盖顶的技术形态要求。此时，投资者就可以判定乌云盖顶成立。

也就是说，股价的拉升暂时见顶，投资者可以考虑卖出，也可以继续持
有，等待下一波拉升的开启。

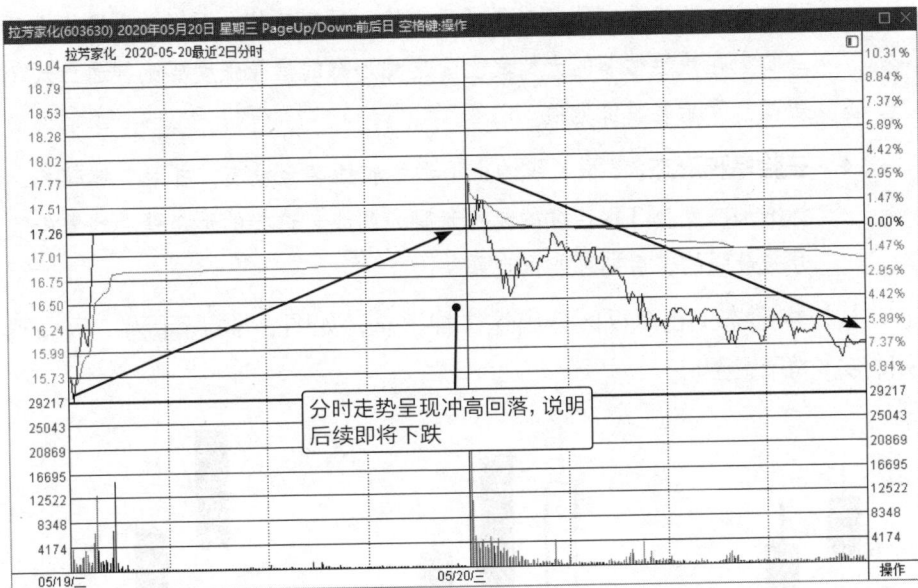

图 3-31   拉芳家化 2020 年 5 月 19 日到 5 月 20 日的分时图

3.2.6   三只乌鸦的盘口应用

三只乌鸦由 3 根 K 线构成，常出现在下跌之前或者下跌过程中，是一
种看跌形态。

构成三只乌鸦形态的 3 根 K 线需要是连续的阴线，每一根 K 线的收盘
价都要不断下移，每一根 K 线的开盘价需要处于前一根阴线的实体之内，
或者附近的位置上。

根据第一根 K 线所处位置以及每一根 K 线上下影线的长短，该形态分
为普通三只乌鸦形态、三只乌鸦挂树梢形态以及三胎乌鸦形态。

◆ **普通三只乌鸦形态：** 由普通的连续 3 根阴线构成，阴线的实体大小和
影线长短各异，只要符合技术形态要求，就属于三只乌鸦形态，其信

号强度要根据其所处位置和阴线状态来判定。

- **三只乌鸦挂树梢形态：** 在形态的第一根阴线出现之前，K线收出了一根阳线，阴线的实体部分要低于阳线的最高价位，图形上看恰似三只乌鸦坐在快要枯萎的大树之上。这种形态的信号强度要比普通三只乌鸦强，预示着股价见顶。

- **三胎乌鸦形态：** 3根K线的上下影线较短甚至没有，并且实体较长，标准形态就是3根连续的光头光脚大阴线。这样的形态释放的警告信号是最强的，后期可能出现暴跌。

从技术形态上也可以区分出这3种形态，如图3-32所示为三只乌鸦3种形态的示意图。

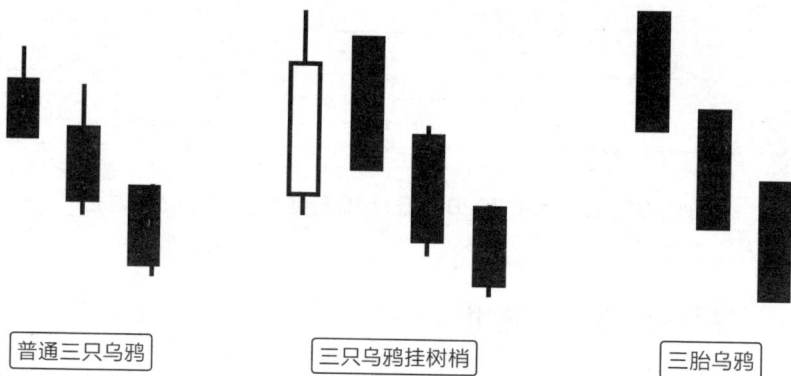

图3-32　三只乌鸦3种形态的示意图

无论三只乌鸦的形态如何，其传递的无一例外都是后市下跌的信号，只是信号强度会有所不同。因此，如果投资者在股价顶部或是下跌过程中观察到这样的形态，就要果断决策，及时卖出。

下面通过一个具体的案例来解析。

实例分析 ⇒
皮阿诺（002853）三只乌鸦用法解析

如图3-33所示是皮阿诺2021年3月到8月的K线图。

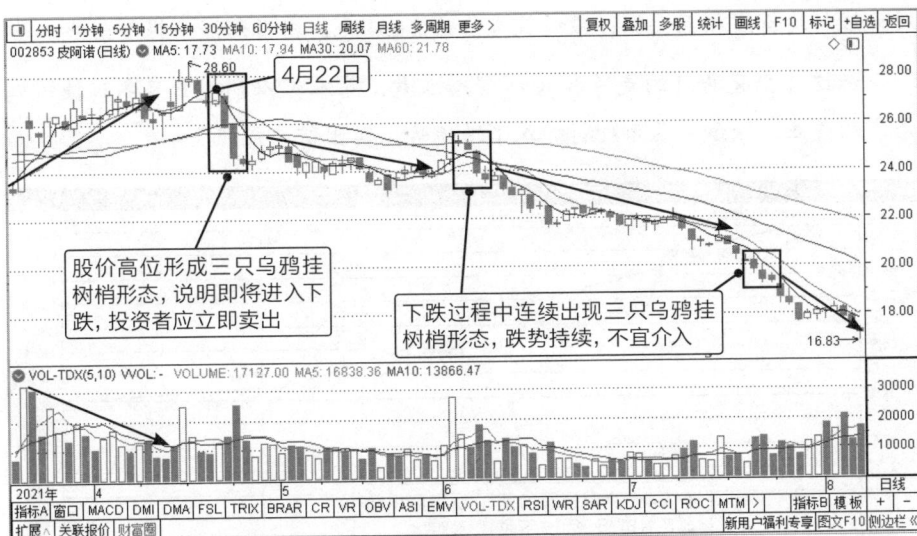

图 3-33 皮阿诺 2021 年 3 月到 8 月的 K 线图

从 K 线图中可以看到，皮阿诺正处于股价的高位。在 3 月到 4 月中旬期间股价还在上涨，但从快速缩减的成交量来看，后续的涨势很难持续，趋势随时有反转的可能。

4 月中旬，股价涨势减缓，在一根大量柱的推动下，次日该股创出 28.60 元的新高后再难支撑，开始了下滑走势。

如图 3-34 所示是皮阿诺 2021 年 4 月 22 日到 4 月 27 日的分时图。

4 月 22 日是股价开始下滑后的一个交易日。从分时走势可以看到，股价在开盘后出现了上涨趋势，在 10:30 左右到达了 27.98 元价位线附近，随后冲高回落，以 27.32 元的价格收盘，当日形成一根带长上影线的阳线。

次日，股价以 27.20 元的低价开盘后就在不断下跌，均价线对其形成了强力的压制，最终以 25.87 元的价格收盘。当日形成一根大阴线，开盘价位于前一日阳线最高价以下。

4 月 26 日，股价以 26.00 元的高价开盘，随后一路震荡下跌，相较于前日，跌速明显加快，最终以 24.55 元的价格收盘，当日形成一根光头大阴线。

4 月 27 日，股价以平价开盘，这一天的跌势比较缓和，但盘中震荡频繁，股价线与均价线相互交错，最终收盘价为 24.34 元，当日形成一根小阴线。

从这 4 个交易日的走势和 K 线形态来看，基本可以判断三只乌鸦挂树梢形态的成立，预示着后市即将进入下跌走势，卖出信号强烈。

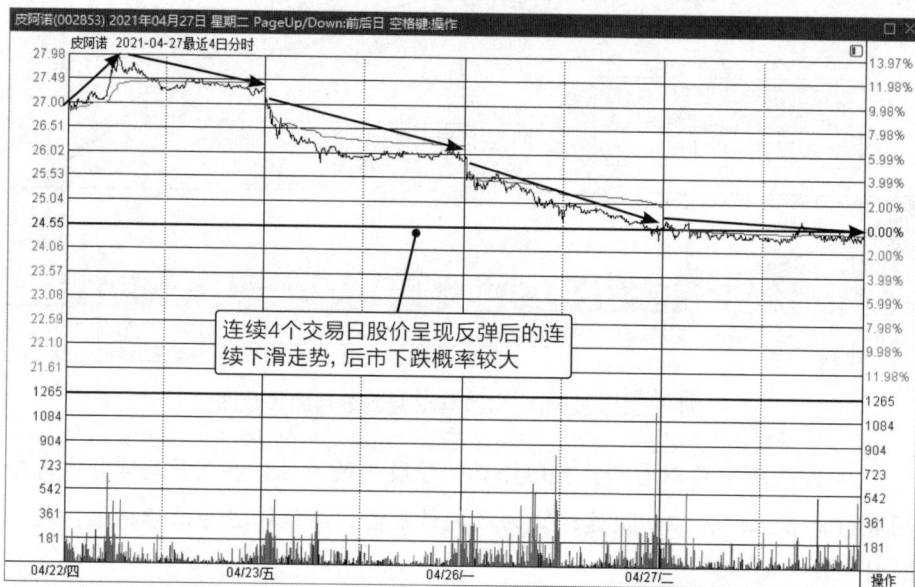

图 3-34　皮阿诺 2021 年 4 月 22 日到 4 月 27 日的分时图

如果投资者在及时卖出后继续对皮阿诺后续的走势保持关注的话，就可以发现，在长时间的下跌过程中，三只乌鸦挂树梢的形态出现了不止一次，而每一次对应的都是连续下跌。在连续的强烈警告信号下，投资者最好不要在此期间介入，以免被套。

3.3　盘口分析之 K 线组合形态

K 线的组合形态相较于由 2 ~ 4 根 K 线组成的形态来说，传递的信号要更为可靠和有效。一般来说，K 线的组合形态要经过一段时间才能形成，有些仅需半个月，而有些则需要一两个月甚至更久。

虽然形成时间拉长了，但预示的意义和准确度会提高不少，只要投资者严谨判断、谨慎应用，获利的可能性还是比较大的。

3.3.1　V 形底筑底看多盘面

V 形底也被称为尖底，指的是股价在连续下跌到某一位置后跌速加快，见底后又迅速拉起，以 V 形方式连续收阳上攻而形成的底部形态。

V 形底是一种变化速度较快、转势力度较强的反转形态。主力在股价经过长时间下跌接近底部时，以连续长阴、拉低下跌的方式，使投资者产生恐慌心理，在低位抛出手中筹码。随后再通过快速拉升，使被套盘和获利盘接连抛售，便于主力吸纳筹码，加快建仓进程。

因此，在股价低位出现的 V 形底一般都是新行情出现的标志，对于投资者来说也是比较好的预兆。当 V 形底的拉升越过了前期高点时，关键压力位被突破，投资者就可以跟进了。

下面通过一个具体的案例来解析。

实例分析 ⇒
澳柯玛（600336）V 形底用法解析

如图 3-35 所示是澳柯玛 2018 年 8 月到 2019 年 3 月的 K 线图。

从 K 线图中可以看到，澳柯玛正处于股价低位。在 2018 年 8 月到 9 月中旬期间，股价还在缓慢地下跌，成交量非常冷淡。

9 月底，股价突然出现了快速下跌，在很短的时间内就从 3.80 元价位线附近下跌至 3.00 元左右。10 月中旬，该股在创出 2.90 元的新低后，又开始急速拉升，很快便离开了底部，与前期的下跌走势一同形成了一个尖锐的 V 形谷底。

11 月中旬，股价的第一波拉升在 4.00 元价位线附近受阻后暂时结束，接着开始下跌。此时股价已经越过了前期下跌的高点，V 形底形态成立，但后续还有一波回升后的整理，此时投资者可以不急着入场，待到整理完毕、第二波拉升开启时再入场不迟。

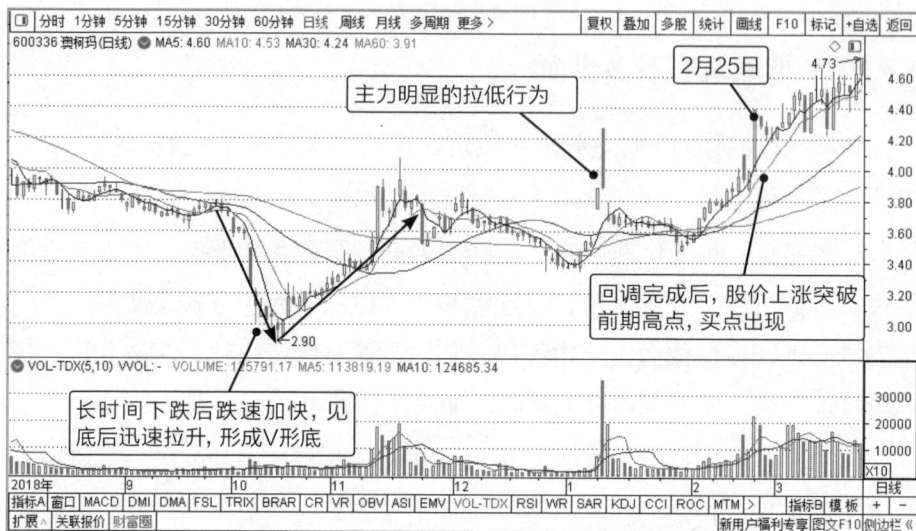

图 3-35　澳柯玛 2018 年 8 月到 2019 年 3 月的 K 线图

继续来看后面的走势，2019 年 1 月初，股价回调在 3.40 元的价位线附近受到支撑，随后快速上涨。但连续收阳数个交易日后，一根量能巨大的成交量柱出现，直接将股价拉低回了相对低位。这是非常明显的主力行为，目的是通过大力拉低来震仓，锁定筹码。

1 月底，成交量再次上涨，股价又一次回升，并在 2 月 25 日以一根涨停大阳线成功向上突破了前期高点。这说明主力已经开始了第二波的拉升，在股价突破压力位的时候，投资者就可以抓住时机入场。

3.3.2　双重底筑底看多盘面

双重底的技术形态比较类似于连续的两个 V 形底形态，具体是指股价下跌至低位后出现反弹，碰到某一压力位后再度回落，第二次下跌到前一底的位置便受到支撑上行。第二次上行如果突破了压力线，则说明双重底形态成立，买入信号出现。

这一条关键的压力线被称为颈线，它是形态成立与否的关键依据之一。同时，双重底的两个波谷之间的距离要超过一个月以上才算有效，否则传递的信号可能无效。

与 V 形底一样，双重底也属于行情的反转形态，但双重底的信号强度要更大一些，并且可靠度也比较高。当颈线被突破时，激进的投资者就可以入场了，而谨慎的投资者可以再观望一段时间，彻底确定新行情的开始后，再择机买进。

下面通过一个具体的案例来解析。

实例分析 ⇒
新农开发（600359）双重底用法解析

如图 3-36 所示是新农开发 2018 年 8 月到 2019 年 5 月的 K 线图。

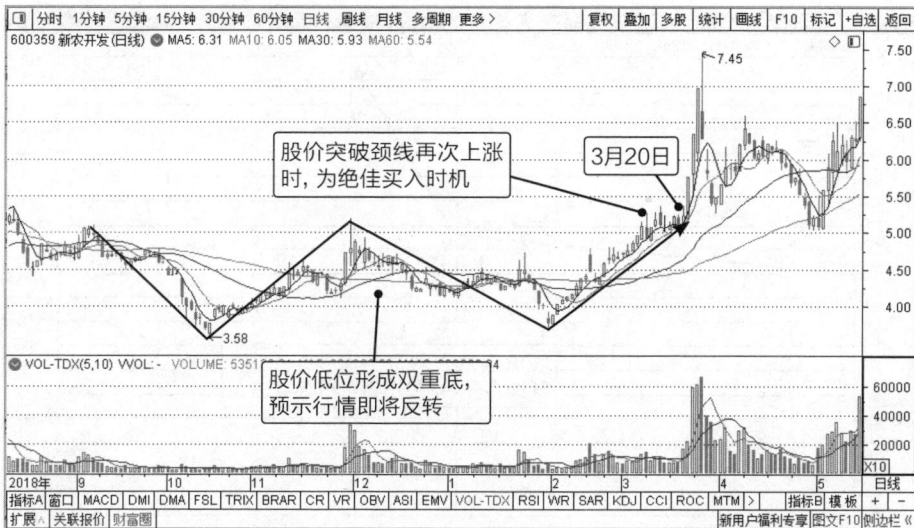

图 3-36　新农开发 2018 年 8 月到 2019 年 5 月的 K 线图

从 K 线图中可以看到，新农开发正处于股价低位。在 8 月到 9 月期间，股价还在震荡中缓慢下跌，9 月底，股价跌速突然加快，迅速从 4.50 元价位线上方跌至 3.60 元左右。

10月中旬，股价创出3.58元的新低后开始回升，在11月底震荡上涨至5.00元价位线附近，随后见顶下跌。

在经历近两个月的回调整理后，2019年1月底，股价再次加速下跌，来到了靠近第一次谷底的位置，然后止跌回升。

此时从图形上来看，两个谷底的距离远超一个月，双重底的形态已经有了一个大致雏形了，只要后期股价向上突破5.00元价位线并且回踩不破时，就是入场的时机。

从2月初股价开始回升后，后续涨势稳定，价格很快接近了颈线（也就是5.00元）附近，并直接突破。突破颈线后，股价在其上方横盘数日，确定下方支撑力后，便快速向上攀升离开了低价区域。双重底形态成立，投资者可以迅速买进了。

如图3-37所示是新农开发2019年3月20日到3月21日的分时图。

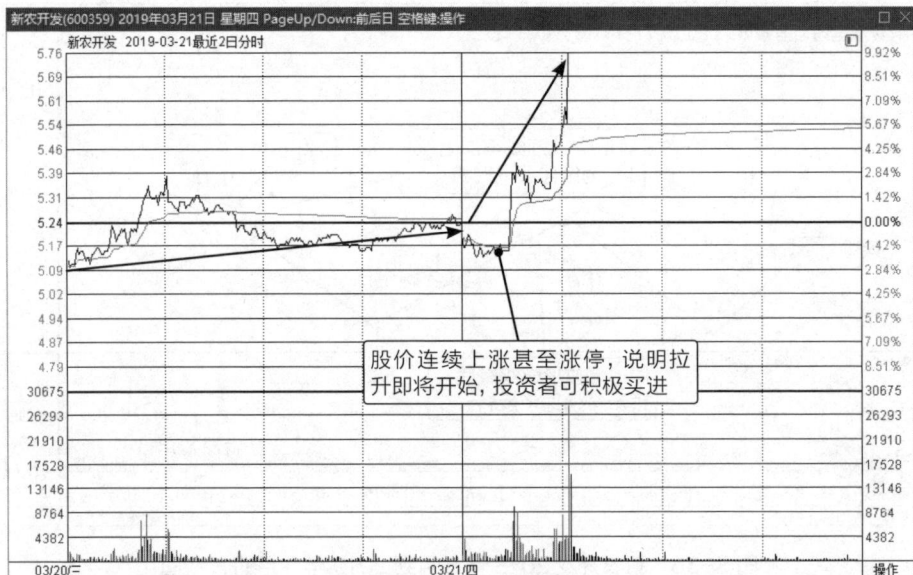

图3-37　新农开发2019年3月20日到3月21日的分时图

3月20日正是股价在颈线上横盘到末期的一个交易日。从分时走势可以看到，股价当日在开盘后就呈锯齿状上涨，前期涨势十分积极，于10:30左右到达了 5.39 元价位线附近，随后回落，最终以 5.24 元的价格收盘，当日形成一根带长上影线的小阳线。

次日，股价以较低的价格开盘，开盘后股价围绕 5.17 元价位线横盘了近半个小时。10:00 左右，成交量突然急剧放大，直接将股价直线上推到 5.39 元附近。回调整理数十分钟后，成交量再次放大量，股价迅速上冲，直接打到了涨停板上，随后封板直至收盘，当日形成一根涨停大阳线。

这两个交易日正是股价回踩确认支撑力后，开始又一波拉升的起始位置。从连续的分时走势来看，可以发现市场的参与度在不断提高，并且主力的力度也在加大。

从 3 月 21 日出现的两次大量能可以看出，这里明显存在主力的痕迹，是一种抬升行为。那么投资者在观察到主力意图时，就要立刻跟进，抓住拉升涨幅。

3.3.3　头肩底筑底看多盘面

头肩底也属于反转形态的一种，常出现在下跌行情的末期，预示股价即将出现新的发展方向。其形态由左肩、头部、右肩及颈线四大要素构成，相较于 V 形底和双重底来说更为复杂。

头肩底的形成大致分为几个部分。

- 股价在跌至一定低位后反弹回压力位，低点形成左肩。
- 股价反弹后再次下行跌破左肩的位置，到达行情底部回升后形成了头部。
- 股价从头部再度反弹回压力位，此时压力位所处的高点与前期高点相连形成颈线。
- 股价开始第三次下跌，当跌幅达到左肩的位置便形成了右肩，开始第三次反弹或者说是上行。
- 当上升幅度突破颈线，并伴随成交量放量支撑后，头肩底形成。

如图 3-38 所示是头肩底示意图。

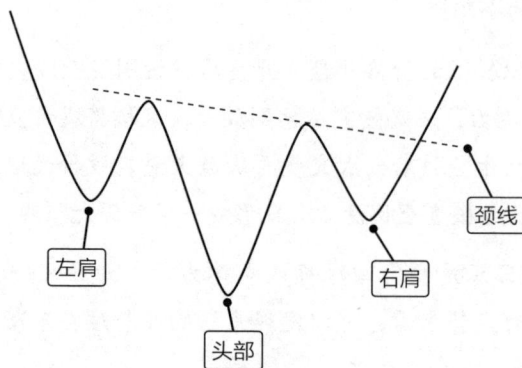

图 3-38　头肩底示意图

头肩底的形成一般不会像 V 形顶那样急促激烈，而是偏向于长时间构筑。有些时候，头部和肩部的大形态之间可能会出现很多次一级的震荡，这是头肩底形态构筑时多空双方的博弈导致的。

那么，当股价第三次上涨成功突破颈线，并伴随成交量的放量配合时，形态就可以判定成立，此时投资者就可以积极入场建仓了。

下面通过一个具体的案例来解析。

实例分析 ⇒

迎驾贡酒（603198）头肩底用法解析

如图 3-39 所示是迎驾贡酒 2018 年 7 月到 2019 年 4 月的 K 线图。

从 K 线图中可以看到，迎驾贡酒正处于股价的低位。在 8 月期间，股价还在快速下跌，直到 9 月初在 14.50 元价位线附近受到支撑开始反弹。9 月中下旬，股价在越过 16.00 元价位线后很快再次下跌，反复震荡后来到了 13.00 元价位线附近。

10 月底，股价创出 12.31 元的新低后快速拉升，上涨至 15.00 元价位线上方，随后横向震荡。12 月初，股价到达了 15.50 元价位线附近后又一次下跌，此次下跌在 13.50 元价位线附近受到支撑，股价开始了第三次回升。

从图形上看，头肩底已经构筑了大半，只剩随后一步对颈线的突破就能够确定形态的成立。从前两次回升的高点连线来看，颈线大约在 15.00 元价位线附近，只要股价突破 15.00 元，见底信号就比较明确了。

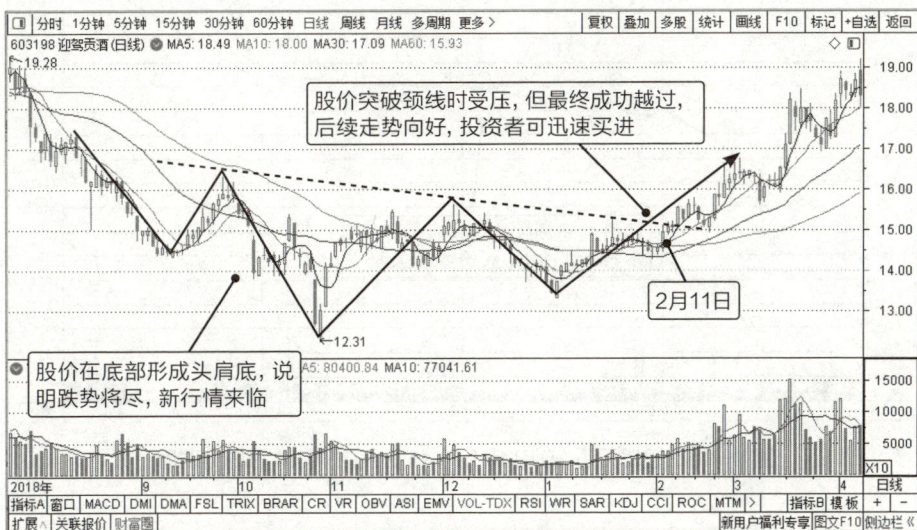

图 3-39　迎驾贡酒 2018 年 7 月到 2019 年 4 月的 K 线图

继续观察后续的走势，股价在第三次上涨接近 15.00 元时暂时未能突破，而是受其压制小幅回落，但很快便发起了再次进攻，此次上攻伴随成交量的放量支撑，股价成功突破颈线，头肩底成立。

如图 3-40 所示是迎驾贡酒 2019 年 2 月 11 日到 2 月 14 日的分时图。

2 月 11 日到 2 月 14 日正是股价突破颈线的 4 个交易日。从连续的分时走势可以看到，股价在 2 月 11 日的涨速相对较快，并且涨势也比较稳定，当日形成的大阳线上影线已经越过了 15.00 元。

而 2 月 12 日和 2 月 13 日的走势就显得比较震荡不定，股价在 15.00 元价位线附近反复波动，但最终还是成功突破到其上方。

股价在颈线上站稳后，2 月 14 日的走势就比较积极了，股价恢复迅猛的涨势，彻底越过 15.00 元价位线，后期走势乐观。此时投资者就可以快速入场，准备迎接拉升。

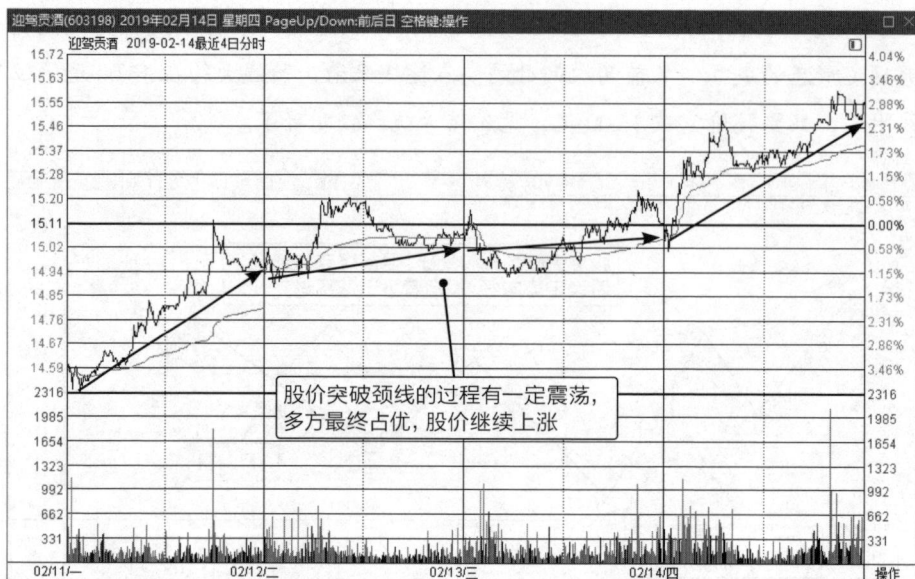

图 3-40　迎驾贡酒 2019 年 2 月 11 日到 2 月 14 日的分时图

3.3.4　倒 V 形顶筑顶看空盘面

倒 V 形顶的技术形态基本与 V 形底相反，是指股价以较为陡峭的角度上升，价格达到某一高点后反转，随后再急速下跌所形成的一种尖尖的顶部形态，也称作尖顶。

倒 V 形顶一般出现在行情的顶部，属于一种比较剧烈的反转形态。暴涨后的暴跌速度往往是比较快的，不够果断或者判断不够准确的投资者，很有可能遭受巨大损失。

因此，当股价上涨到高位时，出现成交量无力支撑等预警信号，投资者就要提高警惕，随时准备离场。当股价开始下跌并跌破支撑位时，就要果断斩仓。

下面通过一个具体的案例来解析。

实例分析 ⇒

海汽集团（603069）倒 V 形顶用法解析

如图 3-41 所示是海汽集团 2020 年 6 月到 10 月的 K 线图。

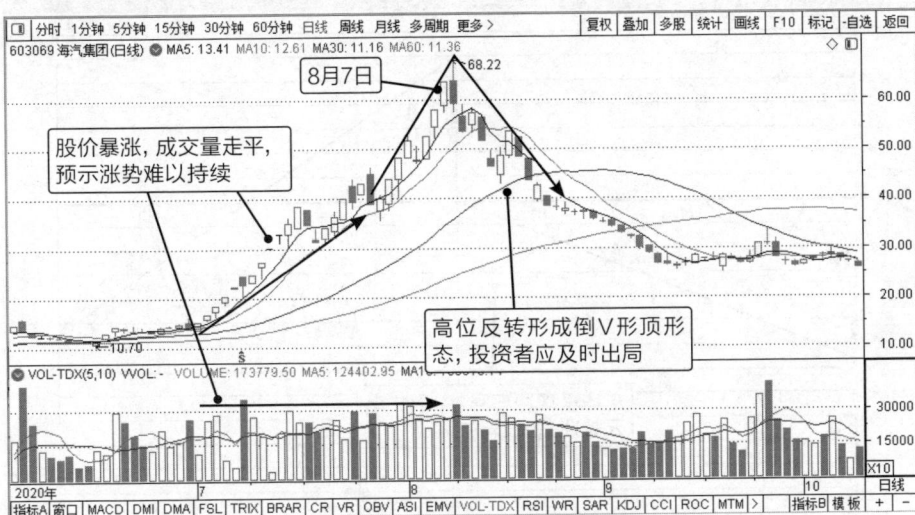

图 3-41 海汽集团 2020 年 6 月到 10 月的 K 线图

从 K 线图中可以看到，海汽集团正处于股价的高位。在 7 月期间，股价的涨势非常迅猛，涨停板不断出现，短时间内就实现了翻倍的涨幅。

但此时观察成交量可以发现，在股价暴涨的同时，成交量却几乎没有大的变动，整体呈水平状态横向发展。也就是说，该股在此期间的暴涨明显是虚浮的，根基不稳。这样的涨势注定无法持续太久，投资者需要提高警惕。

7 月底，股价在 40.00 元价位线附近收阴整理了数个交易日后，再次以极快的速度向上攀升，成交量依旧未能起到坚定的支撑作用，反转随时可能来临。

如图 3-42 所示是海汽集团 2020 年 8 月 7 日到 8 月 10 日的分时图。

8 月 7 日正是股价上涨到末期的一个交易日。从分时走势可以看到，股价在开盘第一分钟，就被大单成交量直接拉低下跌，但随后又立刻回升，涨速极快，直至涨停。

开盘的拉低很有可能就是主力在趁机出货，出完一批后就收手，任由价格上涨，然后伺机再次抛售。从后续的交易时间可以看出，盘中时不时会有一根或数根大量柱出现，股价涨停后也在不断开板交易，这都是主力出货的迹象。

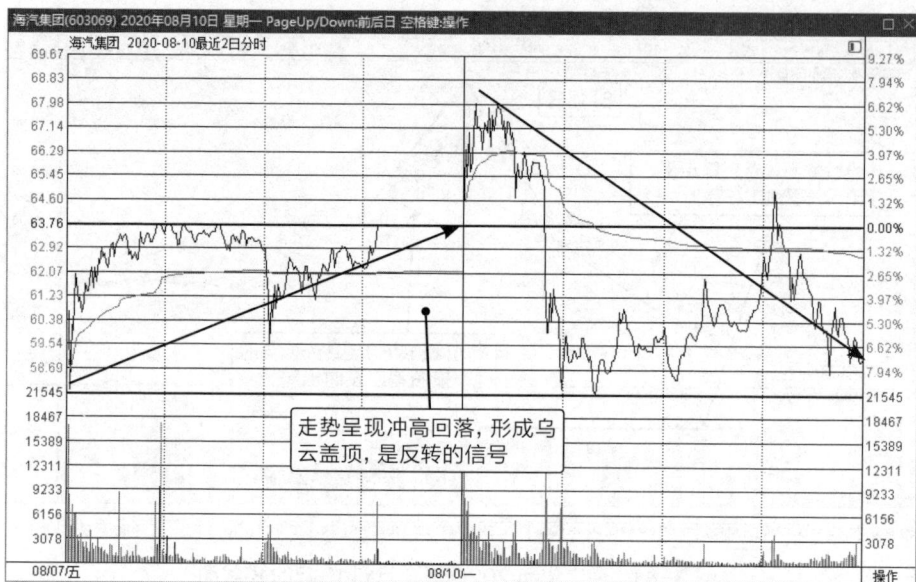

图 3-42　海汽集团 2020 年 8 月 7 日到 8 月 10 日的分时图

再看次日的走势，股价在开盘后震荡向上，但持续一段时间后就迅速下跌，盘中出现了大幅度的上下波动，说明多空双方博弈非常激烈。最终股价还是以 7.31% 的跌幅收盘，与前一日的大阳线形成了乌云盖顶形态。

在此之后，股价快速下跌，很快就跌破了 40.00 元的支撑线，K 线形态形成明显的倒 V 形顶形态说明行情已经转势，错过前期卖点的投资者需要果断"割肉"离场。

3.3.5　双重顶筑顶看空盘面

双重顶指的是股价上涨至高点后出现回落，回落到某一支撑位后再度上涨，第二次上涨到前一高点的位置便被压制回落，第二次回落如果跌破了颈线，则为双重顶形态形成。

这里的颈线指的就是股价第一次回落到的低点支撑线，颈线跌破与否决定着形态是否成立。同时，两个峰顶之间的距离要在一个月以上，才能确保形态有效。

双重顶也属于高位的反转形态，一旦颈线被跌破，股价很有可能就会进入长时间的下跌中。因此，当投资者确认了形态形成后，就要迅速卖出，以减少损失。

下面通过一个具体的案例来解析。

实例分析 ⇒
招商积余（001914）双重顶用法解析

如图 3-43 所示是招商积余 2020 年 4 月到 11 月的 K 线图。

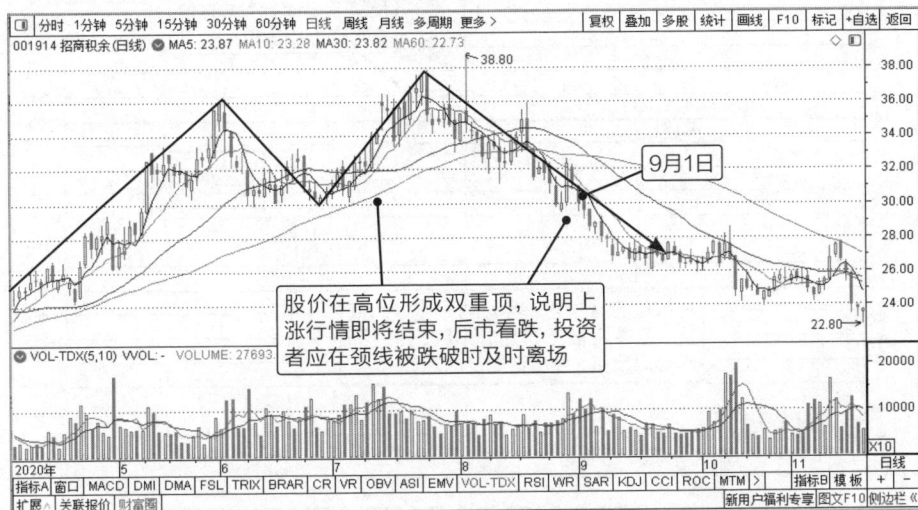

图 3-43　招商积余 2020 年 4 月到 11 月的 K 线图

从 K 线图中可以看到，招商积余正处于行情的顶部。在 4 月到 5 月期间，股价还在不断上涨，大阳线频繁出现，但从成交量的缩量来看，股价走势并不乐观。

6 月初，股价上涨至 36.00 元价位线附近时受阻，随后出现了快速下跌，数日后在 30.00 元价位线上受到支撑，开始横向运行。6 月底，成交量逐步放量推涨，股价离开盘整区域再次上扬，在越过前期高点后，于 38.00 元价位线处受压，再次下跌。

此时，双重顶的两个峰顶已经形成，并且相隔距离超过了一个月。那么，股价如果继续下跌并跌破 30.00 元的颈线，就可以宣告形态成立。

继续观察后续的走势，股价在 7 月底出现下跌后，经历了不断反弹和震荡，最终于 8 月底来到了颈线附近。股价在接触到颈线后又进行了一次小幅反弹，最终还是在 9 月初快速向下滑落，跌破了颈线，双重顶形态成立。

如图 3-44 所示是招商积余 2020 年 9 月 1 日到 9 月 2 日的分时图。

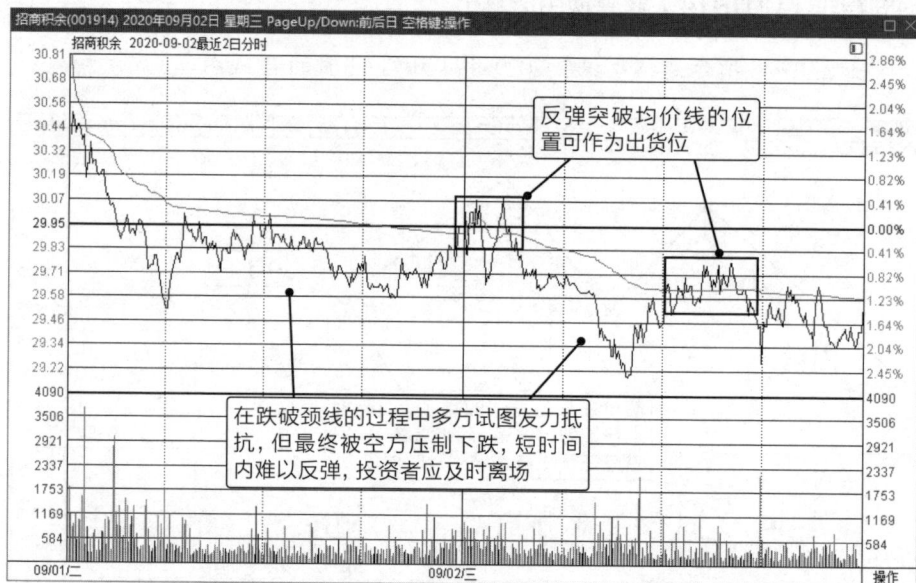

图 3-44　招商积余 2020 年 9 月 1 日到 9 月 2 日的分时图

9 月 1 日和 9 月 2 日正是股价跌破颈线的两个交易日。从分时走势可以看到，9 月 1 日股价的跌势比较急促，几乎整个交易日内都被牢牢压制在均价线之下，当日收出的阴线跌破了颈线。

而 9 月 2 日的走势就表现出了多方的反弹意图，股价在盘中多次试图越过均价线运行到其上方，但卖盘的压力太大，做空的力量始终占据着优势，反复将股价下压。最终股价还是以下跌收盘，当日形成的阴线更深地跌到了颈线下方。

从这两个交易日的走势可以看出，多方几乎已经无力反抗，市场预期极大地偏向看空，后市下跌概率非常大。此时投资者就需要尽快选择合适的位置，如股价线突破均价线的时机，及时抛盘离场。

3.3.6　头肩顶筑顶看空盘面

头肩顶的技术形态基本与头肩底相反，其出现的位置和预示的含义也大不相同。头肩顶一般出现在行情顶部，与倒 V 形顶和双重顶一样，也属于一种反转形态，只是其构筑过程稍显复杂，时间也比较长。头肩顶的构筑过程如下。

①股价在上涨至一定高度后跌回支撑位，形成左肩。

②股价重新上涨超过左肩的高度，到达阶段顶峰后形成头部，再度下跌回支撑位。

③经过整理后股价开始第三次上涨，当涨幅达到左肩的高度便形成了右肩，开始第三次下跌。

④第三次下跌的幅度会较大，很快跌破颈线乃至整个形态的底部，并不再回头。

当股价跌破颈线时，头肩顶形态就可以宣告成立，预示后市跌势难以遏止，投资者应立即撤离，减少损失。

下面通过一个具体的案例来解析。

实例分析 ⇒
江化微（603078）头肩顶用法解析

如图 3-45 所示是江化微 2020 年 5 月到 11 月的 K 线图。

从 K 线图中可以看到，江化微正处于股价的高位。5 月期间股价还在不断上涨，速度较快，但6月初股价便在50.00元价位线下方受阻回落，不过很快在40.00元价位线上方止跌，再次回升。

此次上涨幅度较大，股价一路涨至60.00元附近，创出60.68元的新高后冲高回落，于7月底在45.00元价位线附近止跌，并再次反弹。这一次的反弹还未接触到55.00元价位线就被压制向下，经过反复震荡后最终彻底下滑，来到了45.00元附近。

从图形上来看，头肩顶的形态已经具备了左肩、头部、右肩以及颈线，而颈线的位置大致在45.00元价位线附近。由此可以推断，当股价彻底跌破45.00元价位线时，头肩顶形态成立，卖出信号也随之出现了。

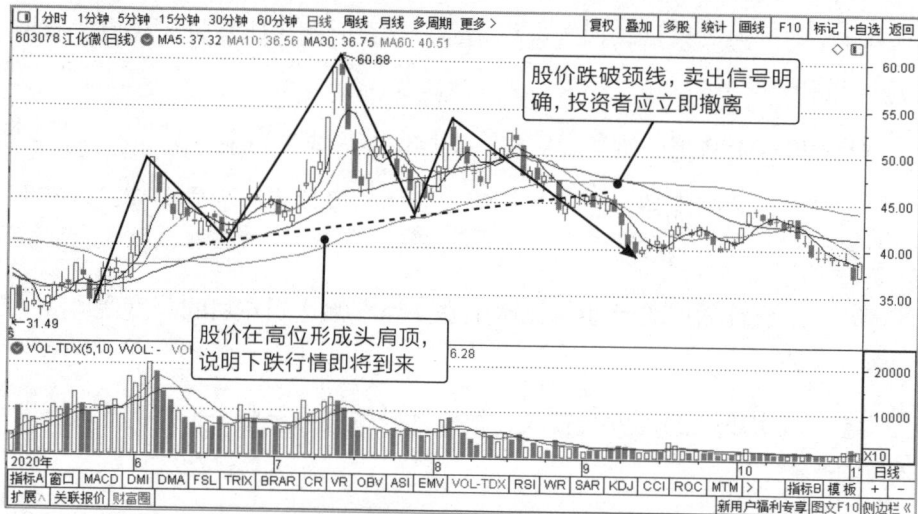

图3-45　江化微2020年5月到11月的K线图

继续观察后续的走势，股价在跌至45.00元附近后暂时止跌，并且横盘了数个交易日，最终在9月初彻底下跌，击穿45.00元价位线，头肩顶形态成立。此时明确的卖出信号产生，还未离场的投资者应立刻出局。

第4章

实时盯盘：分时图中即时看

　　分时图作为一个实时的看盘窗口，起到的作用不仅是为投资者提供即时的盘面数据，更重要的是它包含的分时走势能够帮助投资者解析主力意图、判断股价未来走向。投资者学会从不同形态的分时走势中分析信息，再加以利用，可以进一步提高操盘的胜率。

4.1　开盘关键时段怎么看

股市会在每个交易日的 9:30 开盘，9:30—11:30 是早盘交易时间，下午时段会在 13:00 开盘，交易时间为 13:00—15:00。在这样的规则下，每个交易日被划分成了两段。

在一些特定的时段中，股价有时候会呈现出比较特殊的走势。这些走势具有一定的分析价值，能够帮助投资者预判后市、决策买卖。

开盘后的半个小时就是一个值得参考的特殊时段，在这段时间内，股价呈现的状态对于判断个股当天的走势具有重要的指导作用。因此，投资者需要密切关注目标股在开盘时段的表现。

4.1.1　开盘高开高走形态用法

开盘高开高走形态指的是股价当日以高于前一日收盘价的价格开盘，并且在开盘后 30 分钟内都呈现稳定或强势的上涨状态。

这样的走势说明市场中的多方非常活跃，市场预期偏向于后市看好。买盘委托单不断增加，在消化掉卖盘的同时还能推涨股价，短时间内目标股上涨的趋势不会轻易改变。

开盘高开高走形态出现的位置不同，对应的操作策略也有所不同。

- ◆ **形态出现在上涨行情中：** 说明股价涨势持续，市场追涨情绪热烈，后期上涨概率大，投资者可以积极跟进。

- ◆ **形态出现在下跌行情中：** 说明股价即将或是正在反弹，短时间内可能出现一波上涨，投资者需要谨慎参与，随时准备止盈出局。

- ◆ **形态出现在股价低位：** 可能是主力吸筹的行为，也可能是主力蓄势完毕后的抬升行为，是一个抄底机会，投资者可以轻仓试探。

下面通过一个具体的案例来解析。

实例分析 ⇒

石头科技（688169）开盘高开高走形态解析

如图 4-1 所示是石头科技 2021 年 10 月 13 日的分时图。

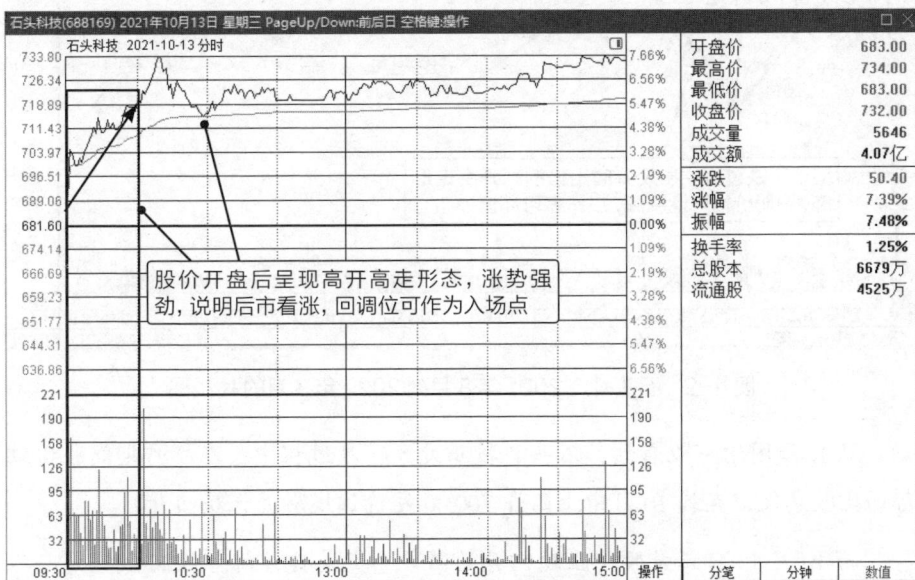

图 4-1　石头科技 2021 年 10 月 13 日的分时图

从分时走势可以看到，石头科技在 10 月 13 日这一天以 683.00 元的高价开盘，在开盘后第一分钟就被大单推涨到了 703.97 元附近。随后股价回踩均价线并受到支撑再次上涨，在开盘后 30 分钟内达到了近 5.47% 的涨幅，价格接近 718.89 元。

从开盘后的走势来看，股价形成了高开高走的形态，并且在后续的交易时间内还在继续攀升。下方的成交量也表现活跃，为股价的上涨提供了充足的动力，买入信号鲜明。

此时，投资者还需要结合 K 线图来观察其位置，以选择合适的策略。

如图 4-2 所示是石头科技 2021 年 8 月到 2022 年 3 月的 K 线图。

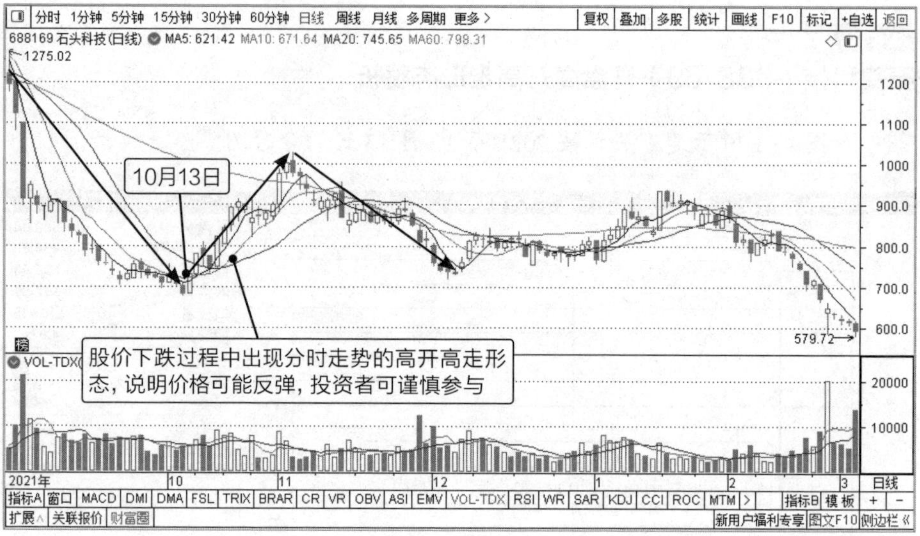

图 4-2　石头科技 2021 年 8 月到 2022 年 3 月的 K 线图

从 K 线图中可以看到，石头科技正处于下跌过程中。在 9 月期间股价跌势还比较急促，直到 10 月中上旬在 700.00 元价位线附近止跌回升。

而 10 月 13 日正是股价止跌回升的第一个交易日，前一根 K 线还是一根持续下跌的阴线。在此位置出现分时图高开高走的走势，说明股价很有可能会出现反弹，但暂时无法确定反弹的空间。

对于投资者来说，只要做好止盈止损点的设置，谨慎操作，理智退出，这一段反弹还是比较值得抢的。而高开高走形态出现的当日，股价回调的低位就可以作为入场位置。

4.1.2　开盘巨量涨停形态用法

开盘巨量涨停指的是股价在开盘后，就被巨大的量能推涨，在半个小时内就打到了涨停板上。

在股价走向涨停的过程中，可能是呈锯齿状一波一波上涨，也可能是呈陡峭的斜线状上冲。但涨停速度越快，形态所反映的市场推动力就越强势，多方优势越大。

同时，股价在后续的时间内被封在涨停板上的时间越长，说明市场的做多意愿越强烈，后市上涨空间越大；反之，市场可能产生分歧，后市看多的信号并不是很可靠。

当开盘巨量涨停的形态出现在上涨过程中、下跌过程中和股价低位时，其含义与开盘高开高走比较类似，只是信号可靠度更高。

但当这样的形态出现在股价高位时，就有可能是危险信号。主力有时候会在股价高位构筑出开盘巨量涨停的形态，营造出上涨空间巨大的假象，诱导投资者追涨，从而达到出货目的。因此，场外投资者在高位遇到这样的走势一定要警惕，避免入场被套，场内的投资者也可以借机跟随出货。

下面通过一个具体的案例来解析。

实例分析 ⇒
维宏股份（300508）开盘巨量涨停形态解析

如图 4-3 所示是维宏股份 2021 年 7 月 29 日的分时图。

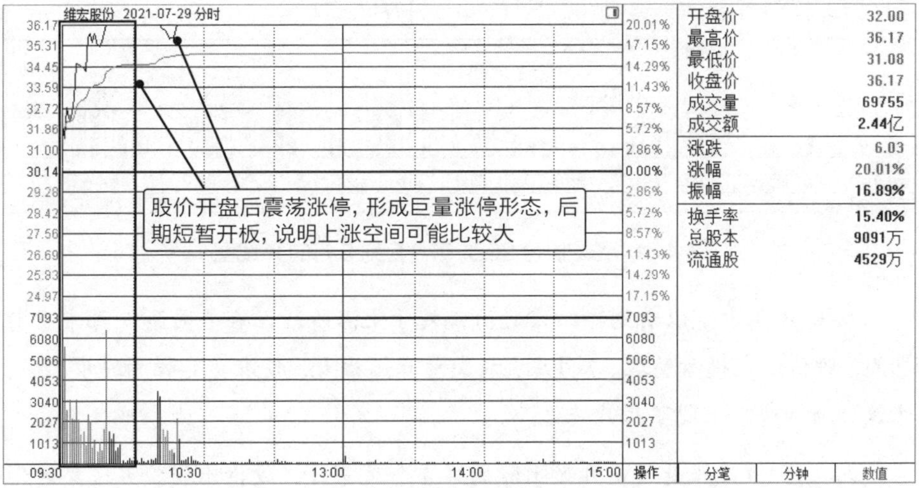

图 4-3　维宏股份 2021 年 7 月 29 日的分时图

从分时走势可以看到，维宏股份在 2021 年 7 月 29 日这一天是以 32.00 元的高价开盘，开盘后成交量就放出巨量，将股价上推。价格呈锯齿状震荡上涨，在数十分钟内就到达了涨停板并封住。

从股价涨停的速度来看，市场的推动力还是比较强劲的。在后续的交易时间内，股价仅在 10:11 左右开板交易了数分钟，随后再次封回板上直至收盘，说明上涨空间可能比较大。

此时，投资者不能急于进场，还需要结合 K 线图的位置和走势来分析，仔细甄别是否可以跟进。

如图 4-4 所示是维宏股份 2021 年 6 月到 9 月的 K 线图。

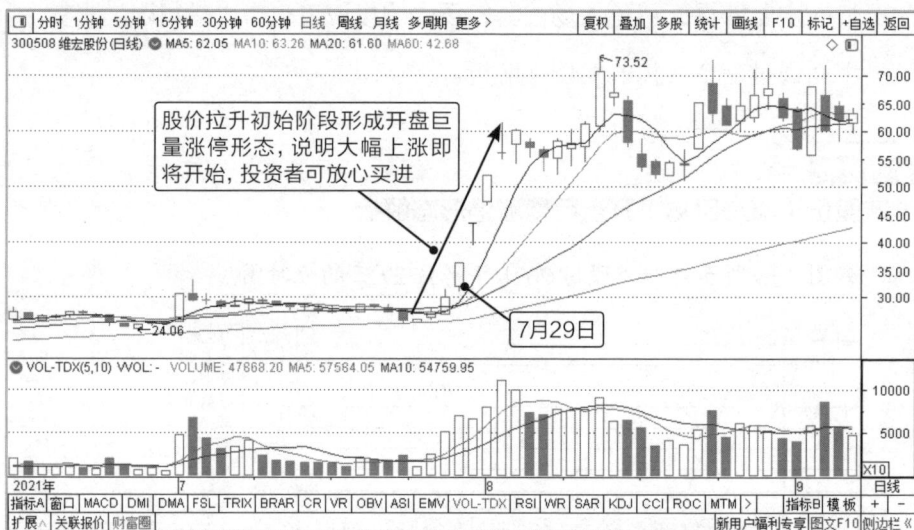

图 4-4　维宏股份 2021 年 6 月到 9 月的 K 线图

从 K 线图中可以看到，维宏股份正处于上涨阶段。在 6 月到 7 月中下旬期间，股价还在横盘整理。7 月底，成交量开始放大，股价受其影响逐步上涨，涨速日渐加快，出现了拉升迹象。

而 7 月 29 日正是股价开始上涨的第 4 个交易日，股价出现拉升迹象时形成开盘巨量涨停形态，说明后市即将迎来大幅度上涨，投资者可在股价涨停之前或是开板交易时迅速买进。

4.1.3　开盘低开低走形态用法

开盘低开低走指的是股价当日以低于前一日收盘价的价格开盘，并且在开盘后 30 分钟内持续下跌、走势低迷的状态。

开盘就出现了下跌的走势，说明市场预期下降，投资者纷纷抛售离场，导致股价形成连续走弱的状态。也有可能是主力在刻意拉低，具体是哪种情况还需要根据其所处位置来判断。

◆ **形态出现在上涨行情中：** 说明经过长时间或是大幅度上涨后，盘中积累的获利盘和短期盘在大量抛售。卖压的加强导致了股价的下跌，后续可能进入回调中，投资者可根据自身策略决定是否卖出。

◆ **形态出现在下跌行情中：** 说明市场已经彻底对目标股失去了期望，做空的力量占据绝对优势，后期继续下跌的可能性比较大，投资者应立即卖出。

◆ **形态出现在股价低位：** 这样的情况可能是主力故意的拉低行为，目的是将股价快速拉到更低区域，以便逢低吸纳。后期主力蓄势完毕后可能会开启新的行情，投资者可暂时保持观望，待到行情明朗后再介入。

下面通过一个具体的案例来解析。

实例分析 ⇒
新奥股份（600803）开盘低开低走形态解析

如图 4-5 所示是新奥股份 2020 年 3 月 12 日的分时图。

从分时走势可以看到，新奥股份在 3 月 12 日这一天是以 9.99 元的低价开盘。在开盘后股价就出现了下跌，随后围绕均价线震荡了一段时间，但很快还是跌到了均价线下方，整体呈现出低开低走形态。

在后续的交易时间内，股价大部分时间都在均价线下方运行，偶有几次突破都显示为无效。此时观察成交量可以发现，盘中不断有大单出现对股价进行拉低，导致其难以上涨，最终以低价收盘。

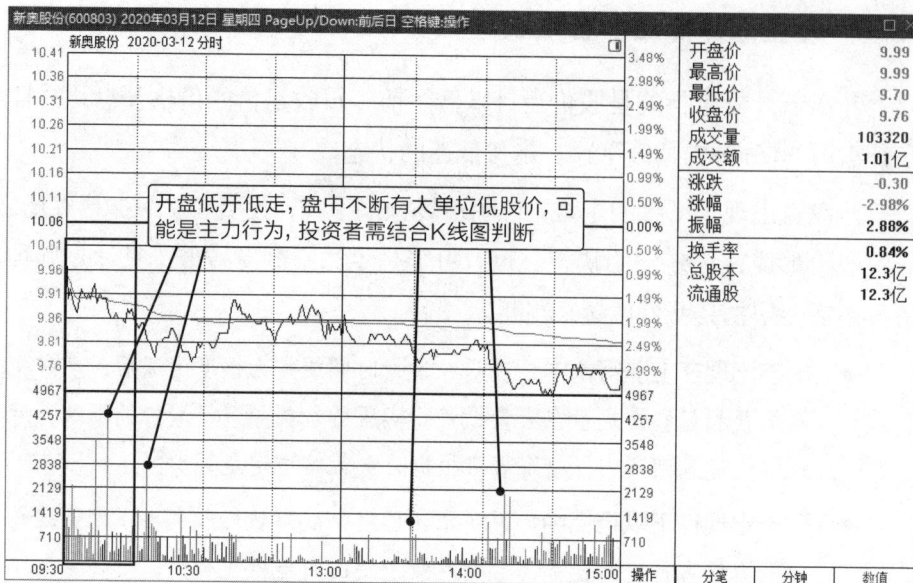

图 4-5　新奥股份 2020 年 3 月 12 日的分时图

观察到分时图中的低开低走形态后，投资者还需要对 K 线图进行分析。

如图 4-6 所示是新奥股份 2020 年 2 月到 7 月的 K 线图。

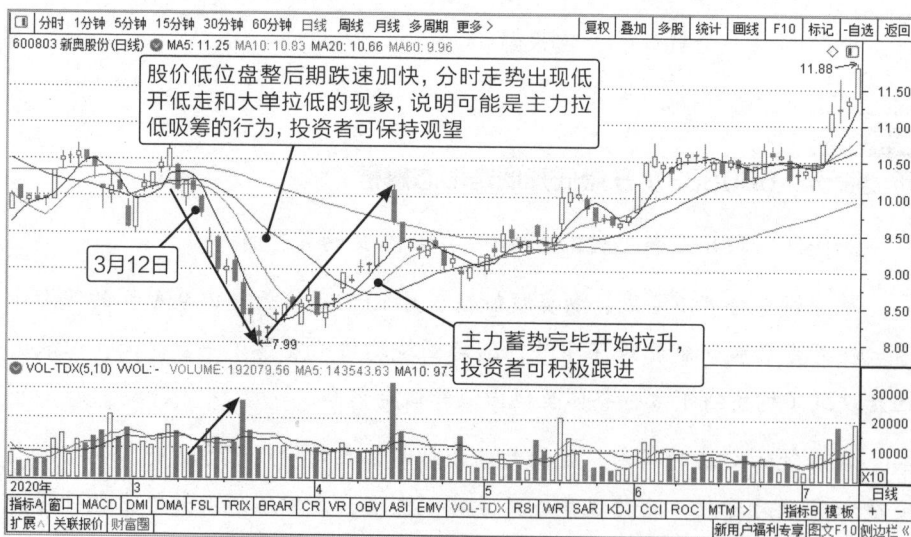

图 4-6　新奥股份 2020 年 2 月到 7 月的 K 线图

从 K 线图中可以看到，新奥股份正处于股价的低位。在 2 月期间股价还在进行盘整，但进入 3 月后不久，股价就出现了加速下跌的走势，并且成交量也有所放大，说明很可能是主力的拉低吸筹行为。

3 月 12 日正位于股价下跌的初始位置，盘中出现了大单拉低现象，进一步确定了主力的手段。此时投资者可以保持观望，等待下跌结束，当主力开始拉升就可以迅速进场。

4.1.4　开盘巨量跌停形态用法

开盘巨量跌停指的是股价在开盘后被放大的成交量拉低，在短时间内出现快速下跌的走势。在下跌过程中，股价可能呈锯齿状一波一波地下跌，也可能呈斜线快速跳水下跌。这两种走势代表的含义基本一致，即市场走弱，预期下降，后市下跌概率大，但跳水下跌的信号强度更高。

同时，如果在后续的交易时间内，股价被封在跌停板上的时间越长，说明越不被市场看好，那么后市下跌的可能性越大。在此期间，多方的力量可能与空方进行博弈而导致股价震荡。开盘巨量跌停出现在不同位置，其预示的信号会有所不同。

◆ **形态出现在阶段高位：**说明可能是主力的拉低行为，通过快速下跌来震仓，促进浮筹交换，短时间内可能出现下跌。

◆ **形态出现在行情高位：**说明主力可能开始出货，价格快速下跌是抛压增大导致的，后续可能进入下跌行情。

◆ **形态出现在行情低位：**说明是主力的拉低吸筹行为，当股价开始拉升时，上涨行情也就开启了。

下面通过一个具体的案例来解析。

实例分析 ⇒

跃岭股份（002725）开盘巨量跌停形态解析

如图 4-7 所示是跃岭股份 2021 年 12 月 21 日的分时图。

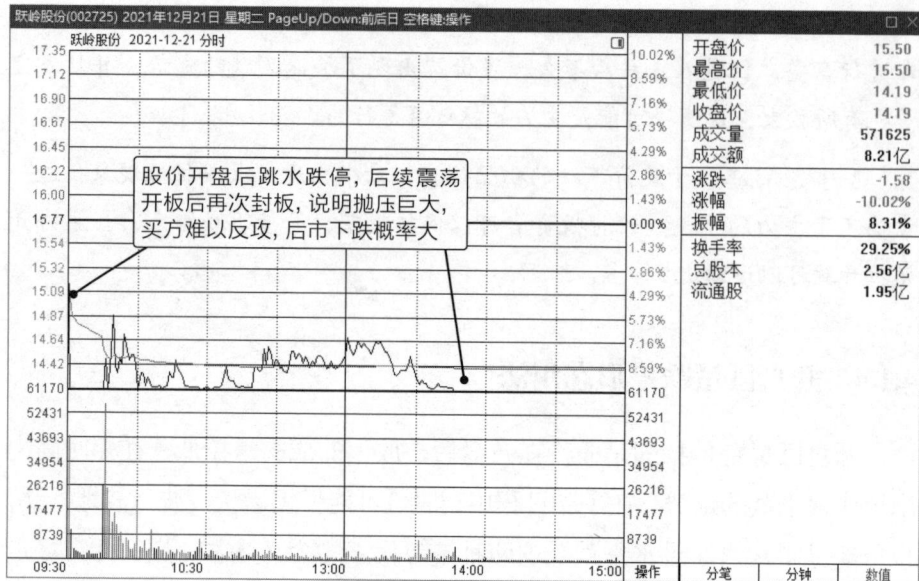

图 4-7　跃岭股份 2021 年 12 月 21 日的分时图

从分时走势可以看到，跃岭股份在 2021 年 12 月 21 日这一天是以 15.50 元的低价开盘。在开盘后第一分钟，该股就被数笔大卖单构成的大量柱拉低，出现了直线下跌的走势，股价直接被打到了跌停板上封住。

封板数十分钟后，跌停板被大单砸开，价格快速冲破均价线的压制并反弹至 14.87 元附近，随后围绕均价线震荡一段时间后再次下跌，回到跌停板附近。在后续的交易时间内，股价被限制在 14.64 元价位线以下震荡运行，直到 13:46 左右回到跌停板上，封板直至收盘。

从整个交易日的分时走势来看，该股在开盘时不仅出现了巨量跌停，跌停的速度还极快，这说明卖盘施加的压力非常大。而后续的震荡开板说明有买盘介入博弈，但最终还是难以占据足够优势，股价以跌停收盘。

这样的走势传递出了明确的后市看跌信号，但投资者还需要观察 K 线所在的位置才能进一步确定。

如图 4-8 所示是跃岭股份 2021 年 11 月到 2022 年 2 月的 K 线图。

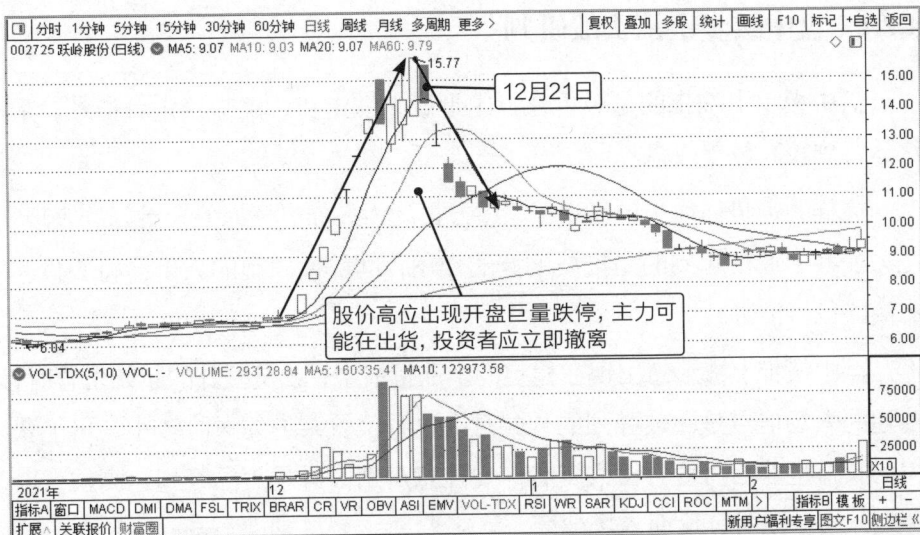

图 4-8 跃岭股份 2021 年 11 月到 2022 年 2 月的 K 线图

从 K 线图中可以看到，跃岭股份正处于股价的高位。在 12 月初到 12 月中旬期间，股价的涨势十分迅猛，接连出现的涨停迅速将价格带到了 15.00 元价位线附近，随后滞涨。

12 月 21 日正是股价滞涨数个交易日后，开始下跌的第一个交易日。在此位置出现开盘巨量跌停形态，说明很有可能是主力大批出货导致的，后续即将进入快速下跌行情中，投资者需要迅速跟随主力离场。

4.2 盘中走势如何判断

盘中交易时段是整个交易日中时间较长、信息非常丰富的一个阶段，并且大量的交易都是在盘中完成的。股价在开盘后形成的走势，还需要在盘中得到进一步验证，或是出现不同的转折，才能为投资者提供更为准确有效的信息。因此，盘中交易时段也是投资者需要重点观察的阶段。

4.2.1　盘中缓步上涨实战研判

盘中缓步上涨指的是股价在盘中形成上涨走势，涨势稳定且持续，最终运行到较高位置收盘。

这样的走势往往是市场积极、多方推动力充沛、预期偏向看好的表现，主力在其中通常起到的是推波助澜的作用，间歇性出现的大单会将股价向更高的位置推进。

盘中缓步上涨形态出现在稳定的上涨行情中，或是拉升的起始位置时，传递的入场信号是比较强烈的，并且在这种位置买进的风险较小，可能获得的收益也非常可观。但投资者需要注意辨别股价是否已经到达高位，以免踏入多头陷阱，反而入场被套。

下面通过一个具体的案例来解析。

实例分析 ⇒
电光科技（002730）盘中缓步上涨形态解析

如图 4-9 所示是电光科技 2020 年 7 月 6 日的分时图。

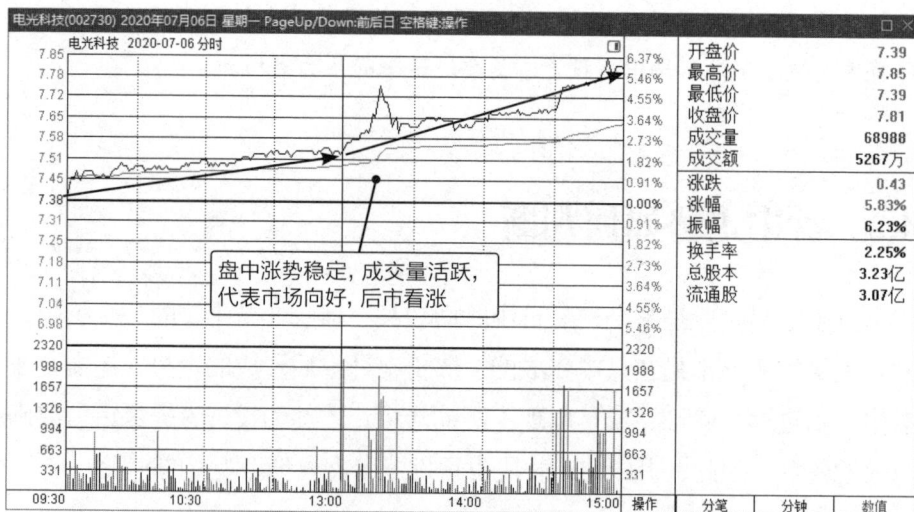

图 4-9　电光科技 2020 年 7 月 6 日的分时图

　　从分时走势可以看到，电光科技在 2020 年 7 月 6 日这一天是以 7.39 元的高价开盘的，开盘后价格就开始上涨。虽然在前期涨速比较缓慢，但上涨的趋势始终没有改变，均价线在其下方起到了坚定的支撑作用。

　　下午时段开盘后，股价涨速突然加快，成交量活跃度也明显变高。股价在震荡中向上攀升，最终以 5.83% 的涨幅收盘。

　　从整个交易日的走势可以发现，股价在盘中呈现了缓步上涨的走势，成交量的活跃度也证明了市场的情绪积极。此时，再观察 K 线图中的走势情况，就可以判断是否适合入场。

　　如图 4-10 所示是电光科技 2020 年 6 月到 8 月的 K 线图。

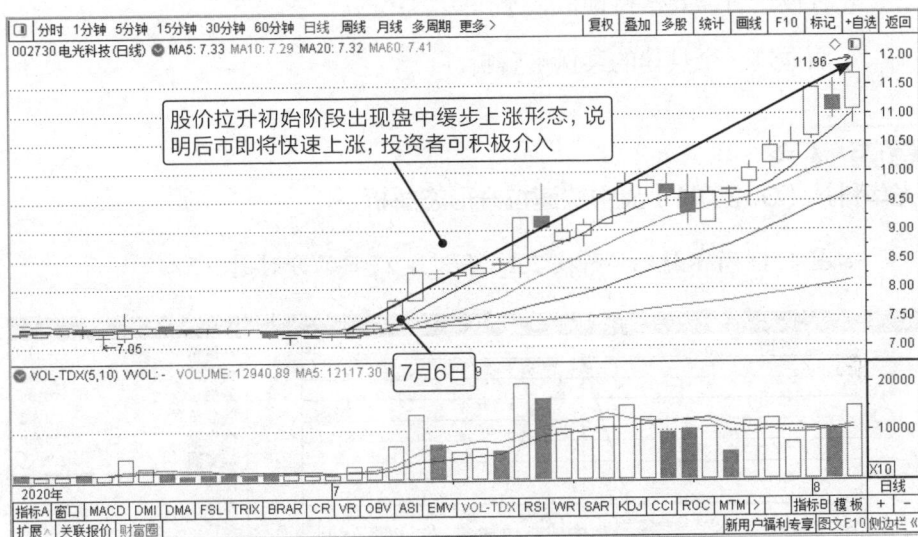

图 4-10　电光科技 2020 年 6 月到 8 月的 K 线图

　　从 K 线图中可以看到，电光科技正处于上涨过程中。在 6 月期间股价还在相对低位盘整，从 7 月初开始，成交量量能逐渐放大推动股价上扬，离开了盘整区间。

　　而 7 月 6 日正是上涨开启后的一个交易日，在此位置出现盘中缓步上涨形态，充分说明了股价的拉升即将开始。观察到这一状态的投资者可以放心入场，将拉升涨幅收入囊中。

4.2.2 盘中快速拉升实战研判

盘中快速拉升指的是开盘后股价走势偏向于震荡、横盘甚至下跌，而在盘中的某一时刻，成交量开始放大，直接拉动股价形成加速上涨的形态。

一般来说，要形成这样的走势需要大资金的参与，除了突发利好消息引发市场集中买进的情况外，主力也能起到这样的效果。

在股价低位形成盘中快速拉升的走势，代表主力可能已经蓄势完毕准备抬升，新的行情即将开启，对于投资者来说是非常好的买点。

而在股价高位形成盘中快速拉升的走势，代表主力可能在准备诱多出货，此时投资者需要保持谨慎，不可贸然介入。

下面通过一个具体的案例来解析。

实例分析 ⇒
光华科技（002741）盘中快速拉升形态解析

如图 4-11 所示是光华科技 2021 年 8 月 25 日的分时图。

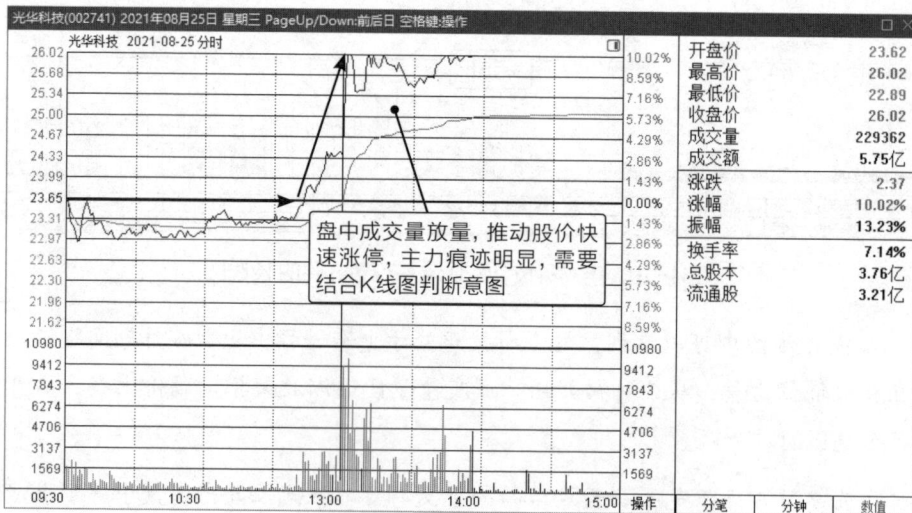

图 4-11　光华科技 2021 年 8 月 25 日的分时图

从分时走势可以看到，光华科技在 2021 年 8 月 25 日这一天是以 23.62 元的低价开盘，开盘后股价被限制在一个较小的范围内，并围绕均价线横向震荡，期间成交量表现清淡。

11:10 左右，成交量量能开始逐渐放大，股价在其推动下脱离了长时间的震荡区间，开始快速上涨，临近早间收盘时已经涨至 24.33 元左右。在下午时段开盘后，成交量更是放出巨量，直接将股价直线上推到了涨停板上，在后续的近一个小时内不断开板交易，最终还是以涨停收盘。

从成交量的量能来看，当日明显有主力资金流动。由此形成的盘中快速拉升走势还需要结合 K 线图来判断后市行情趋势。

如图 4-12 所示是光华科技 2021 年 7 月到 2022 年 4 月的 K 线图。

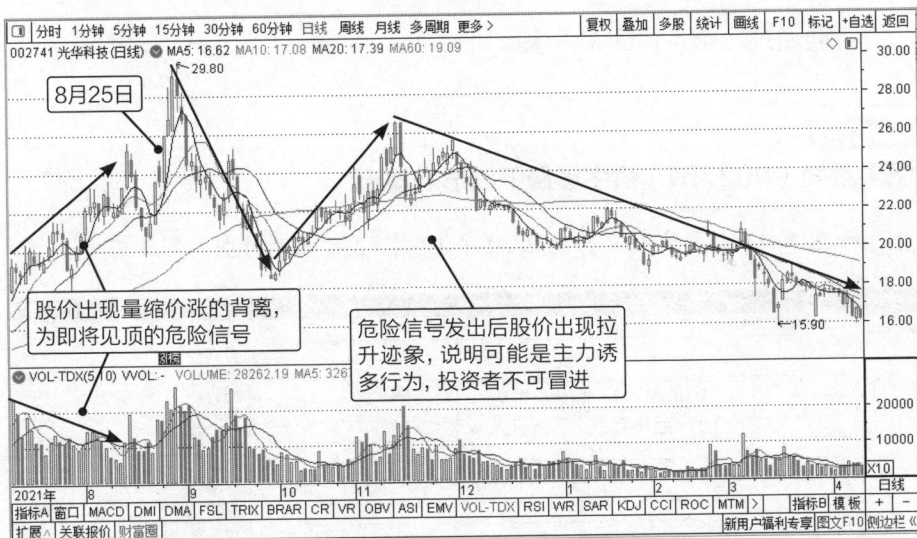

图 4-12　光华科技 2021 年 7 月到 2022 年 4 月的 K 线图

从 K 线图中可以看到，光华科技正处于股价的高位。在 7 月到 8 月中上旬，股价还在快速上涨，但在股价上涨的同时，成交量反而在缩减，危险信号出现，需要引起投资者警惕。

8 月 25 日正是股价回调后再次开始拉升的一个交易日，在此位置出现的盘中快速拉升形态很可能就是主力构筑的多头陷阱，在诱导投资者挂出买单的同时分批抛售，从而达到出货的目的。因此，在此位置投资者就不能追涨入场，以免在高位被套。

4.2.3　盘中缓慢下跌实战研判

盘中缓慢下跌指的是股价在盘中呈现逐步下滑的走势，股价线始终被压制在均价线之下，最终以低价收盘。

盘中缓慢下跌的走势说明市场参与度下降，预期转向看跌，卖方的力量占据优势，导致股价不断下滑。一般来说，这样的走势更常见于下跌行情以及回调过程中，意味着短时间内股价的跌势很难改变，投资者在无法判定下跌空间的情况下，最好及时卖出。

下面通过一个具体的案例来解析。

实例分析 ⇒

*ST 易尚（002751）盘中缓慢下跌形态解析

如图 4-13 所示是 *ST 易尚 2020 年 12 月 22 日的分时图。

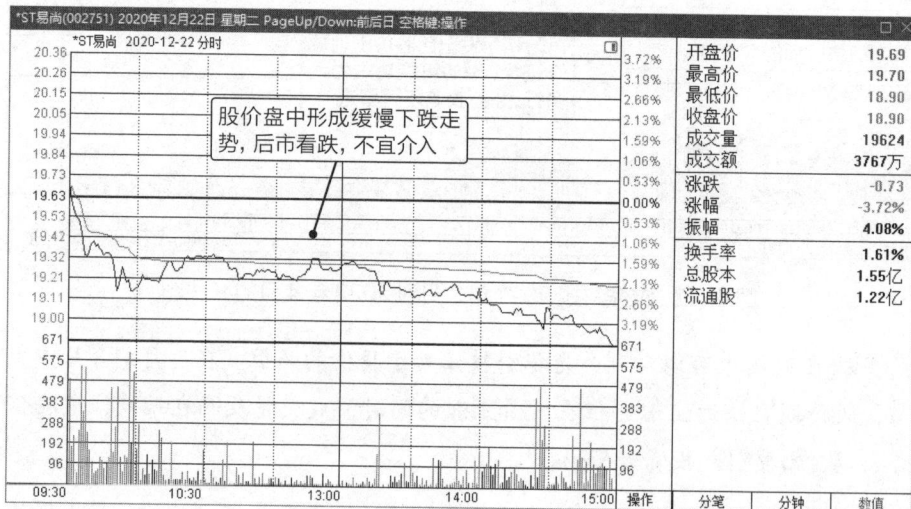

图 4-13　*ST 易尚 2020 年 12 月 22 日的分时图

从分时走势可以看到，*ST 易尚在 2020 年 12 月 22 日这一天是以19.69 元的高价开盘，但在开盘后股价迅速下滑，直接跌到均价线下方运行。

10:00 之后，股价小幅回升到 19.21 元价位线附近，随后被限制在 19.21 元到 19.32 元的价格区间内横向震荡。

下午时段开盘后，股价很快向下跌破了盘整区间并一路下滑，成交量不断对其进行拉低，导致跌势连绵不断。该股最终以 3.72% 的跌幅收盘，盘中形成缓慢下跌的走势。

从成交量的量能来看，已经可以看出此时市场的冷淡了，短时间内后市回升的概率比较小，再结合 K 线图的位置来进一步确定。

如图 4-14 所示是 *ST 易尚 2020 年 10 月到 2021 年 2 月的 K 线图。

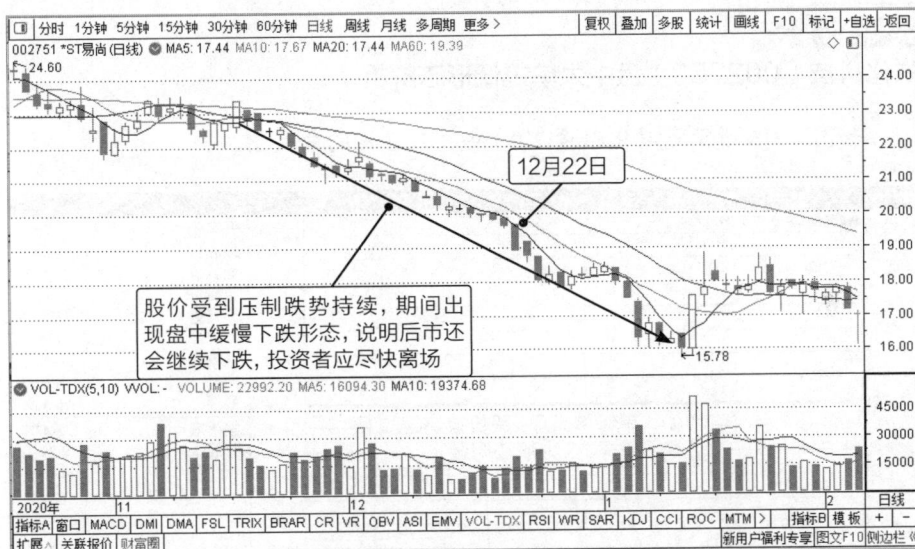

图 4-14　*ST 易尚 2020 年 10 月到 2021 年 2 月的 K 线图

从 K 线图中可以看到，*ST 易尚正处于下跌阶段中。在 11 月中下旬到12 月中下旬这段时间内，均线对股价产生了牢固的压制，使得股价不断下跌。

那么，在此期间出现的盘中缓慢下跌形态，含义就比较明朗了，股价依旧会沿着下跌轨道前进，投资者尽快出局为佳。

4.2.4 盘中大单拉低实战研判

盘中大单拉低指的是股价在开盘后走势比较缓和，但在盘中某一时刻被骤然放大的成交量拉低下跌，跌速较快，并且最终以低价收盘。

这样的走势通常也存在主力痕迹。一般来说，在行情高位或阶段高位出现的大单拉低，后市面临的都是下跌走势；但在下跌行情末期出现的大单拉低，就可能是行情反转的预兆。

因此，投资者在分时图中观察到这样的走势时，可以根据 K 线图中所处的位置来选择合适的操作策略。

下面通过一个具体的案例来解析。

实例分析 ⇒
联化科技（002250）盘中大单拉低形态解析

如图 4-15 所示是联化科技 2018 年 8 月 2 日的分时图。

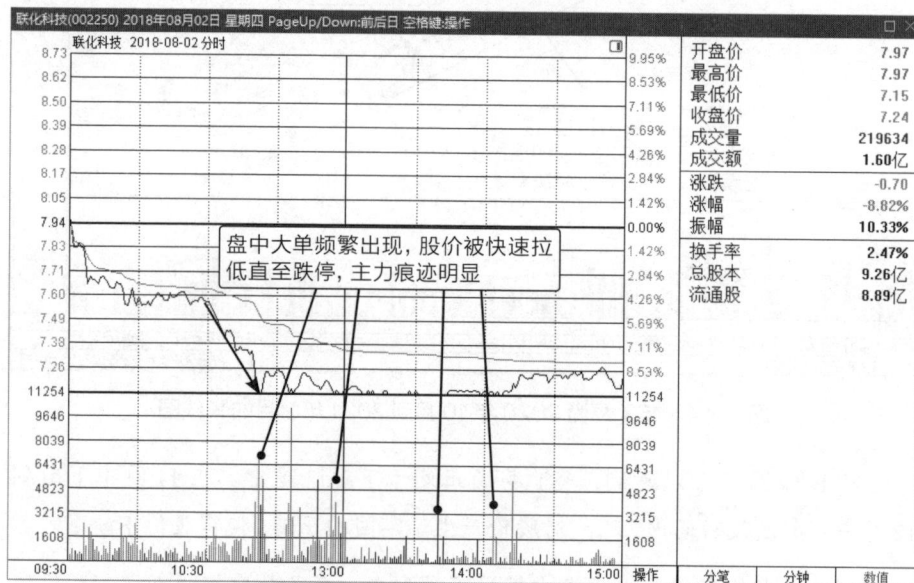

图 4-15　联化科技 2018 年 8 月 2 日的分时图

　　从分时走势可以看到，联化科技在 2018 年 8 月 2 日这一天是以 7.97 元的高价开盘的，开盘后股价就在下跌，数十分钟后在 7.60 元价位线附近受到支撑止跌，开始横向运行。

　　10:30 之后，股价迅速离开 7.60 元价位线附近向下滑落。伴随着成交量不断放出的大量能，股价跌速逐渐加快，很快于 10:53 左右到达了跌停板。后续的交易时间内，股价在跌停板附近反复震荡开板，在此期间大单频繁出现，对股价造成了强力的压制作用。

　　从盘中的走势可以发现，股价的跌停是主力有意为之，连续放出的大单目的也是希望股价长时间停留在低位。此时再来看 K 线图中的情况如何。

　　如图 4-16 所示是联化科技 2018 年 6 月到 11 月的 K 线图。

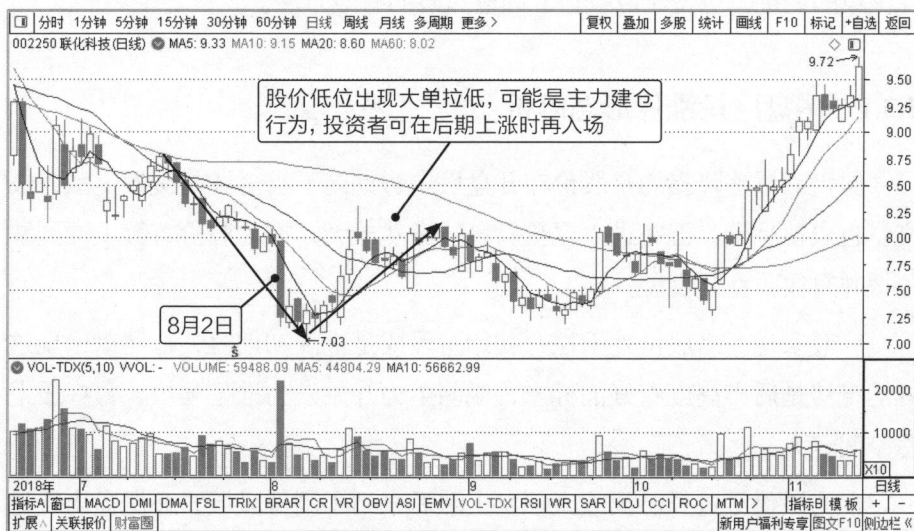

图 4-16　联化科技 2018 年 6 月到 11 月的 K 线图

　　从 K 线图中可以看到，联化科技正处于股价的低位。在 6 月到 7 月期间股价都在下跌，只是跌势并不稳定，整体更倾向于震荡下滑，成交量在下跌过程中逐渐缩减。

　　8 月 2 日正处于此次下跌的末期，靠近底部的位置，可以看到当日的成交量放量非常明显，基本可以确定是主力拉低的手段。在股价低位出现盘中大单拉低形态，说明主力可能正在逢低吸纳，新行情即将出现。此时投资者可以暂时保持观望，当股价开始上涨时再入场不迟。

4.3　尾盘时段形态分析

尾盘一般指的是临近交易日收盘的最后 30 分钟，这是决定当日收盘价的 30 分钟，也是多空双方博弈激烈的 30 分钟，股价在这一段时间内的表现，往往会直接或间接地影响到次日的走势。

因此，对尾盘走势把握准确，是投资者预判后市发展方向、做出前瞻性决策的关键，也是赚取收益、回避风险的有效方法。

4.3.1　尾盘巨量涨停形态解析

尾盘巨量涨停指的是股价在开盘后走势偏向于震荡或是缓慢上涨，成交量也表现平平，但在进入尾盘后量能突然放大，推动股价直接上冲到涨停板并封住，直至收盘。

一般来说，当股价处于拉升初始阶段或是上涨初期时，在尾盘出现这样的走势是后市高度看好的标志，说明主力开始发力准备强攻，目标股上涨空间较大。

但当股价经过长时间或大幅度上涨后来到了高位区域，在尾盘出现这样的走势，就很有可能是主力设置的多头陷阱了。因此，投资者在分时图中观察到尾盘巨量涨停的走势时不能心急，待到仔细甄别过 K 线图中的情况再决定，会更为稳妥。

下面通过一个具体的案例来解析。

实例分析 ⇒

新野纺织（002087）尾盘巨量涨停形态解析

如图 4-17 所示是新野纺织 2020 年 2 月 6 日的分时图。

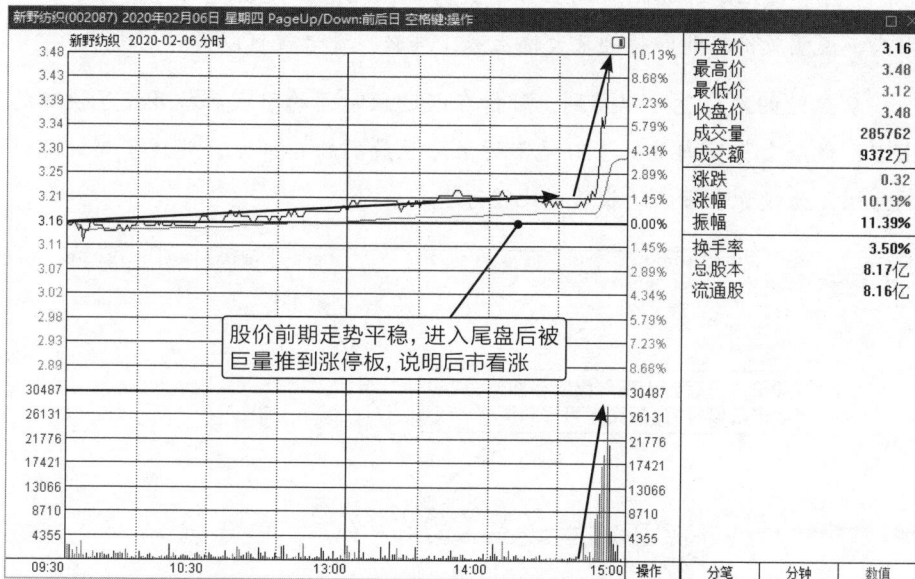

图 4-17　新野纺织 2020 年 2 月 6 日的分时图

从分时走势可以看到，新野纺织在 2020 年 2 月 6 日这一天是以 3.16 元的平价开盘的，在开盘后股价小幅下滑到前日收盘价下方，围绕均价线横向运行。10:30 之后，股价回升到前日收盘价横线上方，但在 3.21 元价位线附近受阻，随后被限制在前日收盘价与 3.21 元价位线之间震荡运行。

这样的平淡走势持续到股价进入尾盘。14:46 左右，成交量量能突然急速放大，直接将股价斜线上推，几分钟后就冲上了涨停板，并封住直至收盘，尾盘巨量涨停形态形成。

放大的量能和急速上冲的股价，说明后市可能出现大幅度的上涨，此时投资者再观察 K 线图中的位置，就可以确定是否入场。

如图 4-18 所示是新野纺织 2020 年 1 月到 3 月的 K 线图。

从K线图中可以看到，新野纺织正处于上涨阶段。在1月期间，股价还在低位区域横向盘整，直到2月3日，股价出现了突然跌停，导致股价跌至3.00元价位线附近，但在次日股价就开始回升，并且涨速逐渐加快，股价有拉升的迹象。

2月6日正是开始回升的第3个交易日，在这一天出现的尾盘巨量涨停形态，说明股价可能即将迎来大幅上涨，那么投资者就可以择时买进了。

从后续的发展也可以看到，股价在经过短时间的整理后就开始了快速的上涨，数个交易日内就从3.50元附近上涨至最高的6.64元，实现了接近翻倍的涨幅，为投资者带来的收益也比较可观。

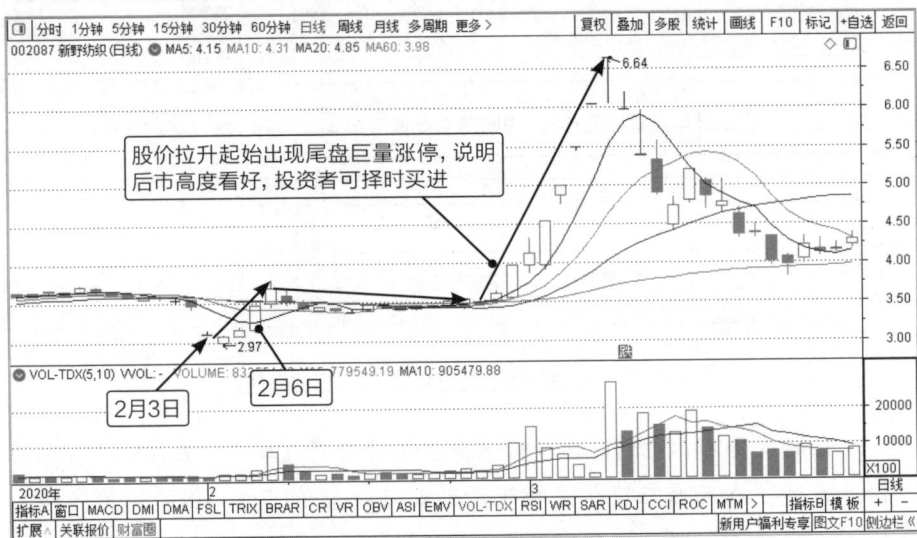

图4-18 新野纺织2020年1月到3月的K线图

4.3.2 尾盘高位震荡形态解析

尾盘高位震荡指的是股价在盘中经过长时间上涨后小幅回落，进入尾盘时处于高位震荡状态，最终以稍低于最高价的价格收盘。

这样的走势也比较常见，尾盘震荡的原因可能是主力避免散户抢筹的手段，也可能是获利盘抛售造成的，但只要股价没有出现大幅回落迹象，后市大概率还是看好的。

尾盘高位震荡形态出现的位置和预示的含义基本和尾盘巨量涨停形态一致，只是信号强度稍弱。但股价尾盘震荡的时候越靠近涨停板，收盘的价格越靠近最高价，那么传递的信号就越可靠。

下面通过一个具体的案例来解析。

实例分析 ⇒
淮油股份（002207）尾盘高位震荡形态解析

如图 4-19 所示是淮油股份 2022 年 1 月 28 日的分时图。

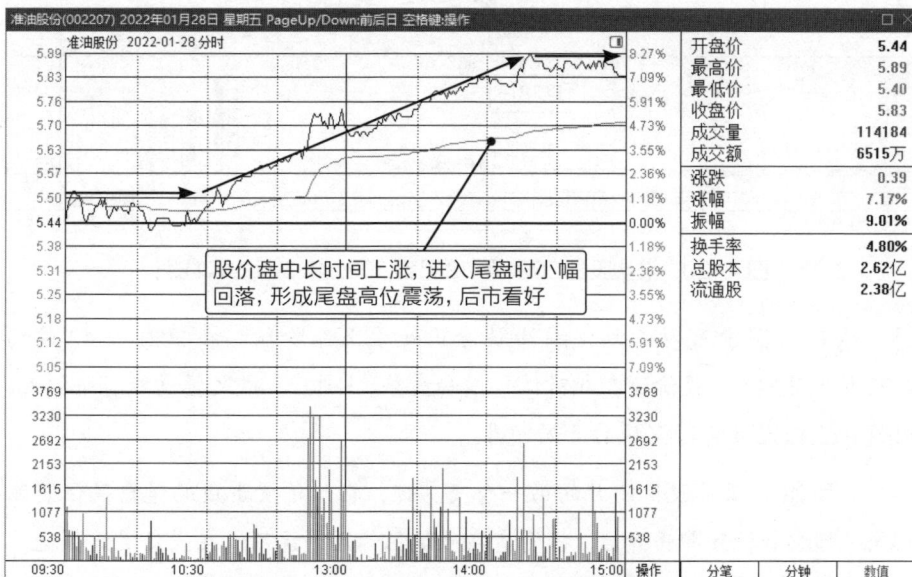

图 4-19　淮油股份 2022 年 1 月 28 日的分时图

从分时走势可以看到，淮油股份在 2022 年 1 月 28 日这一天是以 5.44 元的平价开盘的，开盘后股价小幅上涨，随后在开盘价与 5.50 元价位线之间震荡运行。10:30 之后，股价上涨离开横盘区间，在成交量的推动下快速来到更高的位置，临近尾盘时，股价最高已经涨至 5.89 元。

在创出最高价后，股价小幅回落，进入尾盘时已经在 5.83 元到 5.89 元的价格区间内震荡横行，最终以 5.83 元的价格收盘。收盘价仅低于最高价0.06 元，股价形成尾盘高位震荡形态。

此时再来看看 K 线图中的情况如何。

如图 4-20 所示是淮油股份 2021 年 12 月到 2022 年 3 月的 K 线图。

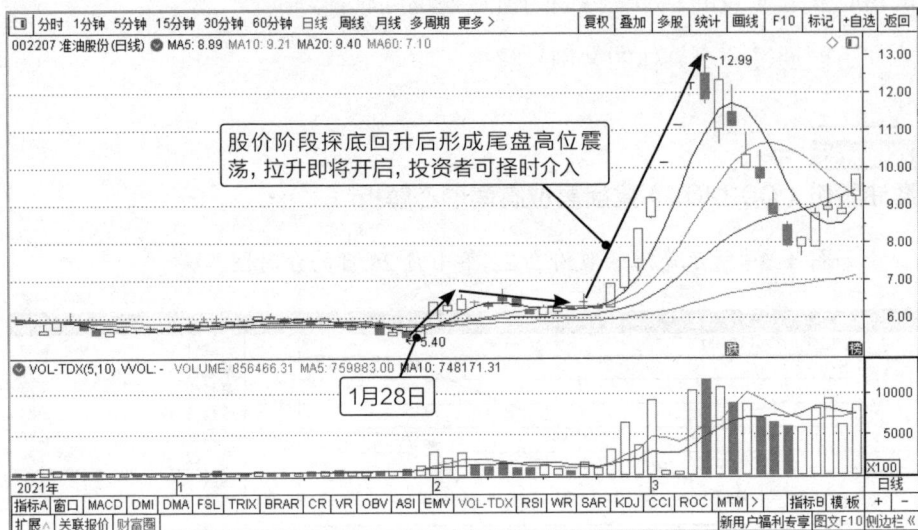

图 4-20　淮油股份 2021 年 12 月到 2022 年 3 月的 K 线图

从 K 线图中可以看到，淮油股份正处于上涨阶段。在 2021 年 12 月到 2022 年 1 月期间，股价还在相对低位横向盘整。1 月底，成交量量能有所放大，股价在 5.40 元处阶段探底后开始回升。

1 月 28 日正是股价回升的第一个交易日，在此位置形成的尾盘高位震荡形态，标志着拉升即将开启。投资者在确认信号后，就可以在当日迅速买进，或是在后续的回调低位买进，持股待涨。

4.3.3　尾盘拉低跌停形态解析

尾盘拉低跌停指的是股价在盘中走势比较平稳或是缓慢下跌，进入尾盘时被突然放大的成交量拉低，最终以跌停收盘。

一般来说，这样的急促走势背后都有主力的痕迹。当其出现在阶段高位和行情高位时，往往是股价回调和主力出货的前兆，后续跌幅可能较深，此时投资者以离场为佳。

　　而当其出现在连续下跌的行情中时，说明主力可能有弃庄的意图，或是市场产生了恐慌性的杀跌，后市下跌空间难以预计。此时场内投资者需要立刻卖出止损，场外投资者也不要参与。

　　下面通过一个具体的案例来解析。

实例分析 ⇒
茂化实华（000637）尾盘拉低跌停形态解析

　　如图 4-21 所示是茂化实华 2019 年 4 月 26 日的分时图。

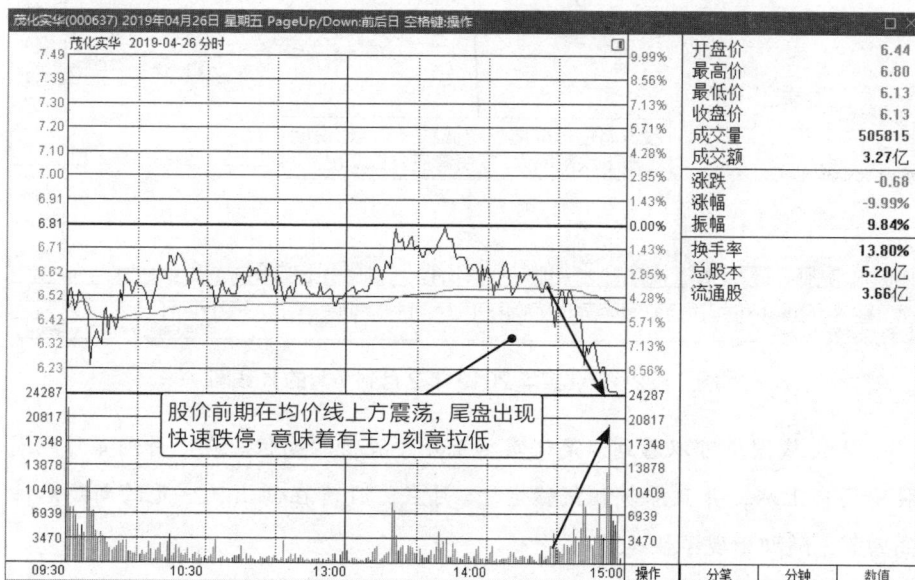

图 4-21　茂化实华 2019 年 4 月 26 日的分时图

　　从分时走势可以看到，茂化实华在 2019 年 4 月 26 日这一天是以 6.44 元的低价开盘的，开盘后股价围绕均价线横盘震荡了数分钟，随后快速下跌到均价线下方，在 6.23 元价位线附近受到支撑后又立刻回升，成功突破均价线并站稳。

　　在后续的交易时间内，均价线为股价提供了有效的支撑，股价长时间在其上方震荡。直到接近尾盘时，股价数次下探，最终在 14:27 左右击穿均价线，在反弹不破均价线后迅速下跌。在此期间成交量明显放量拉低，最终将其封到跌停板上，直至收盘，形成尾盘拉低跌停形态。

卖出信号已经出现，下面再来看K线图中的情况。

如图4-22所示是茂化实华2019年2月到7月的K线图。

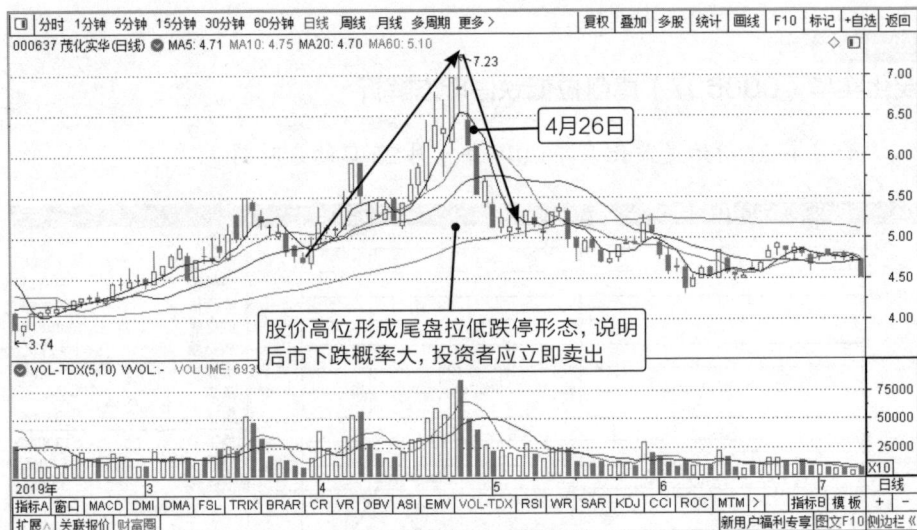

图4-22　茂化实华2019年2月到7月的K线图

从K线图中可以看到，茂化实华正处于股价的高位。在2月到4月期间股价还在上涨，并且涨势积极稳定。4月底，股价在创出7.23元的新高后冲高回落，随即出现了快速下跌。

4月26日正是股价收阴的第2个交易日，在股价出现见顶迹象后形成的尾盘拉低跌停，无疑是后市高度看空，下跌趋势即将到来的征兆。此时，还在场内的投资者需要立刻卖出，场外的投资者也不宜参与。

4.3.4　尾盘低位横盘形态解析

尾盘低位横盘指的是股价在开盘后便保持斜线下跌或阶梯式下滑状态，在临近尾盘或进入尾盘时小幅回升，整体维持在低位横盘震荡，最终以高于最低价的价格收盘。

这样的走势可能是在股价低位，主力将股价压低后吸筹造成的；也可能是股价在下跌一段时间后空方动能减弱，多方蓄力准备反攻形成的。前者意味着即将到来的新行情，后者则说明股价即将开始拉升或反弹。

当尾盘震荡时，最低价与收盘价差距越大，那么股价上涨的迹象就越明显；如果股价回升的幅度较小，甚至几乎贴着最低价震荡的话，那么后市可能还会继续下跌。投资者在仔细观察分时走势和 K 线图状况后，可以根据自身策略选择是否买卖。

下面通过一个具体的案例来解析。

实例分析 ⇒
西昌电力（600505）尾盘低位横盘形态解析

如图 4-23 所示是西昌电力 2019 年 1 月 28 日的分时图。

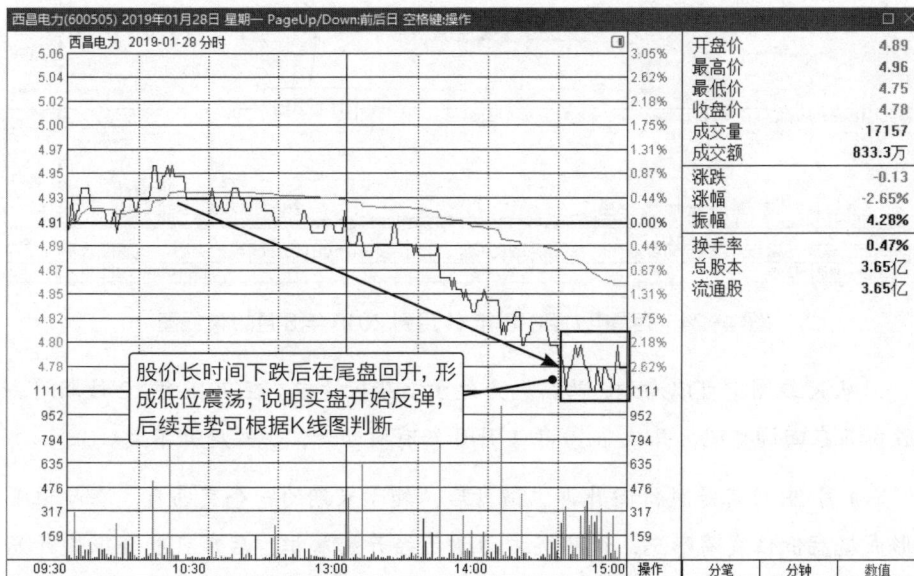

图 4-23　西昌电力 2019 年 1 月 28 日的分时图

从分时走势可以看到，西昌电力在 2019 年 1 月 28 日这一天是以 4.89 元的低价开盘的。开盘后股价震荡上扬，股价在越过 4.95 元价位线后滞涨了数十分钟，随即拐头下跌，击穿均价线后一路下滑。

进入尾盘后股价依旧处于下跌状态，但几分钟后便在 4.75 元价位线附近受到支撑回升，随后反复在 4.75 元到 4.80 元的价格区间内上下波动，最终以 4.78 元的价格收盘，形成尾盘低位横盘形态。

从波动幅度来看，股价回升的幅度还是比较大的，也就是说多方有反攻的趋势，投资者可以结合 K 线图来做进一步的判断。

如图 4-24 所示是西昌电力 2018 年 11 月到 2019 年 3 月的 K 线图。

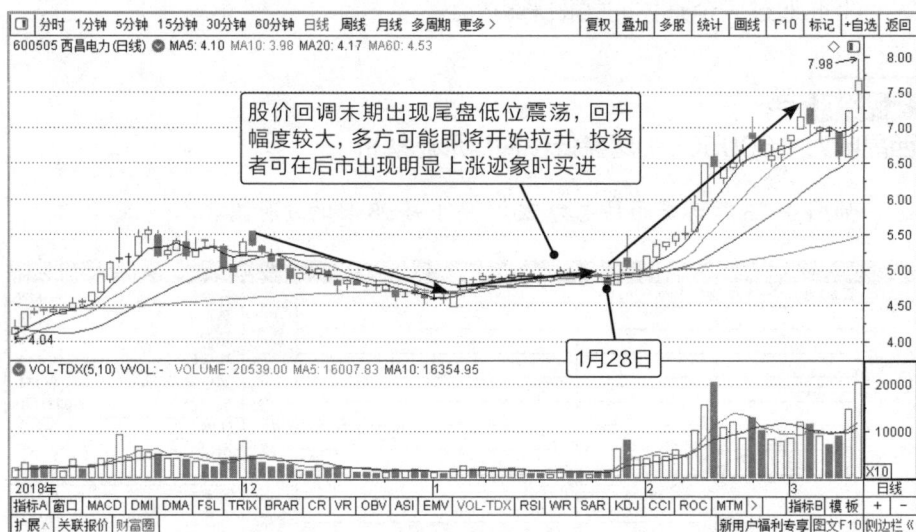

图 4-24　西昌电力 2018 年 11 月到 2019 年 3 月的 K 线图

从 K 线图中可以看到，西昌电力处于上涨行情中。在 2018 年 12 月期间，股价正在回调整理，并从 2019 年 1 月开始有所回升，但幅度并不大。

1 月 28 日正是股价回升再次横盘后，处于末期的一个交易日。在此位置形成尾盘低位震荡形态，说明买方力量已经开始蓄积，后市可能会很快开始拉升。投资者此时可以暂时保持观望，待到股价出现明显的上涨迹象时立刻买进。

第5章

主力盘面：分析意图助决策

　　主力是指拥有雄厚资金、资深技术、丰富信息来源的持股数量远超散户的机构投资者，他们以赚取利润为目的。普通投资者能够做的，就是从股价走势以及成交量的异动中识别主力痕迹，分析主力意图，跟随其做出买卖决策，进一步扩大收益。

5.1　吸筹盘面跟随买进

主力在进驻一只股票后，首先需要做的就是吸纳足够多的筹码，拥有重量级的仓位才能有效提高操作效率。

大量吸筹是需要资金和时间的，但主力在单只目标股上投入的资金和时间毕竟有限。那么，如何在有限的资金以及时间的限制下，尽可能高效、高性价比地吸纳筹码呢？

有两种手法是主力经常选用的，一是通过拉低股价的方式来降低每股持仓成本；二是直接拉高股价，使得散户大量抛售套现，达到快速吸纳的目的。

下面就来详细介绍，普通投资者如何判断这两种手法在不同情况下的异动，以及在什么时候跟随入场比较合适。

5.1.1　盘口拉低式吸筹跟进

拉低式吸筹是主力常用的，以空间换时间的吸筹方法，一般出现在下跌行情的末期。

当股价经过长时间下跌后，市场激情早已消退，交投趋于冷淡，此时主力通过拉低股价的方式使得股价加速下跌，投资者大量兑现离场。在散户抛售的同时，主力就能够快速接盘。

这样的手法既降低了持仓成本，也提高了建仓速度，因此成为非常常见的一种主力吸筹方式。

拉低式吸筹从形态上也比较好辨认，即股价下跌的同时，成交量反而会放大，在某一位置探底后就开始回升，经过回踩或是整理后，后续便会进入上涨轨道。投资者可以在明显上涨信号出现或是股价回踩不破低位时买进。

下面通过一个具体的案例来解析。

实例分析 ⇒
新世界（600628）主力拉低式吸筹形态解析

如图 5-1 所示是新世界 2018 年 7 月到 2019 年 3 月的 K 线图。

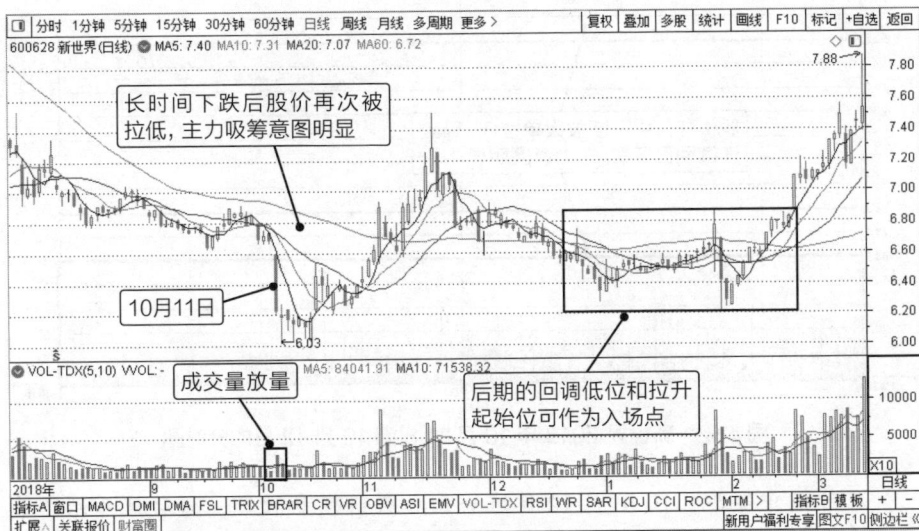

图 5-1　新世界 2018 年 7 月到 2019 年 3 月的 K 线图

从 K 线图中可以看到，新世界正处于股价的低位。从均线的状态可以发现，股价前期还处于下跌状态，在 2018 年 7 月到 9 月期间跌势减缓，股价转为震荡下滑，成交量逐步缩减。

在进入 10 月后，股价毫无征兆地出现了急速下跌，成交量量能放大，说明此处有大量资金流入拉低股价，主力吸筹意图显现。

如图 5-2 所示是新世界 2018 年 10 月 11 日到 10 月 12 日的分时图。

10 月 11 日正是股价加速下跌的当日。从分时走势可以看出，股价在开盘后横向运行了一段时间，随后被密集放出的成交量大单带动向下，一路滑坡式下跌，最终以 6.89% 的跌幅收盘，当日形成了一根大阴线。

次日，股价依旧维持着下跌走势，但在盘中受到 6.06 元价位线的支撑回升，最终以 0.64% 的跌幅收盘，当日形成一根带长下影线的小阴线。与此同时，这根小阴线的下影线探到了行情的底部。

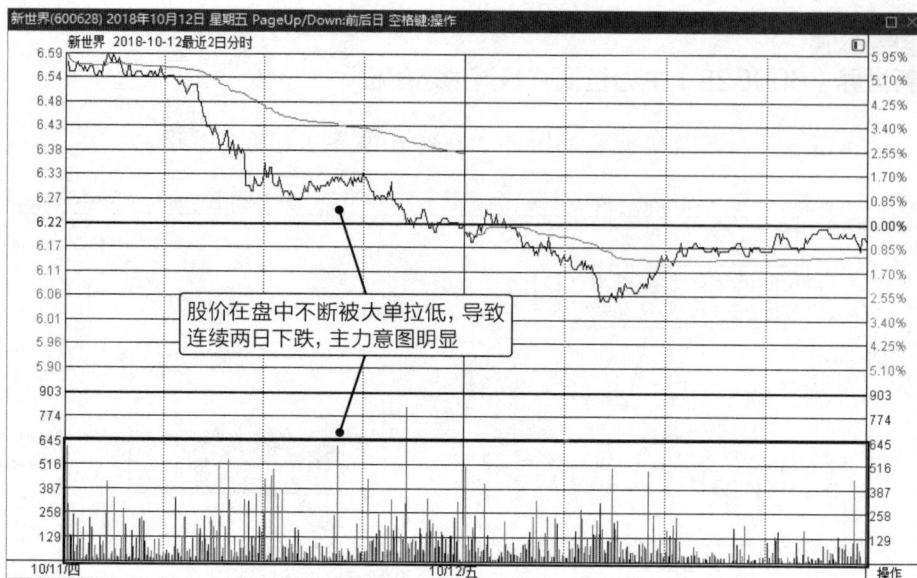

图 5-2　新世界 2018 年 10 月 11 日到 10 月 12 日的分时图

　　K 线图中显示，在 10 月 12 日这一天后股价横盘数日，随后就开始了第一波拉升，并成功越过了股价下跌时的高点。此为明显的看多信号，投资者可以在股价第一波拉升结束回调时，于低位买进，也可以在第二波拉升开启时买进，抓住后续涨幅。

5.1.2　盘口回调式吸筹跟进

　　回调式吸筹的手法与拉低式吸筹比较类似，区别在于拉低式吸筹一般出现在下跌行情的末期，而回调式吸筹则出现在行情反转之后，股价第一波拉升或是第二波拉升的回调过程中。

　　在股价开始上涨一段时间后，盘中会积累起一批亟待套现的卖盘。此时主力结束拉升、涨势减缓，大量涌出的委卖单就会导致股价下跌，主力趁机吸纳，就又可以收获一批相对低价的筹码。

　　这样的吸货手法属于以时间换空间的一种，也就是说，第一波拉升或第二波拉升之后的回调持续时间可能比较长。不希望将资金长时间留置于一只股票里的投资者，此时就可以选择卖出，待到后续股价回调完毕，开启新一波拉升时再入场。

下面通过一个具体的案例来解析。

实例分析 ⇒
国发股份（600538）主力回调式吸筹形态解析

如图 5-3 所示是国发股份 2018 年 9 月到 2019 年 3 月的 K 线图。

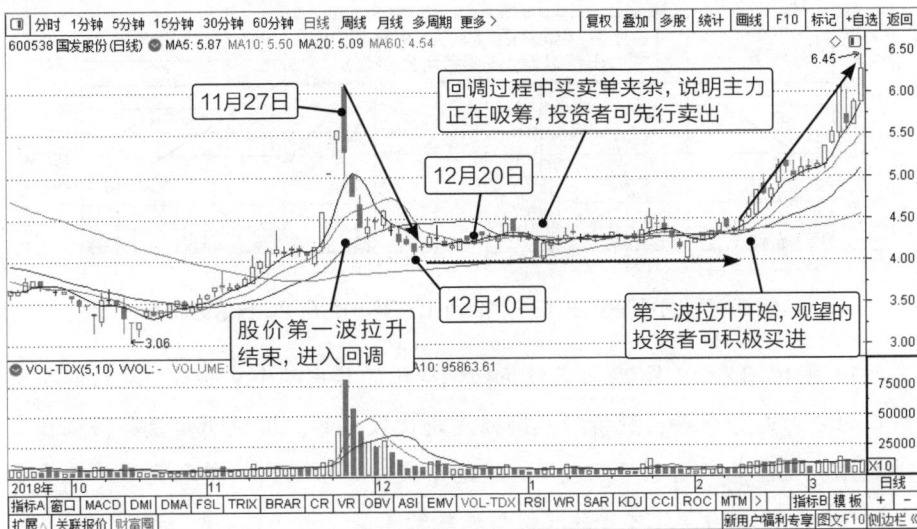

图 5-3　国发股份 2018 年 9 月到 2019 年 3 月的 K 线图

从 K 线图中可以看到，国发股份正处于上涨行情的初期。从均线的状态可以发现，股价在 2018 年 9 月还在下跌，直到 10 月中旬创出 3.06 元的新低后行情见底，随后开始了第一波的拉升。

这一波拉升在前期涨势稳定，但 11 月中下旬股价横盘数个交易日后，突然被放大的成交量接连拉出 3 个涨停板，股价在短时间内上冲到 5.50 元价位线上方。11 月 27 日，股价几乎以涨停开盘，但很快开板并快速回落，在此之后股价便进入了回调之中。

如图 5-4 所示是国发股份 2018 年 12 月 10 日和 12 月 20 日的分时图。

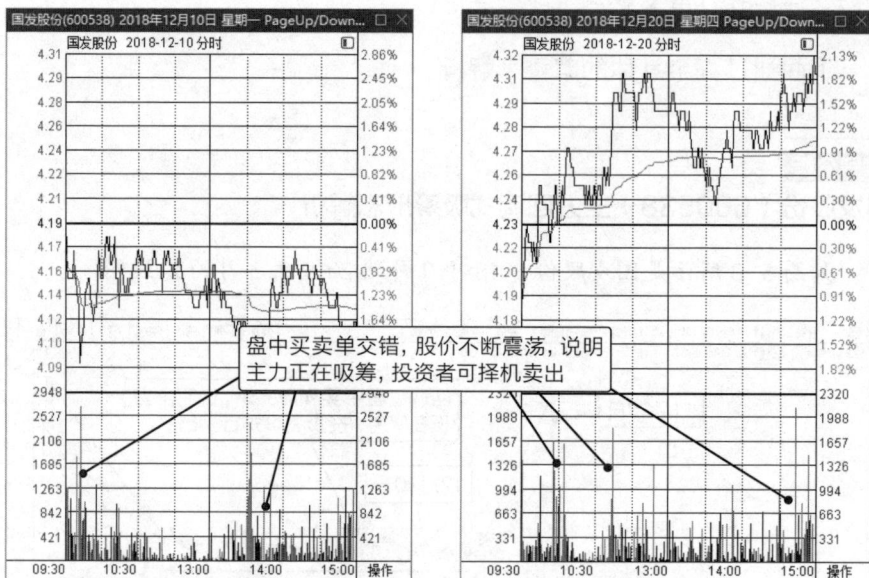

图 5-4 国发股份 2018 年 12 月 10 日和 12 月 20 日的分时图

12 月 10 日和 12 月 20 日是股价回调阶段的其中两个交易日。从这两个交易日的分时走势来看，股价的震荡幅度是比较大的，这说明卖盘和买盘在交错发力。观察成交量也可以发现，这两个交易日中的大买单和大卖单几乎是夹杂在一起出现的，这才导致股价形成频繁震荡。

投资者在回调阶段发现这样的异动时，基本可以确定主力的吸筹行为了。那么，此时就可以选择一个合适的时机卖出，随后保持观望，待到下一次拉升时再买入即可。

5.1.3　盘口拉升式吸筹跟进

拉升式吸筹指的是主力不愿意花费较长的时间来维持横盘或是下跌，而是通过快速拉升或是震荡上涨的走势，使得场内的投资者看到获利机会，不断出售筹码，以达到快速吸纳建仓的目的。

　　与前面介绍的两种吸筹方式不同，拉升式吸筹属于以空间换时间的一种速度较快的吸筹方式，通常是作风强势、资金雄厚的主力会采用的，常出现在行情反转之后的上涨初期。

　　一旦主力蓄势完毕，后续股价的拉升速度和幅度可能会非常惊人。同样的，这样的拉升手法留给投资者的入场机会也会相对较少，因此，在遇到这样的走势时，投资者就要当机立断，选中合适的位置就立刻买进，以免错过更大的涨幅。

　　下面通过一个具体的案例来解析。

实例分析 ⇒
天际股份（002759）主力拉升式吸筹形态解析

　　如图 5-5 所示是天际股份 2020 年 7 月到 12 月的 K 线图。

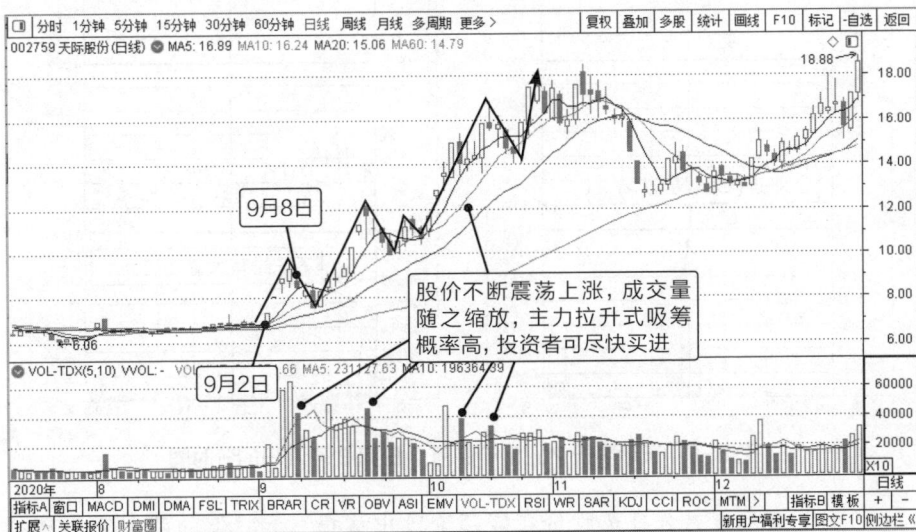

图 5-5　天际股份 2020 年 7 月到 12 月的 K 线图

　　从 K 线图中可以看到，天际股份正处于上涨行情的初期。在 7 月到 8 月期间，股价还在低位横盘运行，直到 9 月初成交量突然开始放量，股价受其影响快速上涨并直接拉出数个涨停。

但第一波快速上涨仅仅持续了4个交易日，便出现了下跌，在20日均线上受到支撑后再次回升，运行到一定位置后又一次受压回落。这样的走势反复出现，最终形成了震荡上涨的运行状态。

在持续两个多月的震荡上涨过程中投资者可以发现，每当股价上涨到一定高度，总会有一根大量柱出现将其拉低，当其回落到一定位置后又会被放大的成交量再次推涨。也就是说，盘中始终有一股力量在维持这样的走势，再结合股价正处于上涨行情的初期，那么主力在此期间进行拉升式吸筹的可能性就比较大了。

如图5-6所示是天际股份2020年9月2日和9月8日的分时图。

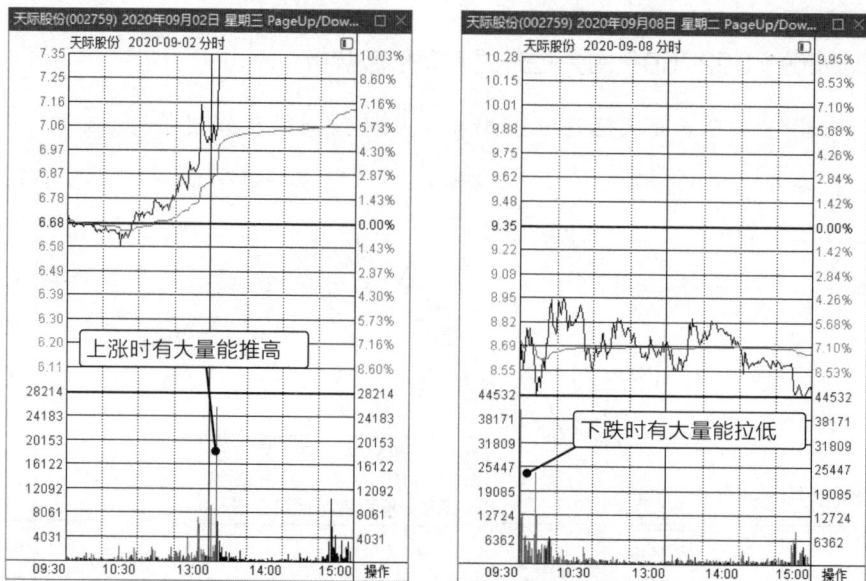

图5-6　天际股份2020年9月2日和9月8日的分时图

9月2日和9月8日是股价在震荡阶段中被推涨和拉低的两个交易日。从各自的分时走势可以看出，9月2日股价被推涨时，盘中曾出现过巨大的放量，将股价打到了涨停板上；而在9月8日股价被拉低时，开盘也出现过大单导致股价下跌。

这些放大的量能极有可能是主力在出手，基本可以确定其边拉升边吸筹的意图。因此，投资者就需要在股价上涨到过高位置之前，迅速买进，抓住即将到来的上涨。

5.2　拉升盘面积极跟涨

在一切工作准备就绪后，主力就要开始快速抬升股价了。这一阶段是决定主力创造多少收益的关键阶段，拉升的位置越高、时间越持久，那么主力的获利空间就会越大，散户的利润也更高。

在拉升阶段，主力介入的表现形式主要有 3 种，即涨停式拉升、放量式拉升以及无量式拉升，下面来进行逐一介绍。

5.2.1　盘口涨停式拉升跟进

涨停式拉升指的是主力通过砸入大量资金，拉动股价连续涨停，短时间内就来到较高位置的拉升手法。

这样的拉升手段比较极端，股价涨速极快的同时，耗费的成本也比较高。但其优点在于，主力能够在短时间内实现套利，不用在一只股票上耗费太多时间。

对于投资者来说，涨停式拉升手法留出的入场机会是比较少的，时机也很难把握。投资者如果能在股价上涨之前确定主力的拉升意图，提前入场占据先机，自然是最好的。

但如果投资者未能提前买进，而是在拉升半途中准备追涨入场，就需要对其保持高度关注，抓住每一个可能的买点，同时注意警惕过高位置追涨的风险。

下面通过一个具体的案例来解析。

百联股份（600827）主力涨停式拉升形态解析

如图5-7所示是百联股份2020年4月到8月的K线图。

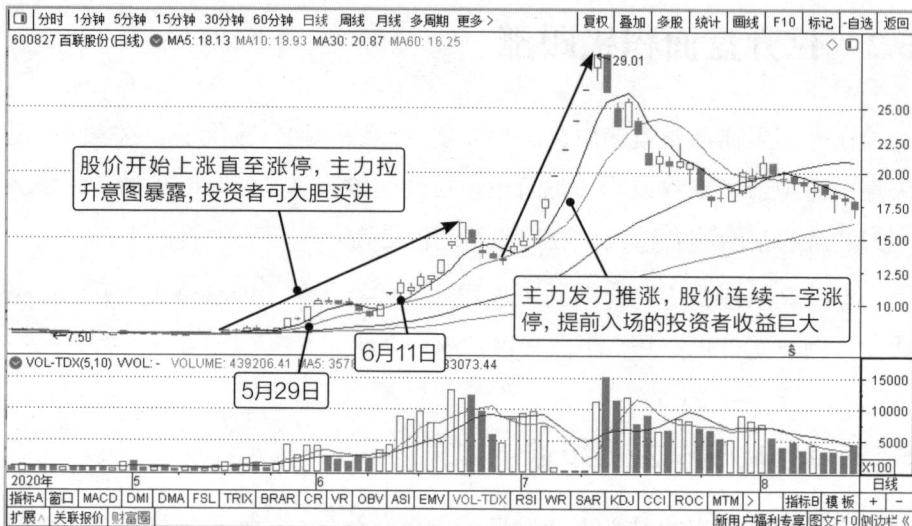

图5-7　百联股份2020年4月到8月的K线图

从K线图中可以看到，百联股份正处于上涨行情中。在4月到5月中旬期间股价还在相对低位盘整，整体波动幅度较小。

直到5月中下旬，成交量开始逐步放大，推动股价上涨，并且随着时间的推移涨速越来越快，数个交易日后就形成了涨停。主力拉升意图初见端倪，机敏的投资者此时就已经迅速入场了。

6月初，股价在到达10.00元附近后受到阻碍，横盘数日后小幅下滑，但很快就再次上涨。此次上涨的速度明显更快了，涨停板不断出现，成交量大量放量，进一步凸显出主力的拉升意图。此时投资者就要及早买进，准备好迎接后市更高的涨幅。

如图5-8所示是百联股份2020年5月29日和6月11日的分时图。

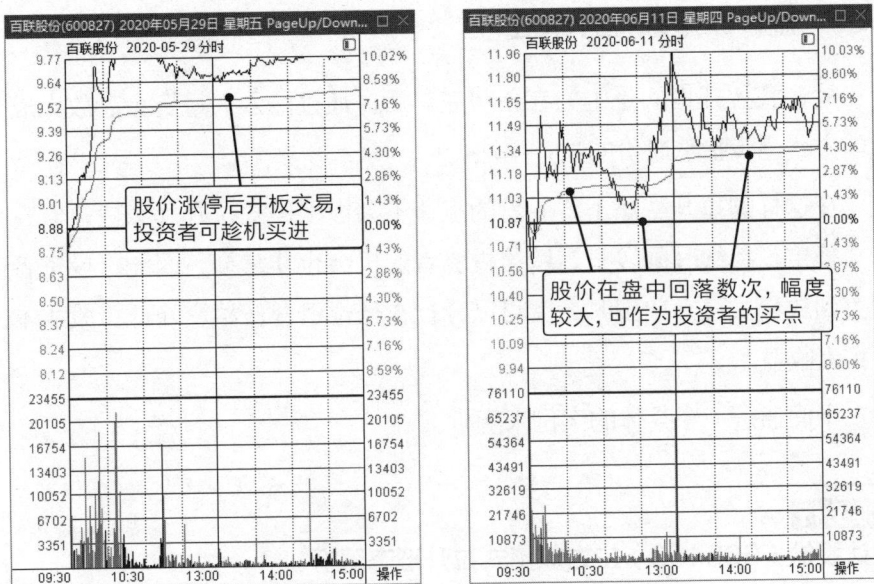

图 5-8　百联股份 2020 年 5 月 29 日和 6 月 11 日的分时图

5 月 29 日处于拉升的初始位置，也是股价第一次出现涨停的交易日。从分时走势可以看到，该股在开盘后就有成交量大量能放出，推动股价呈斜线上冲，短时间内就冲上了涨停板并封板。

约一个小时后，涨停板被砸开，盘中再次开始活跃的交易。在前期未能及时入场的投资者此时就可以趁机买进。

6 月 11 日则是股价接连涨停后，位于拉升中途的一个交易日。从分时走势可以看到，该股在开盘后的走势依旧强势，并且在早间收盘时达到了涨停。但在整个交易日内，股价出现了数次回落，幅度都相对较大，而这些位置完全可以成为投资者绝佳的买点。

在合适的位置建仓后，投资者就可以保持持有，等待后续拉升。从 K 线图后续的走势也可以看到，主力在 6 月中下旬又进行一次回调后，新一轮的拉升直接就拉出了一字涨停，将股价迅速带到了最高 29.01 元的位置。

众所周知，一字涨停是不能进行买入操作的，迟到的投资者无法入场追涨，也就错过了这一波涨幅。可见涨停式拉升涨势的迅猛程度，以及提前预判入场的重要性。

5.2.2 盘口放量式拉升跟进

放量式拉升指的是主力在蓄势完毕后，通过注入大量资金、放大成交量的方式逐步抬涨股价的拉升手法。

在这样的拉升手法下，股价的涨速不会像涨停式拉升那么快，但胜在涨势稳定，持续时间较长，留给投资者的机会也非常多。因此，投资者在观察到放量式拉升出现时，就可以分批在低位建仓，尽量降低持股成本，以扩大收益。

下面通过一个具体的案例来解析。

实例分析 ⇒
宝钛股份（600456）主力放量式拉升形态解析

如图5-9所示是宝钛股份2018年9月到2019年3月的K线图。

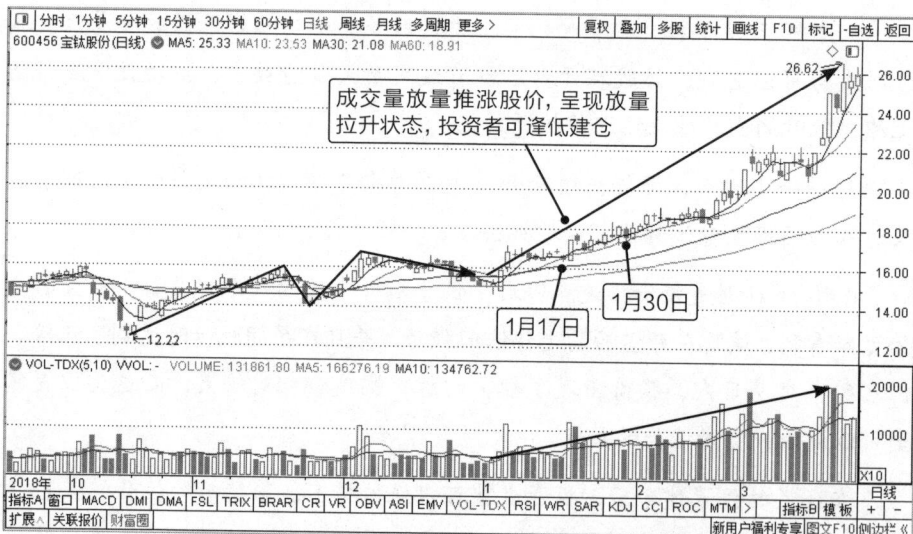

图5-9 宝钛股份2018年9月到2019年3月的K线图

从K线图中可以看到，宝钛股份正处于上涨行情的初期。股价从2018年10月中旬左右开始上涨，不过在前期涨势比较缓慢，偏向于震荡上涨，并且成交量也没有明显放大。

但从 2019 年 1 月开始，成交量突然放量将股价推涨出两根大阳线，在横盘数日后，股价开始了比较快速的上涨。在 1 月到 3 月期间，股价涨速逐渐加快，成交量也呈阶梯状放量，整体呈现出放量拉升的走势。

在放量拉升的过程中，投资者就可以利用股价短暂回调的时机买进。

如图 5-10 所示是宝钛股份 2019 年 1 月 17 日和 1 月 30 日的分时图。

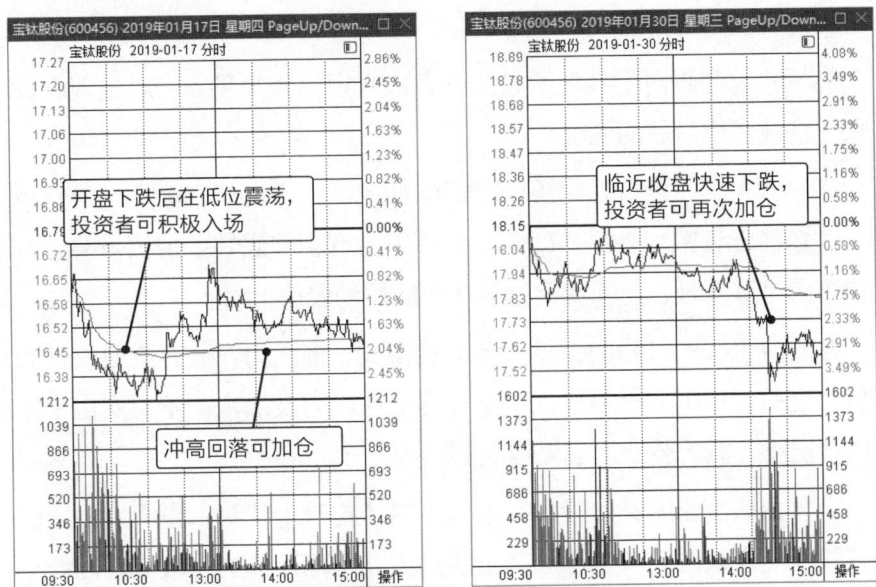

图 5-10　宝钛股份 2019 年 1 月 17 日和 1 月 30 日的分时图

1 月 17 日是 1 月初两根大阳线出现后，横盘到后期的一个交易日。从分时走势可以看到，股价在开盘后就被连续出现的大单拉低下跌，在 16.30 元价位线附近受到支撑后横盘震荡了一段时间，随后开始回升。

而这一段震荡位置相对较低，是比较好的买入时机，后期股价冲高后也出现了回落，投资者还可以趁机加仓。

1 月 30 日则是股价上升到 18.00 元价位线附近时收阴横盘的一个交易日。从分时走势可以看到，股价在开盘后小幅下跌，随后围绕均价线横向震荡，直到临近收盘前的一个小时才开始快速下滑。

此时投资者就需要迅速逢低吸纳，再次加仓，待到仓位达到预期后，持股待涨就可以了。

5.2.3　盘口无量式拉升跟进

无量式拉升指的是股价在抬升的同时，成交量却没有出现明显的放量，反而呈现出走平甚至回缩的状态，与股价形成背离关系。

无量式拉升相对于其他两种拉升方式来说比较少见，一般出现在股价长期下跌或者横盘后的低位。

其原因在于，股价在经历长时间的低迷后，市场信心渐失，自然也不会有太多投资者密切关注其动向。此时主力就会卧底其中悄悄吸筹，待到手中筹码足够多时，无须太大的量能便能拉动股价上涨。

在股价上涨的过程中，投资者惜售持股，而主力在没有将股价拉到目标价位之前，也不会轻易放出手中筹码。在主力及散户都不愿卖出手中股票的情况下，股价就会形成无量上涨。

当主力高度影响某只股票并形成无量式拉升走势时，说明主力比较看好该股所能带来的收益，那么其上涨潜力和空间可能会比较大。因此，投资者在观察到这样的走势时，就要及早逢低入场，或是分批建仓，持股静待后续大幅上涨。

下面通过一个具体的案例来解析。

实例分析 ⇒
科沃斯（603486）主力无量式拉升形态解析

如图 5-11 所示是科沃斯 2020 年 3 月到 9 月的 K 线图。

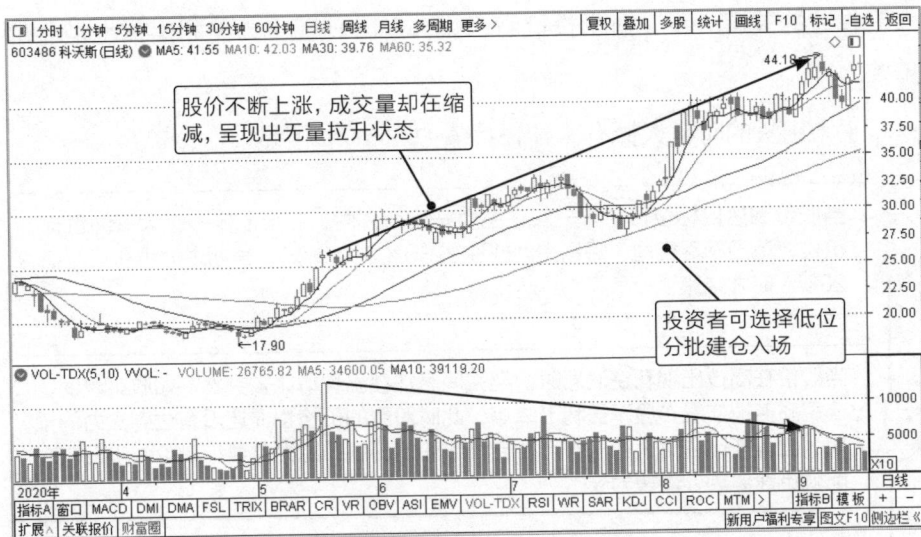

图 5-11　科沃斯 2020 年 3 月到 9 月的 K 线图

从 K 线图中可以看到，科沃斯正处于上涨行情的初期。在 4 月底股价见底之前，该股已经经历了长时间下跌，市场信心几乎被消耗殆尽，成交量不断缩减。

而在 4 月底，股价在创出 17.90 元的低价后开始回升，成交量放大使得股价回升速度较快。但在运行到 5 月中下旬时，成交量出现大幅回缩，使得股价涨速明显减缓，但依旧维持着上涨走势。

随着时间的推移，股价在经历了震荡与下跌后的再次上涨后，价格位置不断上移。反观成交量却在持续缩减，与股价形成了背离关系，整体呈现出无量拉升的状态。在股价长期下跌后的低位形成这样的走势，说明主力拉升股价已经无须量能配合，投资者此时就应该积极寻找合适的买点介入。

5.3　出货盘面及时止盈

出货是主力进行操作的最后一步，也是主力能否顺利兑现利润，赚取大笔收益的关键一步。对于投资者来说，及时跟随主力兑利出货也是非常重要的。

主力出货的时机大概有 4 种，具体如图 5-12 所示。

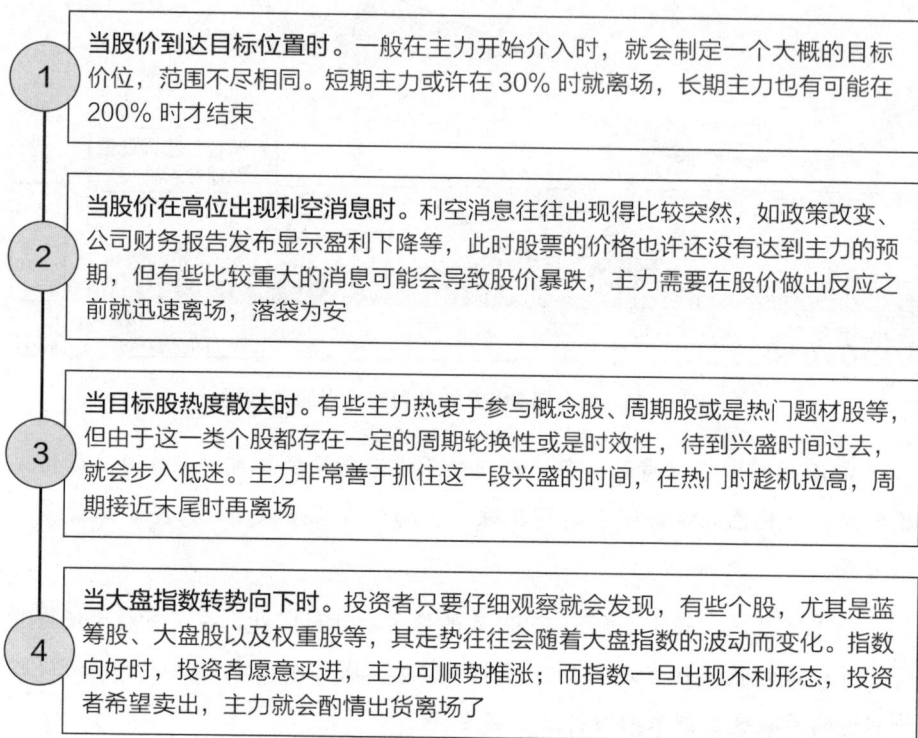

1 当股价到达目标位置时。一般在主力开始介入时，就会制定一个大概的目标价位，范围不尽相同。短期主力或许在 30% 时就离场，长期主力也有可能在 200% 时才结束

2 当股价在高位出现利空消息时。利空消息往往出现得比较突然，如政策改变、公司财务报告发布显示盈利下降等，此时股票的价格也许还没有达到主力的预期，但有些比较重大的消息可能会导致股价暴跌，主力需要在股价做出反应之前就迅速离场，落袋为安

3 当目标股热度散去时。有些主力热衷于参与概念股、周期股或是热门题材股等，但由于这一类个股都存在一定的周期轮换性或是时效性，待到兴盛时间过去，就会步入低迷。主力非常善于抓住这一段兴盛的时间，在热门时趁机拉高，周期接近末尾时再离场

4 当大盘指数转势向下时。投资者只要仔细观察就会发现，有些个股，尤其是蓝筹股、大盘股以及权重股等，其走势往往会随着大盘指数的波动而变化。指数向好时，投资者愿意买进，主力可顺势推涨；而指数一旦出现不利形态，投资者希望卖出，主力就会酌情出货离场了

图 5-12　主力出货的时机

由于主力手中掌握的筹码数量巨大，在出货的过程中如果没有足够的买盘承接，就很难达到高位套现的目的。因此，有些主力在进行出货操作时为了保证收益，往往会通过各种手段将股价维持在高位，保持买盘的积极性，再逐步散出手中筹码。

还有一些主力可能会因为某些原因不愿滞留在某只股票中太长时间，不管不顾地大量卖出，就算股价出现快速下跌也不去维持，以尽快撤离为目标，损失部分利润也要套现离场。

主力出货的方式不同，投资者应对的方式也会有所变化。但归根结底，一切应对策略都应该设立在保证当前收益的基础上，及时止盈止损，以免高位被套，得不偿失。

5.3.1　盘口拉升式出货解析

拉升式出货指的是股价在上涨到预期位置后，主力认为时机成熟，便再次拉升股价。当买盘积极追涨时，主力逐步散出手中筹码，就能达到出货的目的。

那么，投资者要如何辨别真正的拉升和拉升式出货呢？

首先，在 K 线图中，股价在到达高位之前往往会出现一些预警信号，比如股价上涨的同时成交量走平或缩减，二者产生背离，这就代表涨势可能即将停滞，投资者需要引起高度警惕。

其次，可在分时图中进一步确认。如果在主力发力拉升的同时，盘中还夹杂着不少分散的大卖单，导致股价时不时出现下跌或者震荡走势的话，主力出货的嫌疑就比较大了。投资者在发现后就应该寻找合适的高位离场，及时止盈，就算会损失一定利润，也比高位被套强。

下面通过一个具体的案例来解析。

实例分析 ⇒

中炬高新（600872）主力拉升式出货形态解析

如图 5-13 所示是中炬高新 2020 年 5 月到 11 月的 K 线图。

从 K 线图中可以看到，中炬高新正处于上涨行情的末期。在 6 月到 8 月期间，股价还在震荡上涨，并且涨势比较稳定。

但观察成交量就可以发现，在股价上涨的同时成交量并未出现放量的配合，而是整体走平，甚至在股价下跌时量能还有小幅度放大。

这些迹象都代表着股价已经接近行情的末期，主力可能已经在出货，后续的上涨难以维持太久，投资者应随时准备离场。

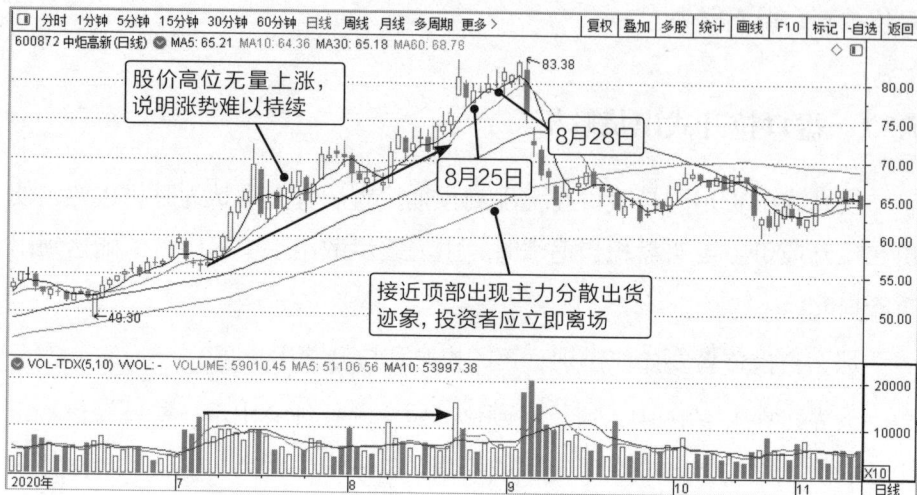

图5-13　中炬高新2020年5月到11月的K线图

如图5-14所示是中炬高新2020年8月25日和8月28日的分时图。

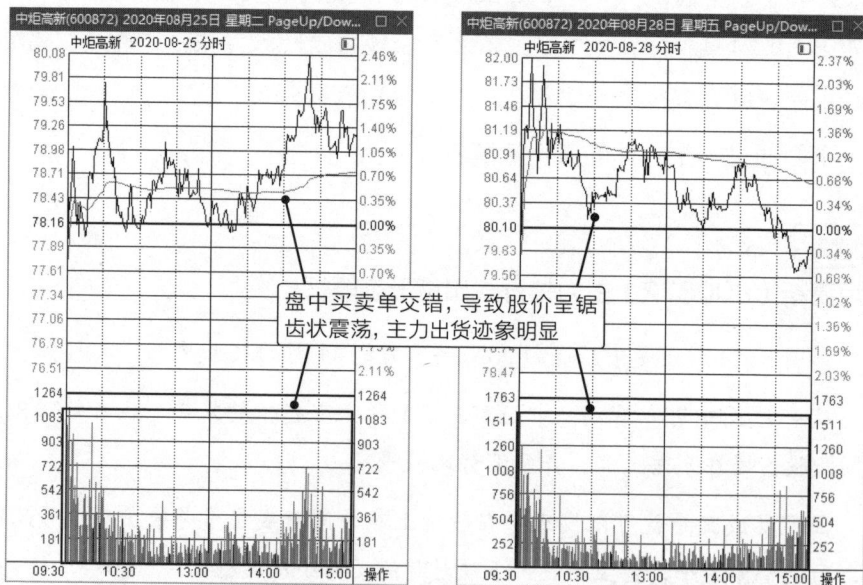

图5-14　中炬高新2020年8月25日和8月28日的分时图

　　8 月 25 日和 8 月 28 日是股价经过无量上涨后，接近顶部的两个收阳的交易日。从这两个交易日的分时走势可以看到，股价在开盘之后成交量的表现都十分活跃，但并未朝着同一方向影响股价，而是买卖单交错出现，导致股价形成了连续震荡的走势。

　　这说明主力很有可能正在分散抛售手中筹码，场外投资者追涨的买单与主力散出的卖单相互拉锯，使得股价也呈现不稳定的锯齿状运行。

　　投资者基本可以确定主力的拉升出货行为，此时就需要寻找合适的位置果断卖出，及早离场。

5.3.2　盘口震荡式出货解析

　　震荡式出货指的是主力将股价拉至高位后，使其形成横盘震荡走势，在买盘追涨的同时，悄悄派发手中筹码，达到出货的目的。

　　这样的形态与股价上涨过程中的横盘走势非常类似，但二者有一个非常明显的区别。

　　当股价在上涨过程中进行横盘时，成交量会逐渐缩减，代表交投逐渐冷淡；但当主力在高位进行震荡式出货时，成交量一般会随之不断波动，而且还会在股价收阴下跌时有明显放大，代表主力抛售筹码较多，导致股价下滑。

　　投资者在确认主力的震荡式出货行为后，就要迅速择机卖出，越早撤离被套的风险就越小。

　　下面通过一个具体的案例来解析。

实例分析 ⇒
济川药业（600566）主力震荡式出货形态解析

　　如图 5-15 所示是济川药业 2018 年 2 月到 8 月的 K 线图。

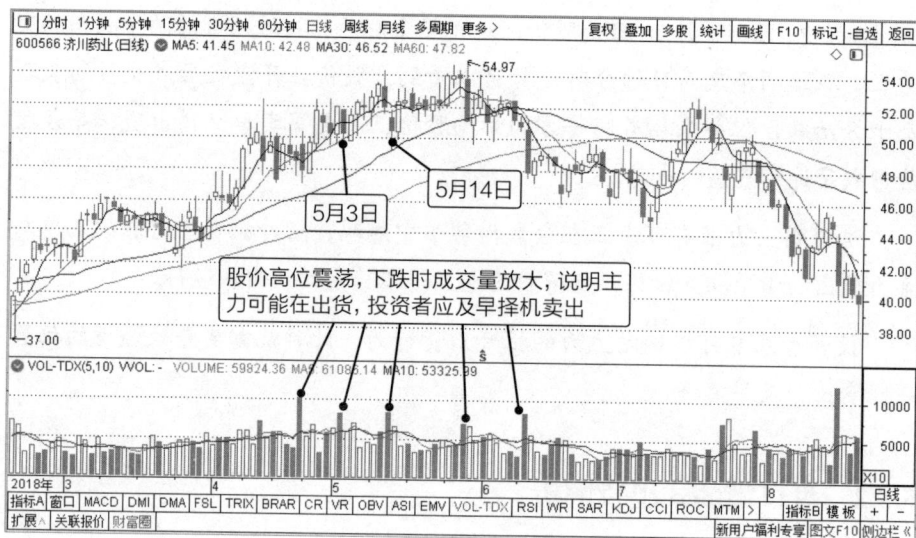

图5-15　济川药业2018年2月到8月的K线图

从K线图中可以看到，济川药业正处于上涨行情的顶部。在3月到4月中上旬期间，股价还在震荡上涨，但在4月中旬之后，股价小幅下跌并横盘，后续的涨势也有明显放慢。

股价涨势放缓之后，开始进入横盘一段再上涨一段的震荡状态。此时观察成交量可以发现，当股价出现下跌时，成交量就会有相应放量。在几乎走平的成交量中，单根量柱的放大十分明显，很有可能是主力在震荡中不断抛售导致的。

如图5-16所示是济川药业2018年5月3日和5月14日的分时图。

5月3日和5月14日是股价在下跌时，成交量放量进一步拉低股价的两个交易日。从这两个交易日的分时走势可以看到，价格的整体发展趋势是非常类似的。

股价在开盘后都出现了快速下跌，运行到均价线下方，期间成交量持续出现大单拉低。在盘中探底后横盘一段时间又迅速回升并成功突破均价线，最后依旧以较低的价格收盘，当日形成一根阴线。

在走势形态如此类似的两根K线之后，都出现了收阳上涨，很明显是主力在维持股价，暴露出了高位震荡出货的意图。此时投资者基本已经确定了上涨行情即将结束，接下来就要及早择机卖出，以免被套。

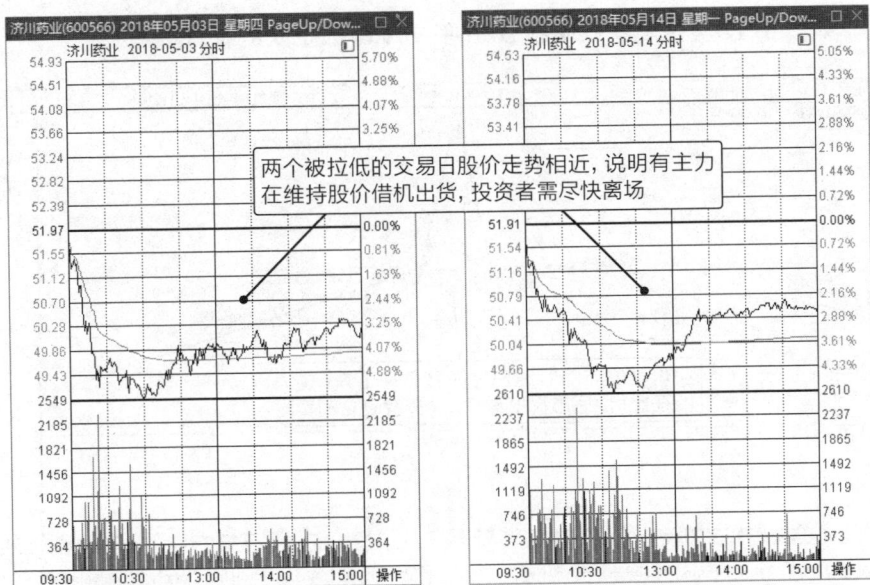

图 5-16　济川药业 2018 年 5 月 3 日和 5 月 14 日的分时图

5.3.3　盘口下跌式出货解析

下跌式出货指的是股价在到达一定位置后，主力直接大批量卖出，导致股价快速下跌的出货方式。

这种方式出货速度较快，但主力能获得的收益可能会下降，一般是在股票受到突发的利空消息打击导致后续走势不乐观，或是主力希望尽快套现离场时才会采用的。

在下跌式出货完成后，股价的跌幅将会比较深。未能在股价下跌之前离场的投资者，只能及时止损，或是在后续出现的反弹位离场。

下面通过一个具体的案例来解析。

实例分析 ⇒
红旗连锁（002697）主力下跌式出货形态解析

如图 5-17 所示是红旗连锁 2020 年 5 月到 9 月的 K 线图。

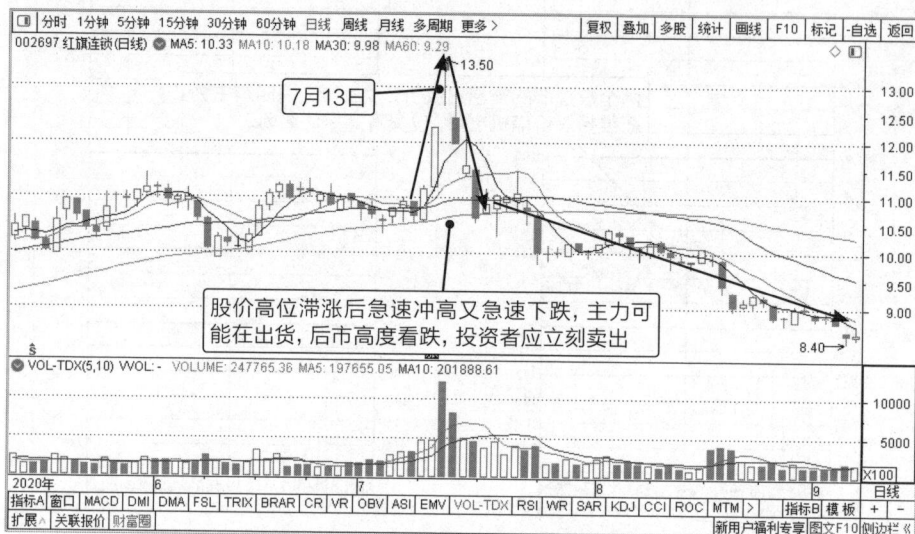

图 5-17　红旗连锁 2020 年 5 月到 9 月的 K 线图

从 K 线图中可以看到，红旗连锁正处于上涨行情的高位。在 5 月到 6 月期间，股价高位滞涨。在此期间，11.00 元价位线对股价形成了强力的压制。

直到 7 月初，股价在回调后再次上涨。此次的上升伴随成交量的放量，终于以一根大阳线成功突破了 11.00 元的压力线，并且在次日继续涨停，强行将股价拉到了 12.00 元以上。

7 月 13 日，股价直接跳空高开，与前一日的涨停大阳线形成了一个约 1 元的大缺口，创出 13.50 元的新高后冲高回落。股价在后续急速下跌，短时间内就接连跌破 11.00 元和 10.00 元价位线，快速向下滑去。

从整体的走势来看，股价在短时间内急速冲高又急速下跌，很有可能就是主力强行拔高股价后，直接大批卖出的手法。从成交量来看，在股价冲高回落的当日和次日，成交量出现了近乎翻倍的放量，进一步证实了主力批量抛售的行为。此时投资者就要快速反应，在股价还未下跌过多时立刻卖出，锁定收益。

5.3.4　盘口反弹式出货解析

反弹式出货指的是股价在行情顶部冲高回落后，于某一位置受到支撑出现反弹，主力便可利用这一段反弹走势再次出货。

这是一种非常常见的出货手法，当股价从最高位置滑落后主力依旧未能完全出货，又不甘心在相对低位卖出时，就会通过再次推涨，使得股价反弹回高位再卖出，收益就会扩大不少。

这样的反弹也给了投资者宝贵的离场时机，当主力彻底完成抛售，股价就会进入连续下跌之中。因此，投资者就需要在主力再次推涨时抓住反弹，果断出局。

下面通过一个具体的案例来解析。

实例分析 ⇒

中国平安（601318）主力反弹式出货形态解析

如图 5-18 所示是中国平安 2020 年 11 月到 2021 年 5 月的 K 线图。

从 K 线图中可以看到，中国平安正处于下跌行情的初期。在 2020 年 11 月期间，股价还在不断上涨。直到 11 月 30 日，股价创出 94.62 元的新高后冲高回落，在 90.00 元价位线上方震荡数天后，开始了快速下跌。

在第一波下跌中，主力已经开始出货，但显然在短时间内很难完全散出手中筹码，于是主力便准备推动股价反弹。

12 月中上旬，股价第一次出现小幅反弹，但只持续了数个交易日便再次下跌。12 月底，股价又开始上涨，此次反弹持续时间较长，回升高位接近了 90.00 元，不断放大的成交量说明主力正在利用这段反弹出货，投资者此时也要抓紧时间跟随离场。

2021 年 1 月中旬，股价反弹结束后快速下跌，于 2 月初在 75.00 元价位线附近受到支撑，横盘数日后再次上涨。此次上涨速度较快，不过位置却没有上一次高，但依旧是一个比较理想的卖出位置，还未离场的投资者要抓住这最后的时机，因为后续下跌会非常持久。

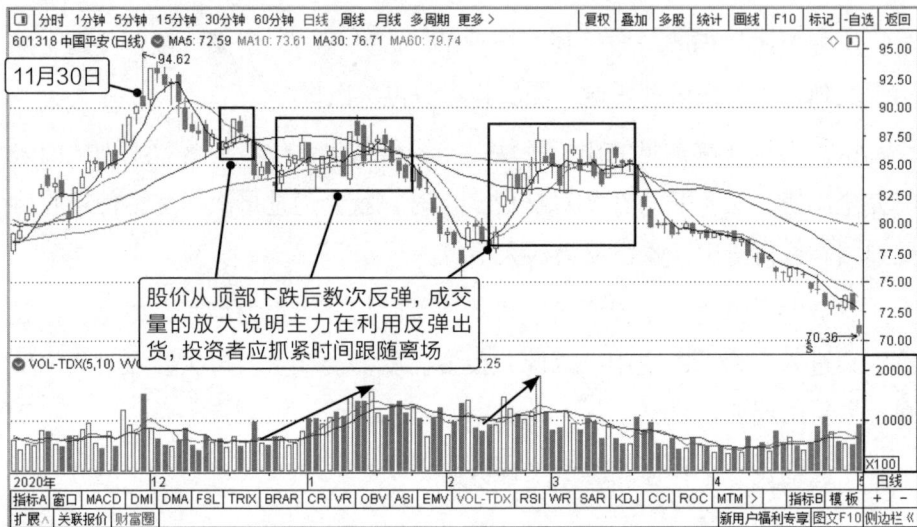

图 5-18　中国平安 2020 年 11 月到 2021 年 5 月的 K 线图

第6章

盘口趋势：借助均线判走势

移动平均线通常在K线走势中作为主图指标使用，是投资者经常会接触到的一个趋势指标。均线的特性众多、功能强大，既能帮助投资者判断大趋势的走向，也能为投资者准确定位买卖点提供决策依据。均线的使用方法比较简单，适用于大部分投资者。

6.1 从均线特性看盘面走势

均线是移动平均线的简称，它是用统计分析的方法，将一定时期内的价格（指数）加以平均，并把不同时间的平均值连接起来，形成的一条平均线，是一个用于观察股票价格（指数）变动趋势的技术指标。

一般来说，均线都是作为主图指标叠加在 K 线上使用的，以便于投资者观察趋势的发展。根据计算基期的不同，可分为不同周期的均线，常用的均线有 5 日均线、10 日均线、30 日均线和 60 日均线。

如图 6-1 所示是中熔电气（301031）在 2021 年 12 月到 2022 年 4 月的 K 线图。

图 6-1　中熔电气 2021 年 12 月到 2022 年 4 月的 K 线图

从图中可以看到，时间周期越短的均线反应越是灵敏，与股价贴合度越高，但对趋势的预测就会比较弱。而时间周期越长的均线，越能够有效反映趋势的走向，但其滞后性也较强，不能紧跟股价变动。

由于均线的这种性质，在实战中一般都不会单条使用，而是将常用的均线结合在一起，形成既能定位短期买卖点，也能观察长期走势的均线组合。均线组合并没有固定的搭配，投资者可自行选择适合自己的均线组合，比如将 30 日均线替换为 20 日均线，或者将 60 日均线替换为 120 日均线，都是可以的。

本节就选择常用的 5 日均线、10 日均线、30 日均线和 60 日均线构成的均线组合，对均线的各种特性进行解析，帮助投资者寻找盘面中的买卖时机。

6.1.1　借助涨助跌特性盯盘

助涨助跌是均线的一个重要特性，具体指的是当股价突破均线时，无论是向上突破还是向下突破，股价都有向突破方向继续运行的意愿。以向上突破为例，当股价突破均线后，均线的压制作用会转变为支撑作用，帮助股价继续朝着上方运行，向下突破反之。

需要注意的是，这里的突破需要是有效突破，也就是当股价突破后的回踩要在均线上或者在其附近的位置站稳。如果股价在短暂突破均线后又回到下方，那么均线是起不到助涨作用的，向下突破也是一样的道理。

由于这种特性的存在，在稳定的单边行情中，投资者就可以利用均线的助涨助跌性来判断趋势和决策买卖。

- ◆ 在下跌行情中，均线压制在股价上方起到助跌的作用，每一次股价反弹触碰到均线，都是一个比较好的卖出机会。当某一时刻股价彻底向上突破均线，代表助跌作用被打破，股价即将进入大幅反弹或上涨，投资者可买进。

- ◆ 在上涨行情中，均线承托在股价下方起到助涨的作用，每一次股价回调触碰到均线，都是一个买入或加仓的机会。当某一时刻股价彻底向下突破均线，代表助涨作用被打破，股价即将进入大幅回调或下跌，投资者需卖出。

下面通过一个具体的案例来解析。

实例分析 ⇒

蠡湖股份（300694）下跌行情中均线助涨助跌特性解析

如图6-2所示是蠡湖股份2020年10月到2021年3月的K线图。

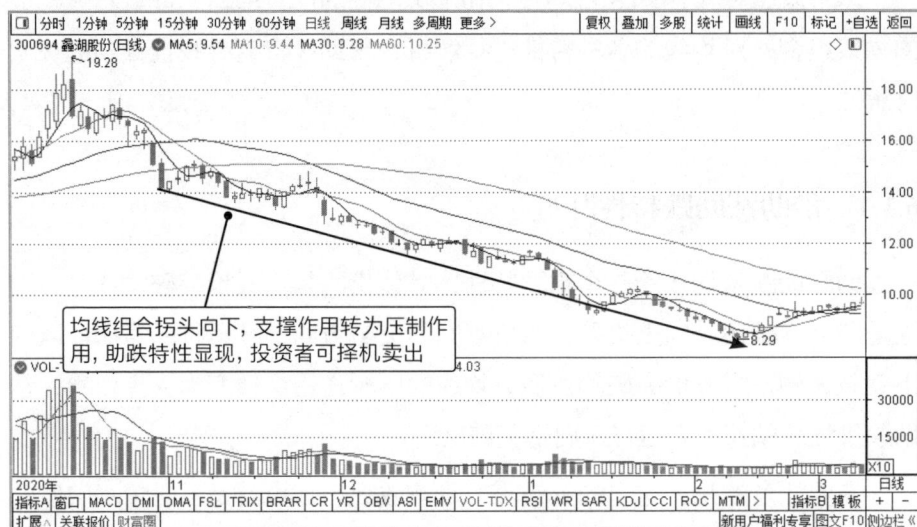

均线组合拐头向下，支撑作用转为压制作用，助跌特性显现，投资者可择机卖出

图6-2　蠡湖股份2020年10月到2021年3月的K线图

从K线图中可以看到，蠡湖股份正处于下跌阶段中。在2020年10月中上旬，股价还在上涨，均线也呈上扬状态，但在10月15日股价创出19.28元的新高后便开始下跌。

在股价下跌时，最为敏感的5日均线首先转向，10日均线紧随其后。两条均线与股价双双跌破30日均线和60日均线后，均线组合逐渐完成向下的转向，支撑作用转为压制作用，助跌特性开始显现。

在2020年11月到2021年2月中上旬期间，均线的助跌作用发挥得淋漓尽致，股价在此期间几乎难以突破30日均线的压制。但每一次靠近30日均线时，股价的位置相对较高，可以作为场内投资者的卖出点，而场外投资者在均线发挥助跌作用时，最好不要贸然参与。

继续来看后续走势。

如图 6-3 所示是蠡湖股份 2021 年 2 月到 8 月的 K 线图。

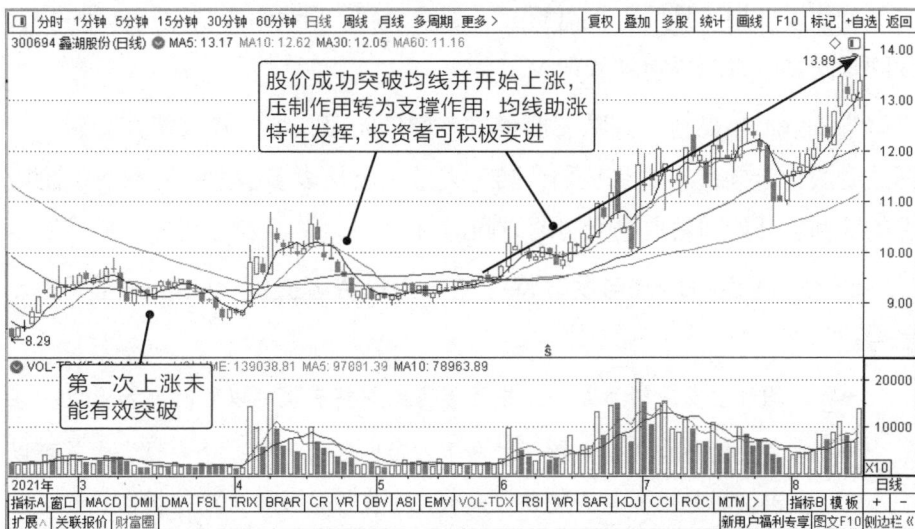

图 6-3 蠡湖股份 2021 年 2 月到 8 月的 K 线图

从图中可以看到，在 2021 年 2 月中旬，股价在 8.29 元处止跌并开始回升，但第一波的上涨并未突破均线组合，60 日均线的压制作用依旧强劲。

4 月初，股价再次反弹，此次有大量能的配合，股价成功突破均线组合，并在 4 月底回踩时，在均线组合附近受到支撑横盘。6 月初股价再次上攻，均线组合向上转向代表其压制作用彻底转为支撑作用，助涨特性开始发挥，股价即将大幅反弹，投资者可积极买进。

6.1.2 借黏合发散特性盯盘

均线的黏合与发散，在实战中也是非常常见的现象。一般需要 3 条及以上的均线形成的组合，才能有效发挥出黏合与发散的特性，传递可靠的买卖信号。

均线的黏合指的是当股价经过一段下跌或下跌后逐渐走平，或者在一个较为狭窄的价格区间内横盘震荡时，原本距离较远的短周期均线和中长周期均线就会聚合到一起，均线之间的间距变小，就形成了黏合状态。

均线发散指的是股价在盘整或震荡结束后，均线组合由聚拢转为分离，并同步向某一方向辐射开的现象。

当均线产生黏合，意味着股价进入整理阶段，多空双方博弈激烈，意图改变股价走向；当均线从黏合转为发散，就代表多空某一方取得了阶段性的胜利，开始向着占据优势的方向运行。

因此，均线的黏合与发散特性能够为投资者提供比较准确的买卖点信号。

◆ 当均线由发散转为黏合，投资者可继续持有也可以暂时离场观望。

◆ 当均线由黏合转为发散，若向下发散，股价下跌，场内投资者就可以卖出，场外投资者不宜参与；若向上发散，股价上涨，场内投资者可以趁机加仓，场外投资者也可以迅速买进。

一般来说，在稳定的上涨和下跌行情中，均线在黏合后的发散方向往往会沿着原有的轨道前进。也就是说，当股价上涨进入盘整，在其结束后还会继续朝着上方运行。若发展方向出现改变，说明股价即将进入大幅回调或是下跌行情，此时的卖出信号就会更加强烈。下跌行情反之。

下面通过一个具体的案例来解析。

实例分析 ⇒

赤峰黄金（600988）上涨行情中均线黏合与发散特性解析

如图6-4所示是赤峰黄金2019年5月到11月的K线图。

从K线图中可以看到，赤峰黄金正处于上涨行情的初期。在5月到6月期间，股价震荡上涨，均线发散开来，在下方起支撑作用。

7月初，股价在6.39元处受阻下跌，进入回调，5日均线、10日均线和30日均线逐一转向下方，但60日均线还未产生大的变化。

股价在回落到60日均线附近横盘了一段时间后便再次上涨，在6.20元价位线附近又一次受阻并横盘。此时均线已经由发散转为黏合，股价进入整理阶段。

9月初，股价横盘结束出现了下跌，很快带动均线组合拐头向下并发散开来。在上涨行情中出现均线向下的发散，说明股价即将进入大幅回调，回调时间难以预计，投资者以离场为佳。

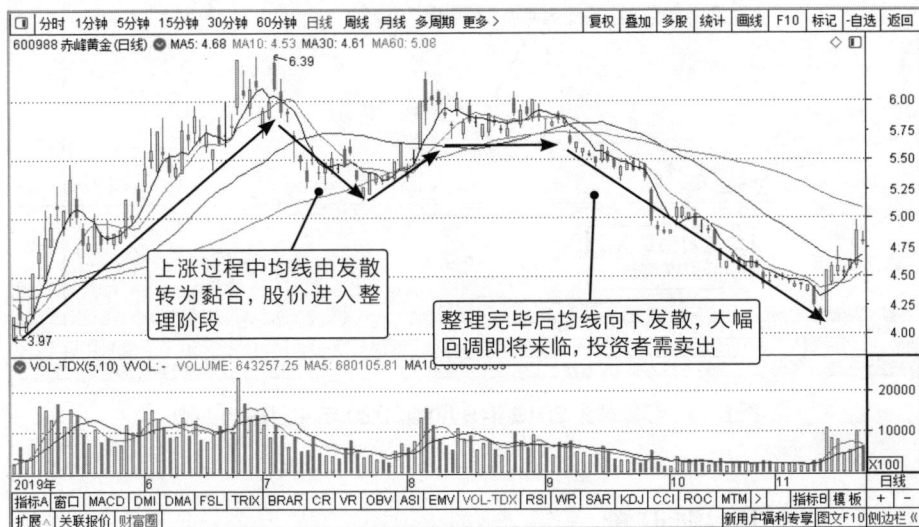

图 6-4 赤峰黄金 2019 年 5 月到 11 月的 K 线图

继续来看后续的走势。

如图 6-5 所示是赤峰黄金 2019 年 9 月到 2020 年 4 月的 K 线图。

从图中可以看到，在 2019 年 11 月中上旬，股价于 4.00 元价位线附近止跌，在小幅回升后进入横盘整理，均线组合由向下发散转为黏合。

12月底，股价开始在成交量的推动下快速上涨，脱离了盘整区间，并带动均线组合由黏合转为向上发散。在第一波快速上涨后，股价的回踩在 30 日均线上受到强力支撑，随后加速向上攀升，拉大均线上扬角度，后市看好的信号强烈。

出现这样的走势说明股价的回调已经结束，即将回到上涨轨道中。快速的上涨代表着拉升的开启，当均线向上发散开时，就是投资者积极建仓、持股待涨的时候。

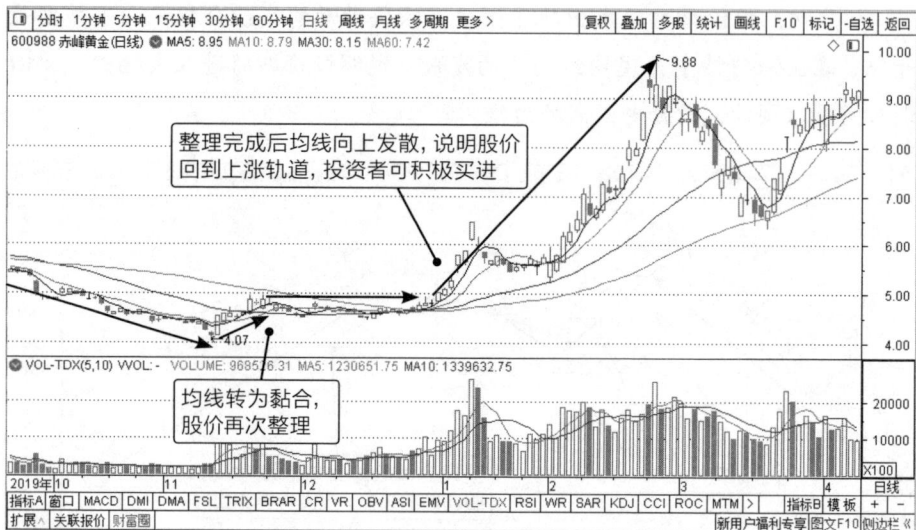

图 6-5　赤峰黄金 2019 年 9 月到 2020 年 4 月的 K 线图

6.1.3　借服从特性盯盘

　　均线的服从特性是一种比较特殊的性质，具体指的是均线组合在运行过程中，短周期均线要服从长周期均线的走势，市场趋势变化的方向将会按长周期均线的运行方向进行。

　　也就是说，当长周期均线向上，则行情转向上涨；当长周期均线向下，则行情转为下跌。只要长周期均线没有被有效跌（突）破，股价的运行方向将不会产生大的改变。

　　这种特性为投资者提供了比较可靠的趋势判断依据。

◆　在上涨行情中，只要长周期均线形成稳定的支撑，那么股价的回调低位就会不断上移，投资者可以放心入场或加仓。

◆　在下跌行情中，只要长周期均线产生稳定的压制，那么股价的反弹高位就会不断下移，投资者需要择机逢高卖出。

需要注意的是，时间周期越长的均线，其滞后性就越强，有时候股价已经产生了比较大的变动，但长周期均线还未及时反应。一些打算待长周期均线发生转向后再进行操作的投资者，可能会错过好的机会。

因此，投资者不能仅盯着长周期均线，整个均线组合的变动以及股价的涨跌也要考虑进去，并灵活应用。

为了让投资者更清晰地理解均线的服从特性，以下的案例会将 60 日均线替换为 120 日均线进行解析。

实例分析 ⇒
完美世界（002624）均线服从特性解析

如图 6-6 所示是完美世界 2019 年 11 月到 2020 年 7 月的 K 线图。

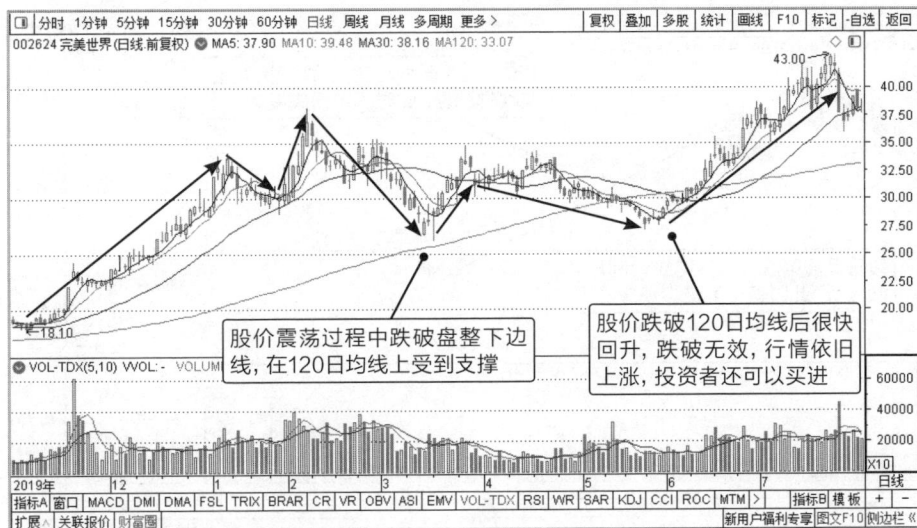

图 6-6 完美世界 2019 年 11 月到 2020 年 7 月的 K 线图

从 K 线图中可以看到，完美世界正处于上涨行情中。在 2019 年 11 月到 12 月期间，股价的涨势十分稳定，30 日均线和 120 日均线的支撑作用明显。2020 年 1 月初，股价小幅回调，在 30 日均线上止跌后回升，数个交易日后再次下跌，随即开始了横向震荡的走势。

在震荡过程中，股价大部分时间都在 30.00 元到 35.00 元的价格区间内波动。但在 2 月底到 3 月初时，股价的下跌幅度较大，直接跌穿了盘整区间的下边线，不过最终还是在 120 日均线上受到了支撑，回到盘整区间内。

4 月中下旬，股价再次跌穿盘整区间下边线，此次下跌也同时跌破了 120 日均线，导致 120 日均线放缓了上扬角度。但仅仅半个月左右，股价就回到了 120 日均线上方，显示为无效跌破，行情依旧处于上涨状态。

在 120 日均线的稳定运行下，无论是 3 条较短周期的均线还是股价走势，都在服从 120 日均线的运行方向。因此，在股价跌至 120 日均线附近时，就是比较好的买入和加仓点。

继续来看后续的走势。

如图 6-7 所示是完美世界 2020 年 6 月到 2021 年 3 月的 K 线图。

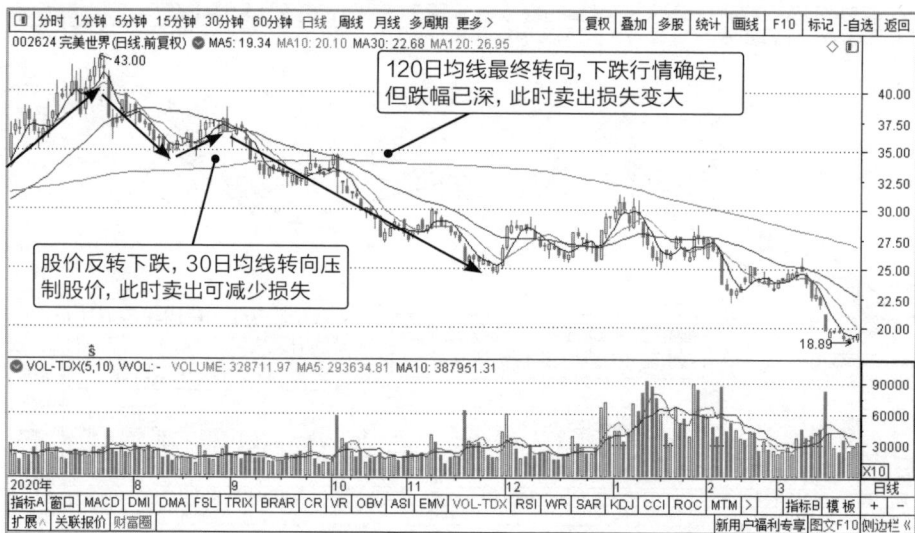

图 6-7　完美世界 2020 年 6 月到 2021 年 3 月的 K 线图

从图中可以看到，在 2020 年 6 月到 7 月中旬，股价还处于上涨状态。但在 7 月 22 日股价创出 43.00 元的新高后，就开始快速下跌，5 日均线和 10 日均线立刻跟随转向，30 日均线也在股价快速下跌的影响下拐头向下。而此时的 120 日均线只是上扬角度稍微减缓，整体趋势依旧是上行的。

9 月初到 10 月初期间，持续下行的股价和 3 条短周期均线接连下穿 120 日均线，终于使其走平并出现拐头下行的迹象。长周期均线的变化意味着行情的彻底转变，但此时股价已经跌至 30.00 元附近，相较于顶部的 43.00 元，已经有了约 30% 的跌幅。

如果投资者在 120 日均线发生转向时再离场，可能会产生比较大的损失。但投资者若在 30 日均线转向并对股价造成压制，120 日均线上扬角度变缓时果断离场，就可以减少损失。

6.1.4　借扭转特性盯盘

均线的扭转一般发生在股价运行方向产生较大变动之时，如行情的反转位置、大幅回调或反弹的变盘位置等。首先发生变化的是 K 线，由 K 线扭转短周期均线，短周期均线扭转长周期均线，最终使均线组合的运行方向发生转折。

由于均线存在滞后性，周期越长的均线，要对其进行扭转就越困难。当市场趋势出现与均线相反的运行方向，并对其有扭转的趋势时，就表明股价即将迎来方向的转变，投资者需要高度警觉，并在必要时刻做出相应的决策。

不过，一旦长周期均线扭转完成，就意味着新的发展方向已经确定。若行情转向上涨，投资者可以追涨买进；若行情转向下跌，投资者就需要立即卖出，减少损失。

下面通过一个具体的案例来解析。

实例分析 ⇒
万通发展（600246）均线扭转特性解析

如图 6-8 所示是万通发展 2018 年 11 月到 2019 年 4 月的 K 线图。

从 K 线图中可以看到，万通发展正处于股价的低位。从均线的状态可以看出，在 2018 年 11 月到 12 月期间，股价还在下跌，但跌速已经比较缓慢，均线组合有黏合的迹象。

2019年1月4日，股价创出3.20元的新低后止跌，开始缓慢上涨，在1月底的一次回调结束后，开启了快速拉升。迅速上涨的K线首先对敏感的5日均线和10日均线进行了扭转，30日均线紧随其后完成向上的转向。

此时的K线已经扭转了3条较短周期的均线，但60日均线由于滞后性的原因，还只是减缓了下跌角度。直到2月中旬左右，成交量再次放量推涨收出一根涨幅达到了8.77%（2月18日）的大阳线，使得60日均线彻底走平，并很快在后续拐头向上，均线组合的扭转彻底完成。

在均线组合扭转完成之时，时间已经来到了2月底。此时股价已经到达了4.00元价位线附近，相较于底部的3.20元，涨幅达到了约25%。在3条较短周期均线完成扭转时，股价才刚好到达3.60元价位线附近，那时的涨幅只有12.5%左右。

从两处位置的涨幅对比可以发现，尽管长周期均线的扭转确认了新行情的出现，但在2月底再入场会损失近一半的涨幅收益。如果在K线完成对3条较短周期均线的扭转时入场，获利空间将会被扩大不少。因此，激进的投资者不妨大胆一些，在上涨行情出现端倪时果断入场，轻仓试探。

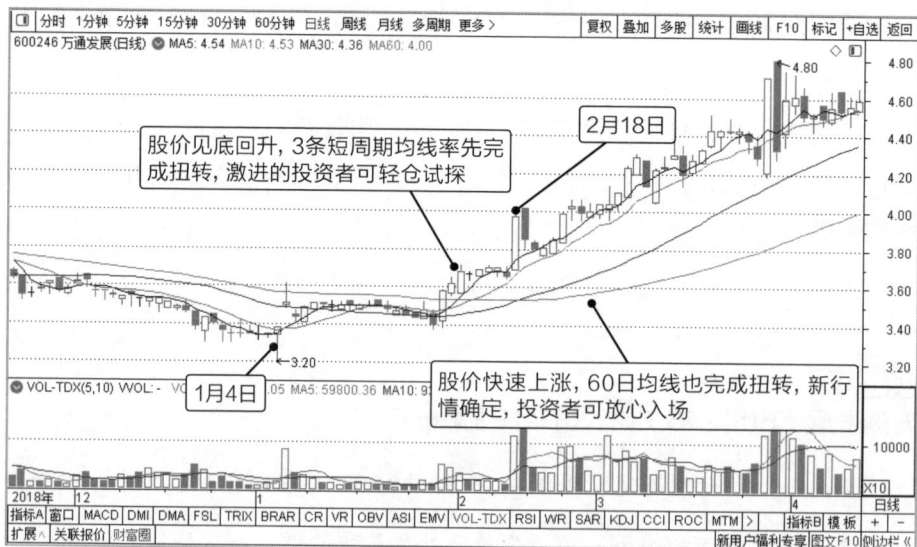

图6-8 万通发展2018年11月到2019年4月的K线图

继续来看后续的走势。

如图 6-9 所示是万通发展 2019 年 3 月到 12 月的 K 线图。

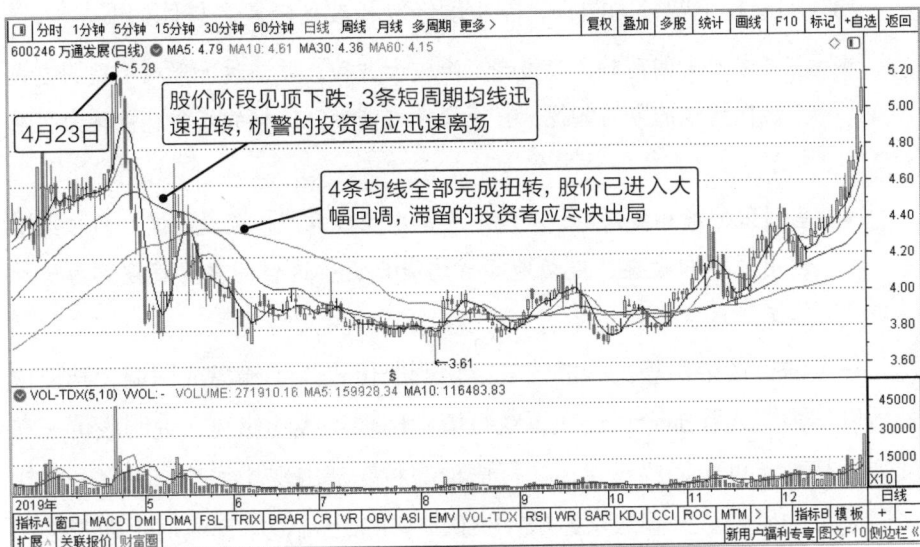

图6-9　万通发展 2019 年 3 月到 12 月的 K 线图

从图中可以看到，万通发展在 2019 年 3 月到 4 月还在积极上涨，但在 4 月 23 日，股价创出 5.28 元的新高后阶段见顶，随后开始快速下跌。由于股价的跌速太快，3 条较短周期的均线在数个交易日内就全部拐头向下，完成了扭转，但 60 日均线还只是减缓了上扬的角度。

在 5 月中上旬，股价止跌后又开始迅速回升，数个交易日后再次下跌，60 日均线最终被带动走平，直至拐头向下，完成均线组合的扭转。

在上涨行情中出现均线组合的向下扭转，意味着股价进入了较大幅度的回调整理。机警的投资者最好在 3 条较短周期均线完成转向时就迅速离场，及早避开后续的下跌，待到股价再次回到上涨轨道时再买进。

6.1.5　借修复特性盯盘

当股价经历了急涨或急跌后，就会与均线之间产生较大的偏离，但二者最终还是会相互靠近，聚合在一起，直至下一次偏离。这个聚拢的过程，依赖的就是均线的修复特性。

均线的修复主要分为两种，即主动修复和被动修复，具体如下。

◆ 当二者产生偏离时，股价会产生较大波动，并通过上涨或下跌的方式主动向均线的方向靠拢，直至聚合或接触。这样的修复就被称为主动修复。

◆ 当股价偏离均线以后，并没有主动向均线靠近，而是在某一价位线附近出现横向盘整，被动地等待均线靠近。这样的修复就被称为被动修复。

在上涨行情中出现均线的修复，说明股价进入了横盘或回调，其低位就可以作为买入和加仓点；在下跌行情中出现均线的修复，说明股价正在反弹，其高点可作为离场点；在行情顶部和底部出现均线的修复，一般代表着趋势的反转。一旦股价跌破（突破）均线组合，就说明后市即将进入下跌（上涨），投资者需迅速卖出（买进）。

下面通过一个具体的案例来解析。

实例分析 ⇒
三棵树（603737）均线修复特性解析

如图 6-10 所示是三棵树 2018 年 12 月到 2019 年 6 月的 K 线图。

从 K 线图中可以看到，三棵树正处于上涨行情的初期。在 2018 年 1 月期间，股价缓慢上涨后进入横盘，均线组合黏合在一起。直到 2 月初，成交量量能开始放大，股价受到支撑快速上涨，在将均线组合带动发散的同时，也逐渐远离了 30 日均线和 60 日均线，形成偏离。

4 月初，股价创出了 25.24 元的新高后阶段见顶，此时的价格距离 60 日均线已经有比较大的偏离了。很快股价开始下跌，在 30 日均线附近横盘数日后再次加速下滑，主动靠近长周期均线，最终在 5 月中旬左右靠近 60 日均线并跌破，但很快回升到其附近，上涨行情仍在延续。

均线的主动修复功能显现，此时的低位就是一个很好的入场点和加仓点。

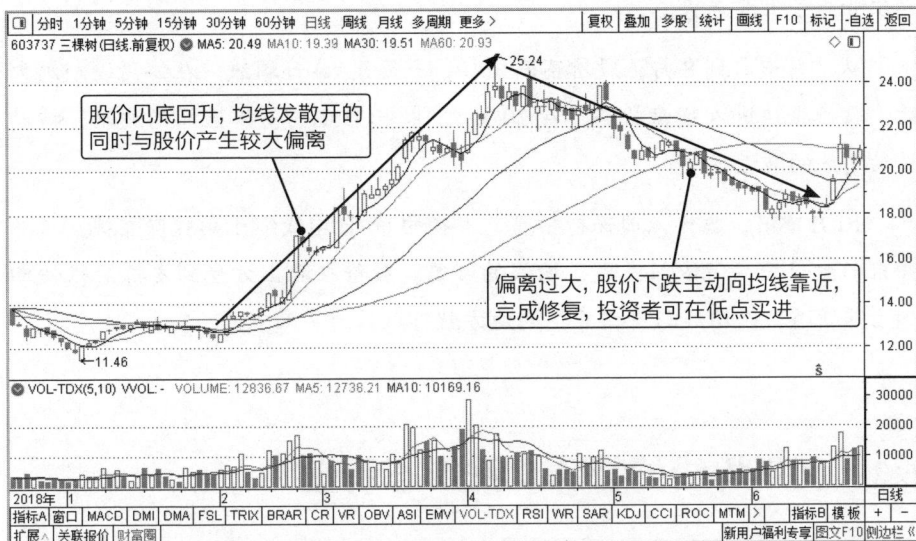

股价见底回升，均线发散开的同时与股价产生较大偏离

偏离过大，股价下跌主动向均线靠近，完成修复，投资者可在低点买进

图 6-10　三棵树 2018 年 12 月到 2019 年 6 月的 K 线图

如图 6-11 所示是三棵树 2019 年 6 月到 11 月的 K 线图。

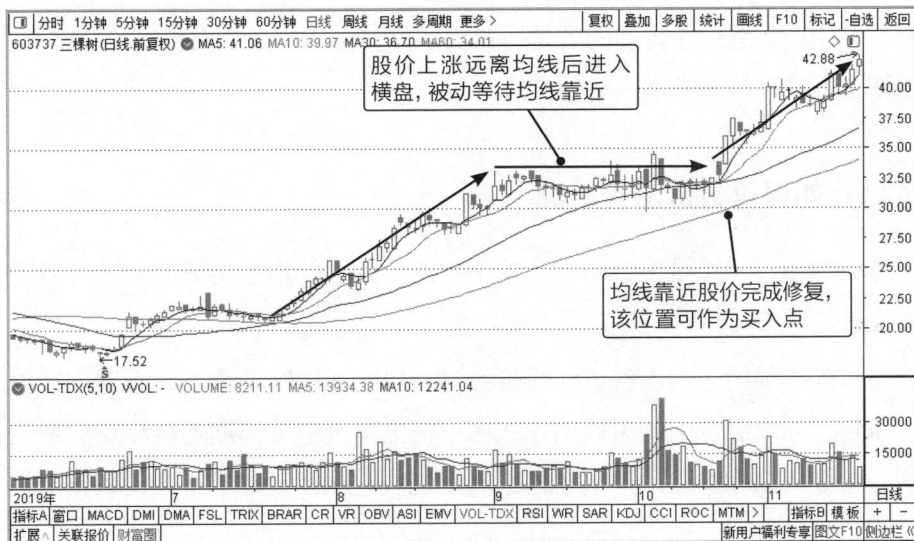

股价上涨远离均线后进入横盘，被动等待均线靠近

均线靠近股价完成修复，该位置可作为买入点

图 6-11　三棵树 2019 年 6 月到 11 月的 K 线图

从图中可以看到，股价在 6 月回升之后，很快便在均线组合上方站稳，再次开启了上涨走势。

从 7 月中旬到 8 月，股价不断上扬，并远离 60 日均线。在偏离逐渐加大后，股价很快进入横盘状态，在 30.00 元到 35.00 元的价格区间内波动，被动等待均线的靠近。

10 月中旬，股价依旧保持横盘，上扬的 60 日均线终于向股价靠拢，虽然并未产生交叉，但依旧完成了均线的修复。股价在其上方受到支撑后很快回到上涨轨道，而均线与价格靠拢的地方就可以作为买入点。

6.2　利用均线的特殊上涨形态看盘

均线不仅有多重具有分析意义的特性，还存在一些对后市走向有预示作用的特殊形态。在均线的运行过程中，各种周期均线之间产生的交叉或是平行形态，出现在特定的位置时，将具有较高的参考价值。

其中，上涨形态传递的就是后市看涨的信号，如金银山谷、多头排列、逐浪上升等，接下来逐一进行介绍。

6.2.1　如何用金银山谷看盘

金银山谷其实是由金山谷和银山谷两个独立的形态构成的，并且只需要三条均线参与构筑。

首先出现的是银山谷。在股价经过一段时间的整理或下跌后进入行情的末期，均线组合中的短周期均线由下往上穿过中等周期均线和长周期均线，中等周期均线由下往上穿过长周期均线，从而形成了一个尖头朝上的不规则三角形。

金山谷的位置要在银山谷之后，所处位置也更高。当股价在上涨行情的初期上升一段时间后，又出现了回落或横盘，随后再次上涨，均线第二次形成一个尖头向上的不规则三角形，这个三角形就被称为金山谷。

一般情况下，金山谷距离银山谷越远，位置越高，目标股的上涨潜力就越大。但也不排除金山谷的位置在银山谷之下的情况，这样的金银山谷传递的信号就不会太强烈。

对于激进的投资者来说，银山谷出现的位置就可以作为一个抄底的入场点；但对于谨慎的投资者来说，在金山谷形成的时候入场会更为稳妥。具体如何决策，还需要投资者根据自身策略选择。

下面通过一个具体的案例来解析。

实例分析 ⇒
扬杰科技（300373）均线金银山谷形态解析

如图 6-12 所示是扬杰科技 2019 年 6 月到 10 月的 K 线图。

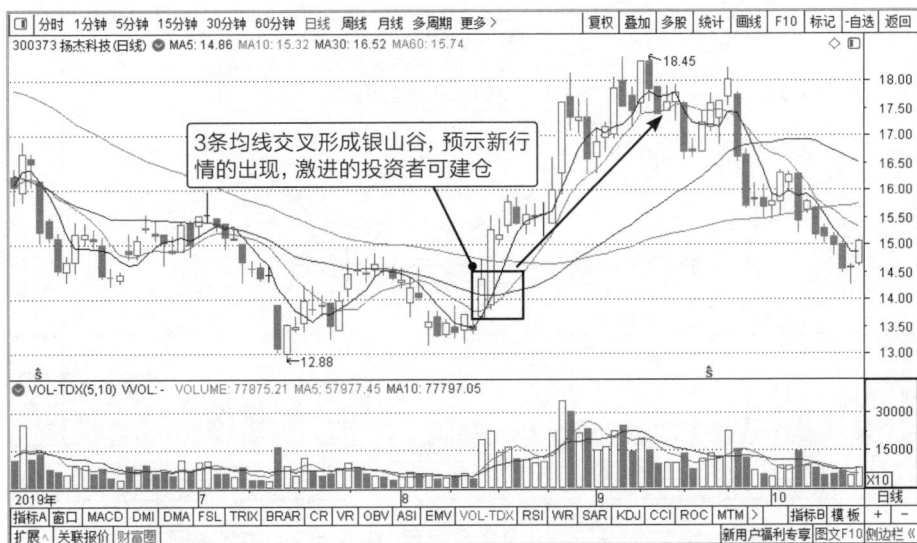

图 6-12　扬杰科技 2019 年 6 月到 10 月的 K 线图

从 K 线图中可以看到，扬杰科技正处于股价的低位。在 6 月到 7 月中旬期间，股价还在震荡中下跌。直到 7 月 15 日，股价创出 12.88 元的新低后止跌回升，在上涨靠近 30 日均线时被压制向下，但并未跌破前期低点。

8 月中上旬，成交量突然开始成倍放量，迅速将股价向上推涨，形成两根涨幅超过了 6% 的大阳线（8 月 14 日和 8 月 15 日）。5 日均线立刻转向上穿 10 日均线，并带动 10 日均线一起拐头向上。

数个交易日后，两条较短周期的均线相继突破 30 日均线，3 条均线形成了一个尖角向上的不规则三角形，银山谷形成。此时股价已经运行到了 15.50 元附近，激进的投资者可轻仓买进。

在银山谷出现一段时间后，60 日均线也完成了向上的转向，并相继被 5 日均线、10 日均线和 30 日均线突破，新行情越发明朗。

继续来看后续的走势。

如图 6-13 所示是扬杰科技 2019 年 9 月到 2020 年 1 月的 K 线图。

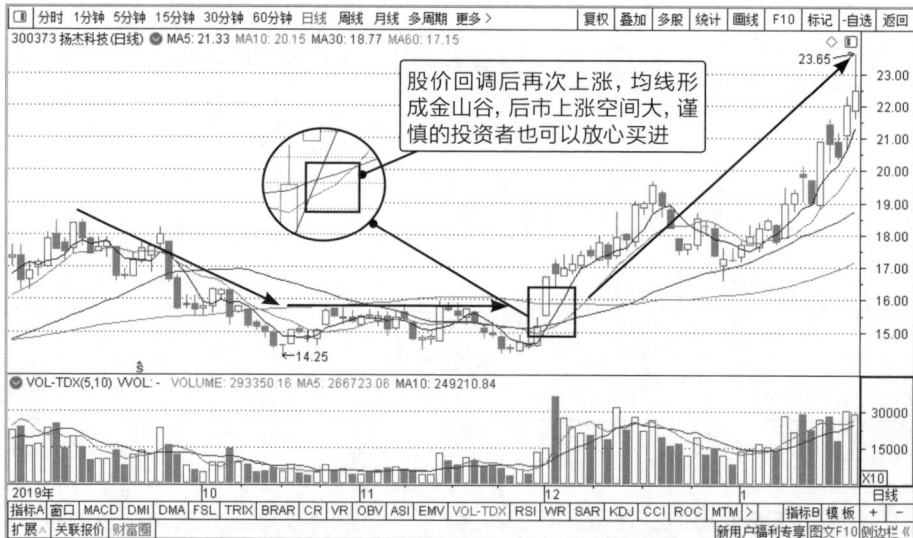

图 6-13　扬杰科技 2019 年 9 月到 2020 年 1 月的 K 线图

从图中可以看到，扬杰科技在银山谷出现后的第一波上涨，于 18.00 元价位线附近受阻，随后开始震荡下跌。此次下跌的跌幅较深，5 日均线、10 日均线和 30 日均线纷纷拐头向下，60 日均线也有走平的趋势。

在 10 月中旬到 11 月期间，股价进入了横盘整理状态，均线组合黏合在一起。11 月底，成交量再次放大，股价受其影响而迅速上涨，收出两根大阳线（11 月 29 日和 12 月 2 日）。

5 日均线和 10 日均线反应快速，直接在数日内就完成了对 30 日均线的上穿，形成了又一个尖角向上的不规则三角形，金山谷出现。

此时的股价也上涨至 17.00 元附近，从价格位置上看比银山谷高了近 10%，并且出现位置相距银山谷近 3 个半月。

空间和时间上的差距，说明扬杰科技后续的上涨空间可能非常大，谨慎的投资者在金山谷出现后也可以积极买进了。

6.2.2 如何用多头排列看盘

多头排列指的是股价在某一段时间内呈稳定的上升趋势，在 K 线以下依次排列短周期均线、中等周期均线和长周期均线，三者与股价一样，都保持上扬状态。

当多头排列出现时，一般都是股价上涨比较稳定的时期。即使在上涨过程中股价有所震荡，5 日均线、10 日均线与股价产生交叉，但 30 日均线和 60 日均线依旧保持着稳定的上扬走势，并且很快就会重返多头排列的状态。

在这样的走势情况下，投资者可在股价刚出现多头排列迹象时就建仓，也可在后续回调的低位入场。

下面通过一个具体的案例来解析。

实例分析 ⇒
明泰铝业（601677）均线多头排列形态解析

如图 6-14 所示是明泰铝业 2021 年 4 月到 9 月的 K 线图。

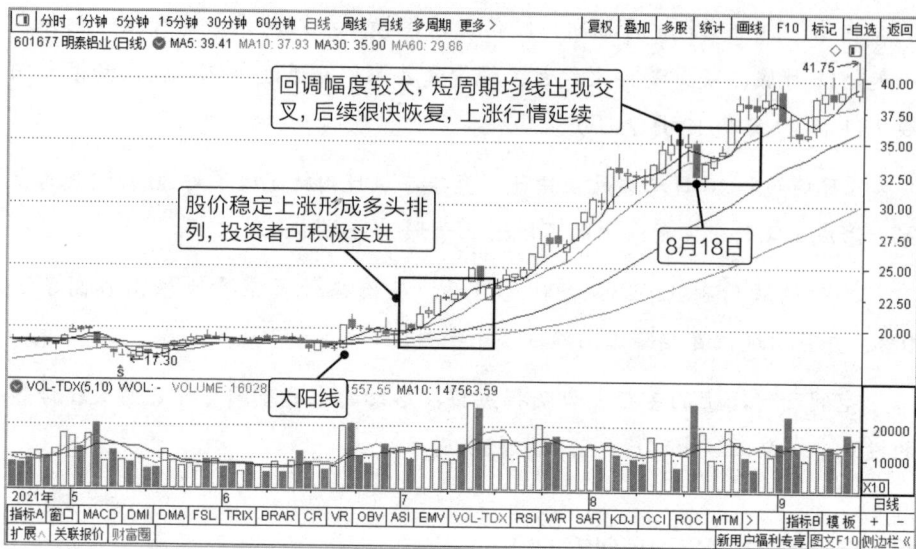

图6-14　明泰铝业2021年4月到9月的K线图

从K线图中可以看到，明泰铝业正处于上涨过程中。在4月到6月中旬期间，股价还在20.00元价位线以下横向整理，价格波动幅度较小，均线组合也黏合在一起。

6月中下旬，成交量放出大量，推动股价收出一根大阳线，开启了新一波的上涨。随着时间的推移，股价涨速逐渐加快，带动均线组合发散开来，并形成了短周期均线在上，长周期均线在下的多头排列。这意味着股价涨势持续，短时间内还不会出现下跌，投资者可积极买进。

在7月初到8月中旬，多头排列的状态都十分稳定，均线组合对股价起到了坚定的支撑作用。但进入8月中旬时，股价出现了较大幅度的回落，在跌破5日均线和10日均线的同时，还带动两条均线下行并出现交叉，多头排列形态被破坏。

但与此同时，30日均线和60日均线并未发生大的变化，依旧以稳定的角度上扬，并且股价也很快回到上涨轨道。说明此次形态的变动只是回调幅度的加大，上涨行情依旧明朗。

如图6-15所示是明泰铝业2021年8月18日和8月19日的分时图。

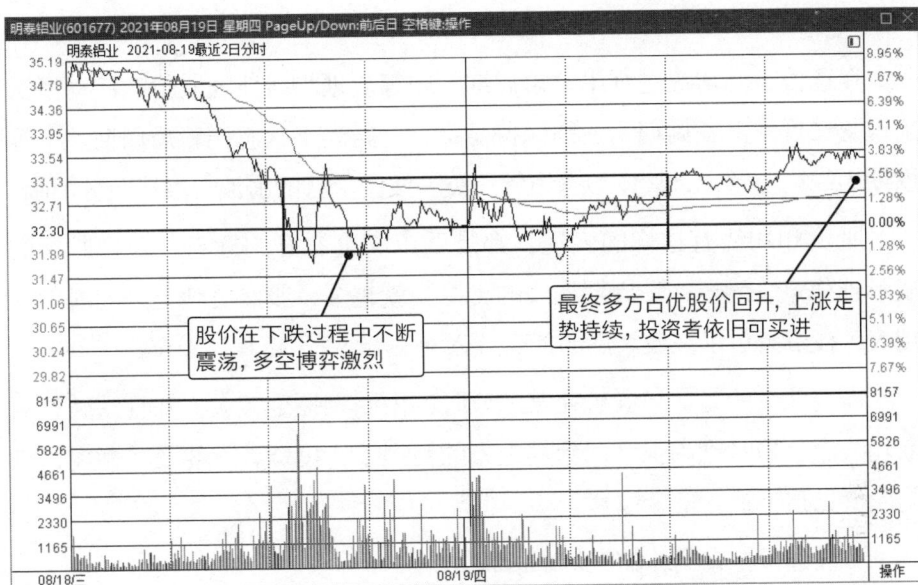

图 6-15 明泰铝业 2021 年 8 月 18 日和 8 月 19 日的分时图

8 月 18 日和 8 月 19 日正是股价回调幅度较大，跌破两条短周期均线的两个交易日。从连续的分时走势可以看到，股价在 8 月 18 日开盘后横盘波动了一段时间，便出现了快速下跌，直到跌破 31.89 元价位线后才止跌回升，开始在 31.89 元到 33.13 元的价格区间内反复震荡。

次日开盘后，很长一段时间内股价依旧被限制在这个区间内。这说明在此期间市场中的多空双方博弈非常激烈，这一点从活跃的成交量也可以看出。但在后续的交易时间内，多方最终占据优势，股价连续上涨脱离盘整区间，最后以 3.41% 的涨幅收盘。

从分时走势的激烈角逐可以看出，此次股价的回调受到了多方的强势反抗，这意味着短时间内空方很难占据绝对优势。因此，在此位置投资者依旧可以进行加仓操作，持股待涨。

6.2.3 如何用逐浪上升看盘

逐浪上升一般出现在持续的单边上涨行情中，但股价的涨势并不如多头排列那般稳定，而是呈现波动上扬的状态。

在逐浪上升形成过程中，短周期、中等周期均线伴随股价的波动多次出现交叉现象。长周期均线则保持稳定，以斜向上状态托着短周期、中等周期均线往上攀升，整体形态仿佛一波一波向上打的海浪，浪形十分清晰。

股价和均线有这样的表现，都是后市高度看好的标志。并且股价的浪形越稳定、清晰，长周期均线的支撑力就越强，股票后续上涨的潜力就越大，投资者可以在波浪底部加仓或入场。

需要注意的是，当股价在某一段时间内回调幅度较大，并且跌破长周期均线后，短时间内很难回到其上方的情况下，投资者就要及时撤离，以防股价见顶下跌，资金被套。

下面通过一个具体的案例来解析。

实例分析 ⇒
贤丰控股（002141）均线逐浪上升形态解析

如图6-16所示是贤丰控股2021年3月到10月的K线图。

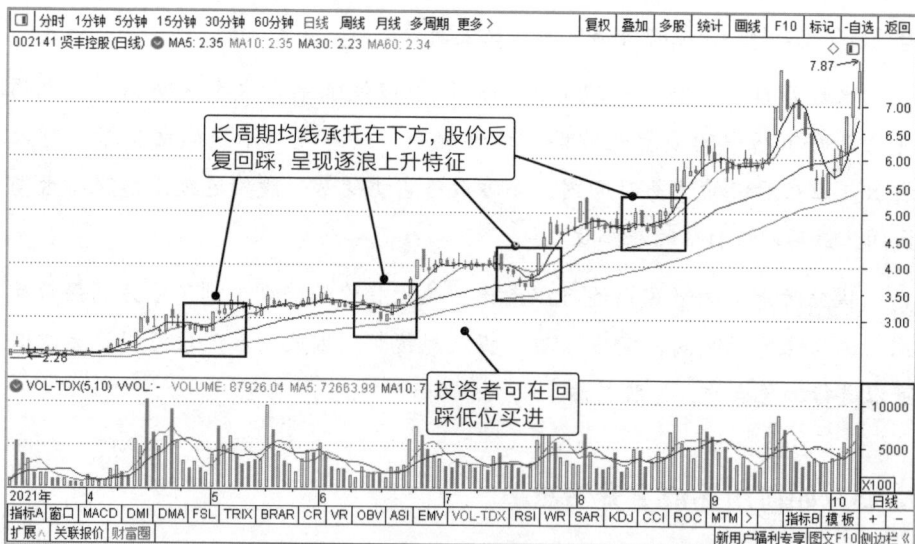

图6-16　贤丰控股2021年3月到10月的K线图

从 K 线图中可以看到，贤丰控股正处于上涨过程中。从 4 月初开始，股价脱离横盘状态进入上涨，5 日均线和 10 日均线跟随股价波动，30 日均线和 60 日均线承托在其下方向上运行。

在 4 月底，股价出现了第一波回踩，不过幅度较小，很快又回到了上涨轨道。6 月中下旬，股价再次回踩，此次下跌跌破了 30 日均线，但在 60 日均线上受到支撑，3 条较短周期的均线产生交叉后再次向上发散。

此时股价与均线整体已经呈现出逐浪上升的特征，30 日均线和 60 日均线的支撑力比较强劲，后市上涨概率高，投资者可在股价回踩的低位积极买进。

在后续的时间里，股价又重复了数次下跌后回升的走势，有的跌破了 30 日均线，有的则并未接触到 30 日均线便上涨离开了。从整体走势来看，逐浪上升的形态已经比较鲜明，股价涨势十分稳定，投资者依旧可持股待涨。

继续来看后面的走势。

如图 6-17 所示是贤丰控股 2021 年 8 月到 2022 年 1 月的 K 线图。

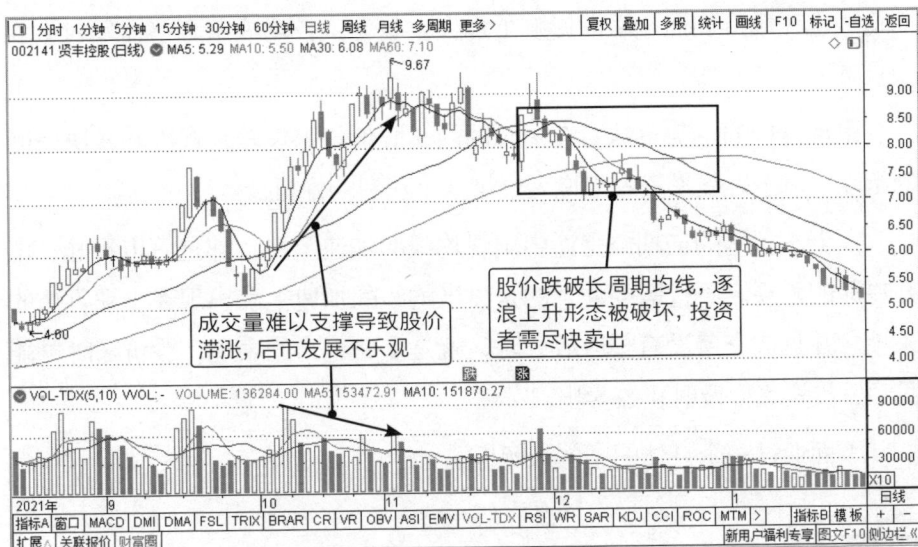

图 6-17 贤丰控股 2021 年 8 月到 2022 年 1 月的 K 线图

从图中可以看到，在 10 月期间，股价的涨速大大增加，但到后期时成交量却跟不上股价上涨的脚步，开始逐渐回缩。股价在失去支撑的情况下很快滞涨，进入了高位的横盘之中，5 日均线和 10 日均线跟随股价走平。

11 月 2 日，股价创出 9.67 元的新高后，便再没有动力继续上涨，进入高位横盘状态。直到 11 月底，股价再次冲高后快速下跌，较快的跌速带动 5 日均线、10 日均线和 30 日均线相继转向下方，并于 12 月期间接连跌破 60 日均线，使 60 日均线在 2022 年 1 月初拐头向下。

逐浪上升形态运行到后期出现长周期均线被跌破的情况，说明股价可能已经见顶，上涨行情结束，下跌行情开启。

此时投资者继续持有就会造成较大损失，建议尽量在 3 条较短周期均线拐头向下，或是长周期均线被跌破时就离场，及时止损。

6.2.4　如何用加速上涨看盘

加速上涨指的是股价在上涨过程中涨速突然加快，带动短周期均线快速拉升，与中长周期均线之间的距离迅速拉大，产生较大的偏离。而长周期均线也在股价加速上涨的影响下加大上扬角度，均线组合整体呈现急攻的状态。

出现这样的走势意味着在短时间内，股价将出现较大幅度和较快速度的上涨，对于短线投资者来说无疑是一个获利的好机会。

在上涨行情的初期或是途中出现均线的加速上涨，都是后市看好、拉升在即的表现。不过需要注意的是，当均线的加速上涨出现在上涨行情的末期，并且成交量没有相应放大时，就是上涨乏力的表现，股价随时可能见顶，投资者应及时止盈卖出。

下面通过一个具体的案例来解析。

实例分析 ⇒
新宝股份（002705）均线加速上涨形态解析

如图 6-18 所示是新宝股份 2020 年 4 月到 8 月的 K 线图。

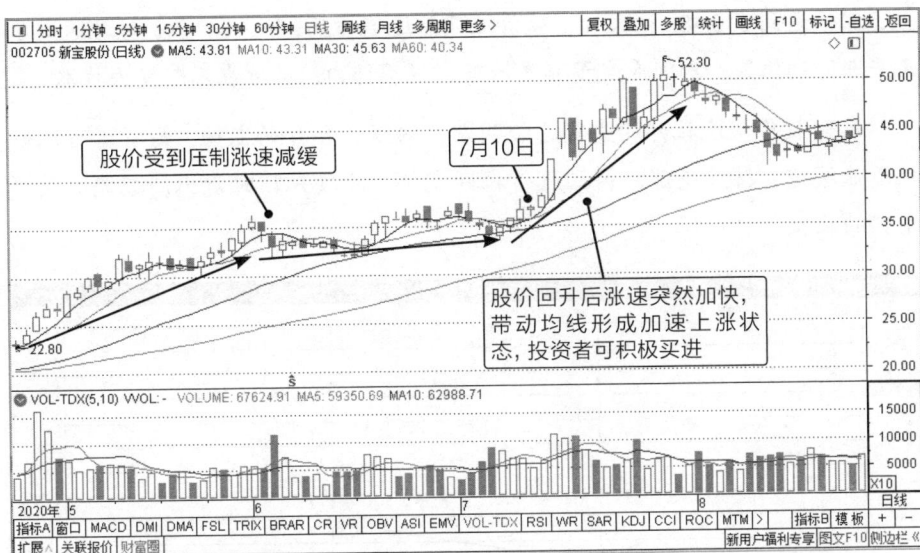

图 6-18 新宝股份 2020 年 4 月到 8 月的 K 线图

从 K 线图中可以看到，新宝股份正处于上涨过程中。在 4 月到 5 月期间，股价的涨势都比较积极，但进入 6 月后，股价在 35.00 元的位置受到压制小幅回落，再次上涨后的涨速就有明显减缓。

7 月初，股价再次小幅回落，但在 30 日均线上受到支撑后止跌回升。此次的上涨成功越过了 35.00 元的压制位，并且后续的上涨速度逐渐加快，带动 5 日均线和 10 日均线迅速上扬，与 30 日均线和 60 日均线拉开距离。与此同时，30 日均线和 60 日均线也很快加大了上扬角度，呈现加速上涨状态。

在上涨过程中形成加速上涨的走势，说明至少在短时间内股价的涨势会比较迅猛，那么短线投资者就要抓住机会，逢低吸纳入场。

如图 6-19 所示是新宝股份 2020 年 7 月 10 日到 7 月 14 日的分时图。

7 月 10 日到 7 月 14 日正是股价止跌后快速拉升，带动均线出现加速上涨形态的 3 个交易日。从分时走势可以看到，在 7 月 10 日股价的走势还比较平缓，经过一系列震荡后出现小幅上涨。

7 月 13 日的涨势就比较积极了，股价高开高走后在相对高位横盘震荡，当日涨幅达到了 3.48%。次日，股价低开后迅速冲高，短短 1 个小时就达到了几乎涨停的位置，期间成交量非常活跃，说明场内的多方在不断发力推涨。

此时股价快速拉升的走势已经明朗，均线组合开始上扬，投资者可以趁机迅速买进，持股待涨。待到股价拉升完毕，阶段见顶时卖出，就能够获得不错的收益。

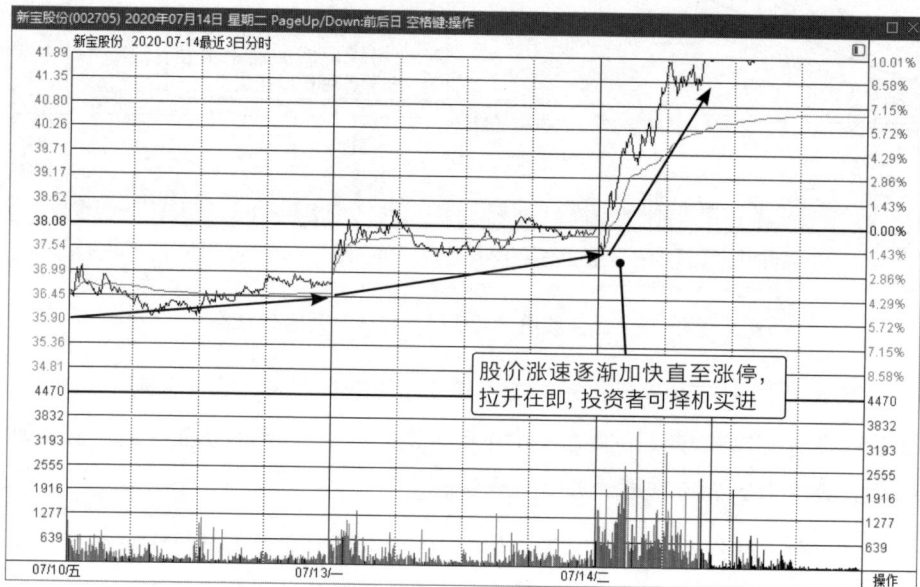

图 6-19　新宝股份 2020 年 7 月 10 日到 7 月 14 日的分时图

6.2.5　如何用顺向火车轨看盘

顺向火车轨由两条周期较长的均线构成，一般是 120 日均线和 240 日均线（250 日均线也可以）。当股价处于上涨状态时，两条长周期均线形成几乎平行的火车轨状态，会对股价起到强力的支撑作用。

在均线运行过程中，120 日均线位于 240 日均线上方，二者一同承托股价上扬。在此期间，只要两条均线没有被有效跌破，那么股价的涨势将会延续下去，长线投资者可放心持有。

而当股价跌破两条均线，甚至带动 120 日均线下行跌破 240 日均线时，顺向火车轨形态被破坏，意味着股价即将进入大幅回调，或是直接开启下跌行情。

此时投资者就要仔细观察，在股价跌破 120 日均线，或者 120 日均线出现转向时就尽快卖出。因为时间周期越长的均线滞后性也越显著，等到 120 日均线跌破 240 日均线时，股价下跌的幅度已经比较大了，此时再卖出损失将扩大不少。

下面通过一个具体的案例来解析。

实例分析 ⇒
金发科技（600143）均线顺向火车轨形态解析

如图 6-20 所示是金发科技 2020 年 4 月到 2021 年 1 月的 K 线图。

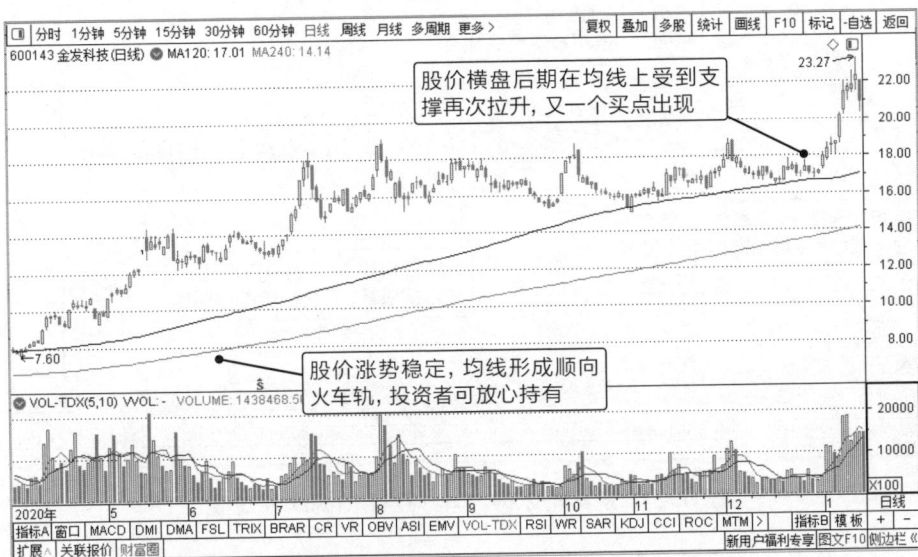

图6-20　金发科技2020年4月到2021年1月的K线图

从 K 线图中可以看到，金发科技正处于上涨行情中。在 2020 年 4 月到 7 月上旬期间，股价的涨势都比较稳定，120 日均线和 240 日均线也几乎呈平行状态上扬，形成顺向火车轨形态，投资者可买进。

但在 7 月中旬，股价在 18.00 元价位线附近受阻回落，随后便开始横盘震荡。在震荡过程中，股价基本都被限制在 15.00 元到 17.00 元的价格区间内横向运行，被动地等待均线靠近。

此时两条长周期均线的运行状态还十分平稳，顺向火车轨形态依旧存在，并且在接近股价时保持上扬，对其形成了强力的支撑作用，这意味着后市涨势延续。股价在均线附近震荡一段时间后，便再次开启了上涨走势，又形成了一个买入点。

继续来看后面的走势。

如图 6-21 所示是金发科技 2021 年 1 月到 10 月的 K 线图。

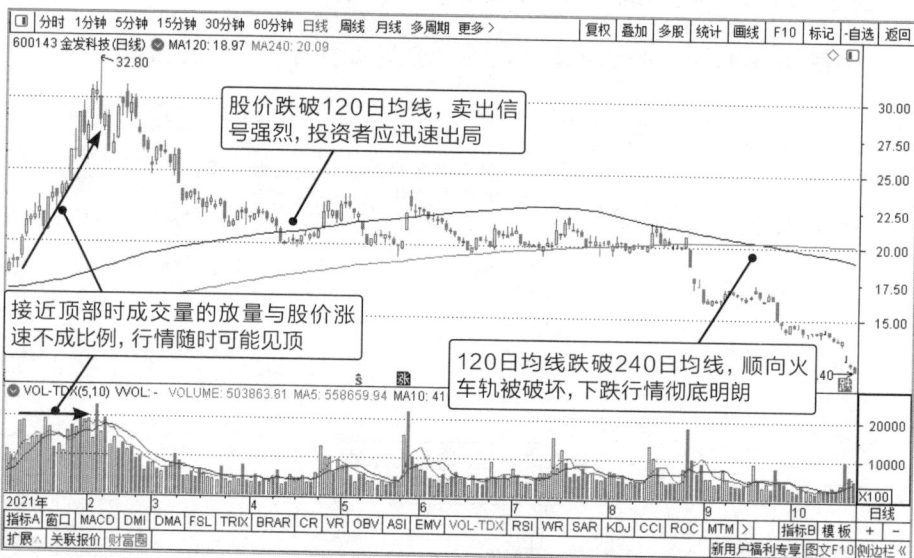

图 6-21　金发科技 2021 年 1 月到 10 月的 K 线图

从图中可以看到，金发科技在 2021 年 1 月期间还处于上涨状态。在此期间成交量也有相应放量，但量能增长得十分缓慢，几乎走平，与快速上涨的股价显然不成比例，这意味着股价已经到达高处，随时有见顶的可能。

2 月初，股价在创出 32.80 元的新高后冲高回落，在高位震荡一段时间后迅速下跌，直至 4 月初才跌破 120 日均线。此时股价已经从 30.00 元左右下跌至 20.00 元附近，跌幅已经比较大了，再加上 120 日均线的跌破，果断的投资者应快速离场。

从后续的走势可以看到，股价在跌破 120 日均线后持续震荡下滑，240 日均线的支撑力难以推动股价上涨，最终在 8 月底被彻底跌破。120 日均线也随后下穿 240 日均线，顺向火车轨形态被破坏，下跌行情彻底明朗。

此时股价已经跌至 17.50 元附近，如果在此位置离场，投资者的损失会明显扩大。因此，在股价跌破长周期均线，顺向火车轨形态还未产生明显变动时，投资者就要迅速离场。

6.3　利用均线的特殊下跌形态看盘

均线除了能够预示上涨外，还会形成一些特殊的下跌形态。这些下跌形态构筑过程不同、技术形态不同，但传递的信号却基本一致，即股价即将或已经下跌，投资者需要及时离场。

6.3.1　如何用死亡谷看盘

死亡谷与上涨形态中的金银山谷相对应，同样是由 3 条均线组成。具体指的是股价经过一段时间的上涨或高位的整理后，均线组合中的短周期均线由上往下穿过中等周期均线，中等周期均线随后也由上往下穿过长周期均线，形成了一个尖头朝下的不规则三角形。

与金银山谷不同的是，死亡谷有且只有一个山谷，当这个山谷出现时，对股价下跌的预示就已经形成，无须另一个山谷来印证。因此，死亡谷一旦形成，短时间内股价大概率会出现下跌，无论是在上涨行情中的回调，还是上涨末期的反转过程中，投资者都以卖出为佳。

下面通过一个具体的案例来解析。

钢研高纳（300034）均线死亡谷形态解析

如图6-22所示是钢研高纳2021年6月到11月的K线图。

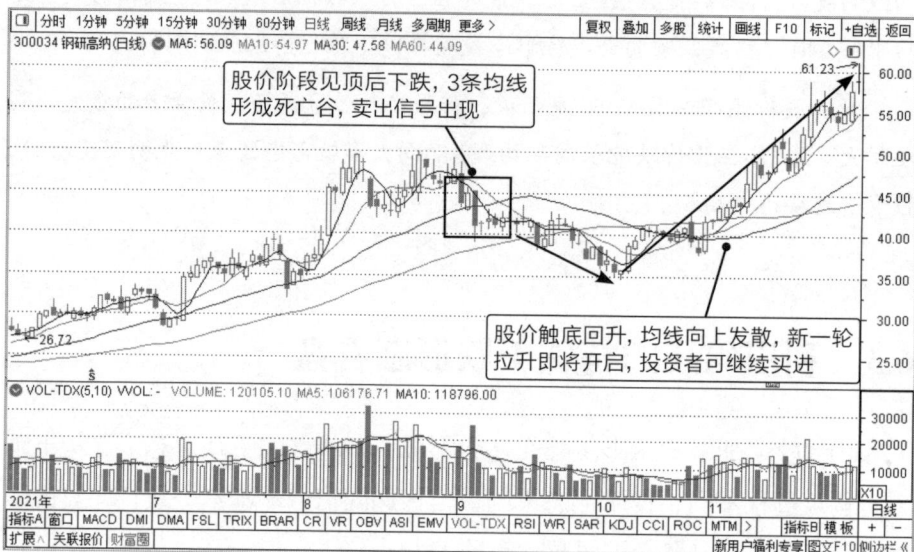

图6-22　钢研高纳2021年6月到11月的K线图

从K线图中可以看到，钢研高纳正处于上涨阶段。在6月到8月期间，股价依旧维持着上涨，30日均线和60日均线在下方起支撑作用，使得股价涨势比较稳定。

但在8月期间，股价的涨势多次在50.00元价位线附近受到阻碍，反复震荡后，最终于9月初开始下跌。5日均线和10日均线跟随股价下跌，并在9月中上旬相继跌破30日均线，3条均线形成了死亡谷，预示着股价即将进入大幅回调，投资者可先行卖出。

在死亡谷形成之后，30日均线很快转向下方，但60日均线的上扬走势并未改变，只是上扬角度有所变缓，说明后市依旧有上涨空间。

10月初，股价在35.00元价位线附近受到支撑止跌回升，并带动5日均线和10日均线相继上穿30日均线和60日均线。均线组合很快向上发散开来，新一轮拉升开启，投资者又可以积极买进。

继续来看后面的走势。

如图 6-23 所示是钢研高纳 2021 年 11 月到 2022 年 4 月的 K 线图。

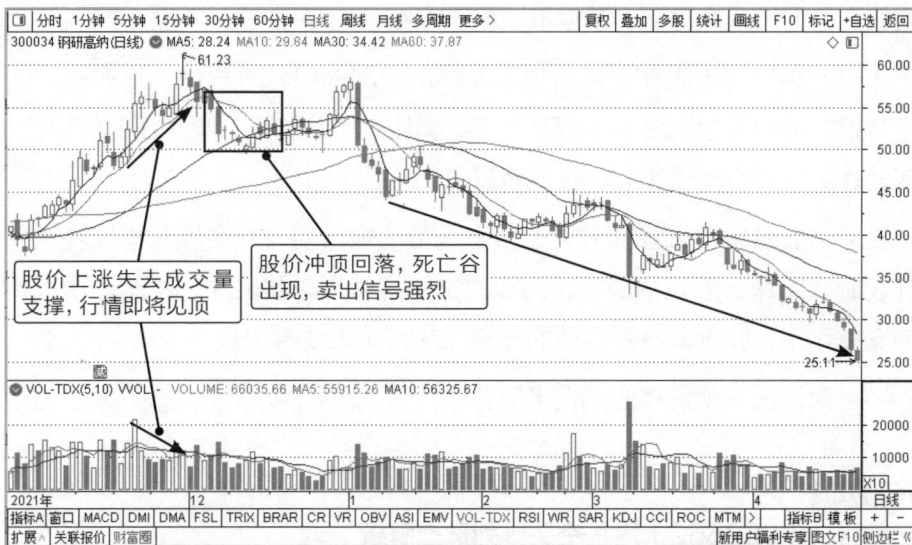

图 6-23　钢研高纳 2021 年 11 月到 2022 年 4 月的 K 线图

从图中可以看到，钢研高纳在 2021 年 11 月期间涨势稳定，但成交量却在 11 月中下旬出现了回缩，这说明股价上涨后继乏力，上涨行情已经进入了末期。

11 月底，股价在创出 61.23 元的新高后冲顶回落，5 日均线和 10 日均线迅速拐头向下，于 12 月中上旬相继跌破了 30 日均线，又一次形成了死亡谷。在量价产生背离后形成死亡谷，传递的卖出信号更为强烈，此时投资者需要及时卖出。

从后续的走势可以看到，在死亡谷形成之后，股价有小幅的反弹，但仅仅持续数日后便再次下跌。此次下跌跌速明显加快，带动 30 日均线和 60 日均线相继转向下方，彻底开启了下跌行情，投资者若不在死亡谷位置离场，可能会遭受巨大损失。

6.3.2　如何用空头排列看盘

空头排列与多头排列相对应，都是由 3 条及以上的均线组合而成。具体指的是股价在下跌过程中，带动长周期均线、中等周期均线以及短周期均线由上而下依次排列，呈发散状向下方移动的形态。

空头排列常出现在下跌行情以及幅度较深的回调过程中，形成这样的走势说明场内的投资者基本都在亏损，抛压在不断加大，牢牢压制住股价，使其在短时间内难以突破，投资者以卖出为佳。

但当股价出现触底回升，连续上涨带动短周期均线突破长周期均线，并在后续回踩并确认站稳时，均线的空头排列形态被破坏，压制作用将转为支撑作用，股价即将开启新的发展方向，买入信号出现。

下面通过一个具体的案例来解析。

实例分析 ⇒

兄弟科技（002562）均线空头排列形态解析

如图 6-24 所示是兄弟科技 2021 年 2 月到 7 月的 K 线图。

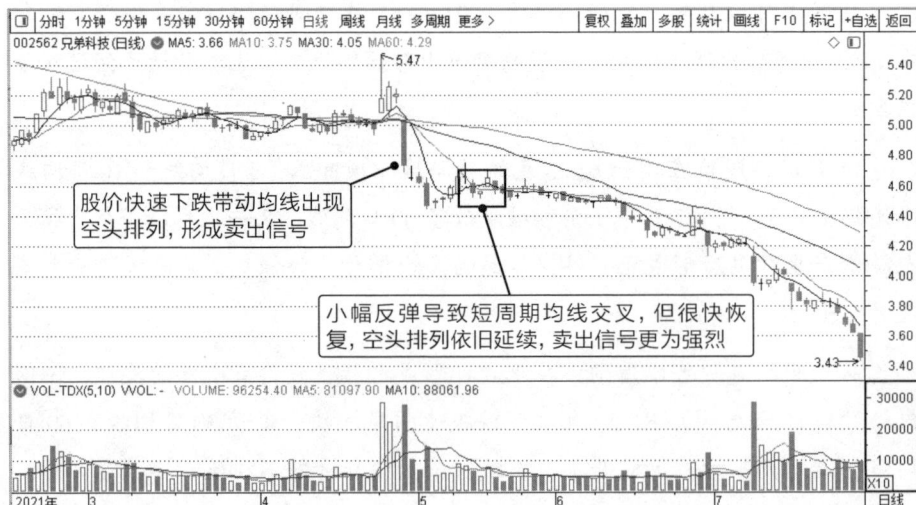

图 6-24　兄弟科技 2021 年 2 月到 7 月的 K 线图

从 K 线图中可以看到，兄弟科技正处于下跌行情中。从均线的状态可以发现，在 2 月之前股价还在下跌，60 日均线下行角度较大。但在进入 3 月后，股价跌势减缓，整体被限制在一个较小的价格区间内波动，均线组合也黏合在一起。

在经历了近两个月的横盘后，股价在 4 月底出现了突然的下跌，极快的跌速导致黏合的均线迅速向下发散开来，形成了初步的空头排列，传递出卖出信号。

5 月初，股价在 4.40 元价位线上方止跌反弹，此次反弹导致 5 日均线和 10 日均线出现了交叉，破坏了空头排列的形态。由于反弹时间较短，幅度也不大，股价在后续很快再次下跌，空头排列形态迅速恢复，并且在后期持续压制股价下跌，卖出信号强烈。

继续来看后面的走势。

如图 6-25 所示是兄弟科技 2021 年 7 月到 12 月的 K 线图。

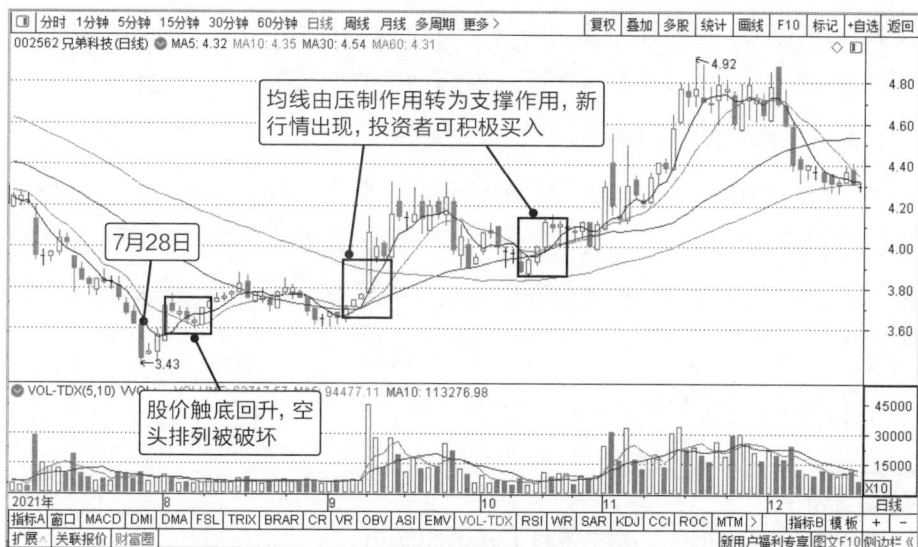

图 6-25　兄弟科技 2021 年 7 月到 12 月的 K 线图

从图中可以看到，兄弟科技在 7 月期间持续下跌，均线的空头排列对股价的压制愈发强力，当时间来到 7 月底时，股价的走势有了变化。

7月28日，股价在3.43元的位置止跌，随后开始回升，5日均线和10日均线被带动上扬并出现交叉，均线组合的空头排列被破坏。30日均线在后续很快与股价交会在一起，并在9月初伴随着成交量的放量推涨，完成了向上的转向。

股价在随后的回调中站稳了脚跟，均线的压制作用彻底转为支撑作用，60日均线也在缓慢转向，新的行情已经出现，投资者可积极买进。

6.3.3　如何用逐浪下降看盘

逐浪下降的技术形态基本上是逐浪上升的倒转，具体指的是短周期均线与中等周期均线在伴随股价下降时，多次出现交叉现象，并与股价一同被长周期均线压制。股价反弹的高点一次比一次低，呈现出一浪一浪往下跌的走势。

一般来说，逐浪下降会出现在持续的下跌行情中，其含义也非常明显，即股价在短时间内难有突破，是一个明确的卖出信号。对于场内被套的投资者来说，每一次股价上涨靠近长周期均线的位置都可以作为卖出点；场外的投资者则最好不要参与。

在形态构筑过程中，股价上涨越靠近长周期均线，卖出的信号就越强烈。但如果股价连续上涨突破了长周期均线，并在后续还有继续上涨的趋势时，就意味着大幅反弹或是新的行情即将来临，投资者可根据自身的需求选择是否介入。

下面通过一个具体的案例来解析。

实例分析 ⇒
玲珑轮胎（601966）均线逐浪下降形态解析

如图6-26所示是玲珑轮胎2021年3月到9月的K线图。

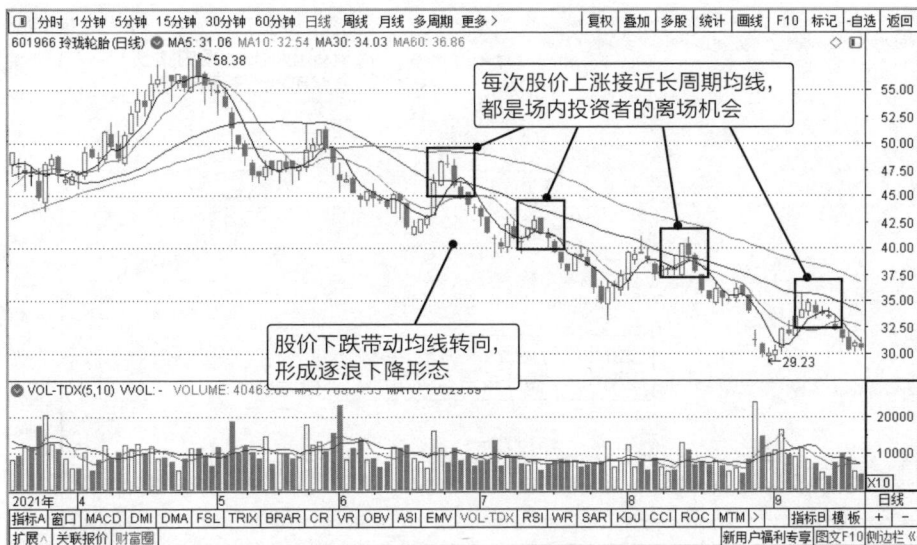

图 6-26　玲珑轮胎 2021 年 3 月到 9 月的 K 线图

从 K 线图中可以看到，玲珑轮胎正处于下跌行情的初期。从均线的状态可以发现，在 3 月到 4 月期间，股价还在积极地上涨。但到 4 月底，股价创出 58.38 元的新高后冲高回落，随即开始下跌。

5 日均线和 10 日均线最先反应，快速拐头向下，同时也对 30 日均线和 60 日均线进行着扭转。6 月初，股价在反弹后的再次下跌，终于使 30 日均线完成了转向，而 60 日均线则在 6 月底的下跌中拐头向下。

在此之后，30 日均线和 60 日均线覆盖在股价上方，并对其形成了强有力的压制。股价在下跌过程中不断反弹，带动 5 日均线和 10 日均线反复交叉，整体形成了逐浪下降的走势，传递着明确的卖出信号。

在股价高位反转后的下跌行情中形成逐浪下降形态，对股价后续的跌势有着非常强烈的预警作用。未能在股价反转时及时离场的投资者，在逐浪下降出现后就不应抱有侥幸，尽快选择股价反弹接近长周期均线的位置离场，是比较明智的决定。

继续来看后面的走势。

如图 6-27 所示是玲珑轮胎 2021 年 8 月到 2022 年 2 月的 K 线图。

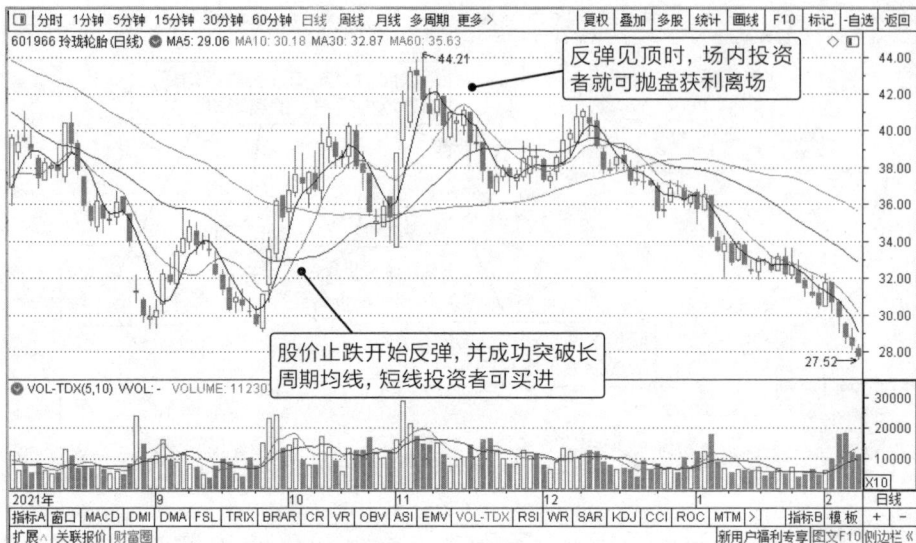

图6-27 玲珑轮胎2021年8月到2022年2月的K线图

从图中可以看到，在经历了一段时间的下跌后，股价在30.00元价位线附近止跌回升。9月初，股价的第一波反弹在30日均线处就受压下跌，回落到30.00元附近后再次上涨。

此次的上涨接连收出大阳线，股价成功突破30日均线和60日均线的压制，运行到其上方。至此逐浪下降形态结束，股价即将进入大幅反弹。经验丰富的短线投资者可在股价突破30日均线时就买进，抢反弹涨幅；而套在场内的投资者也可以借此机会，在更高的位置出货离场。

6.3.4 如何用加速下跌看盘

加速下跌指的是股价在下跌过程中跌速突然加快，带动均线组合由缓慢下跌或匀速下跌状态转为快速下跌，短周期均线和中长周期均线之间的距离越拉越大，形成较大的偏离。

加速下跌形态一般出现在下跌过程中，尤其是在下跌末期出现时，具有较高的参考价值。

在下跌过程中出现加速下跌形态，意味着空方再次发力，抛压不断加强，同时股价的跌速也会加快，并且在短时间内跌势难以遏止，此时投资者就要尽早抛盘离场。

而在下跌末期出现加速下跌形态，大概率有主力介入，其目的是在更低位置吸筹，预备后市的拉升。此时投资者可以先行观望，待到股价见底回升后再入场不迟。

下面通过一个具体的案例来解析。

实例分析 ⇒
川仪股份（603100）均线加速下跌形态解析

如图 6-28 所示是川仪股份 2017 年 11 月到 2018 年 7 月的 K 线图。

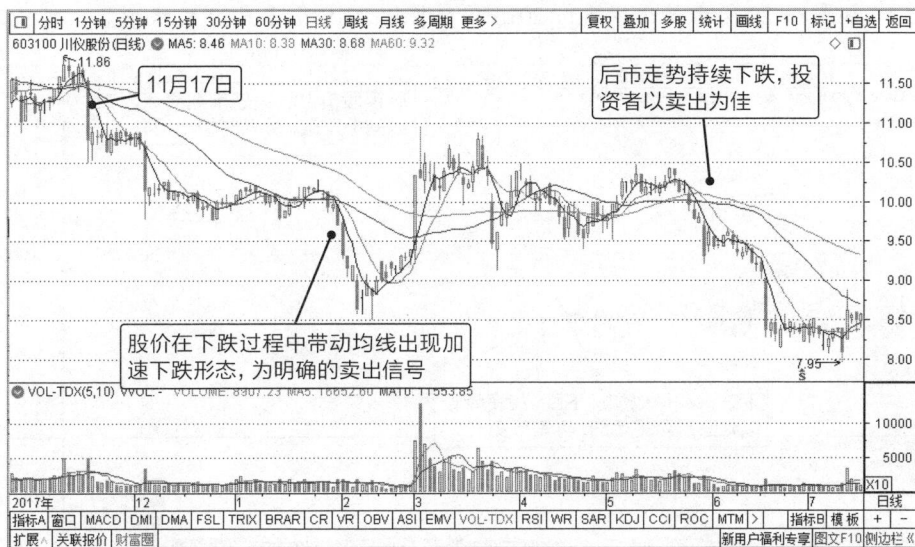

图 6-28　川仪股份 2017 年 11 月到 2018 年 7 月的 K 线图

从 K 线图中可以看到，川仪股份正处于下跌过程中。在 2017 年 11 月中旬之前，股价还在横向盘整，直到 11 月 17 日，股价收出一根实体较长的大阴线，当日的跌幅就达到了 6.99%。突然的下跌导致均线迅速由横向的黏合转为向下的发散，压制股价下行。

经过一段时间的下跌后，股价在 10.00 元价位线附近止跌横盘。5 日均线和 10 日均线跟随股价横向波动，30 日均线和 60 日均线依旧下滑，只是下行角度减缓。

2018 年 1 月底，股价突然连续收阴下跌，并且跌速较快，直接带动 5 日、10 日均线与 30 日、60 日均线偏离开来，形成了加速下跌走势。在下跌过程中出现均线加速下跌，预示着短时间内股价跌幅较深，投资者以卖出观望为佳。

从后续的走势也可以看到，在此之后股价出现了一次反弹，但很快便在 11.00 元价位线下方受阻回落。横向震荡一段时间后，股价最终于 5 月底再次下跌，下跌行情继续进行。

继续来看后面的走势。

如图 6-29 所示是川仪股份 2018 年 6 月到 2019 年 3 月的 K 线图。

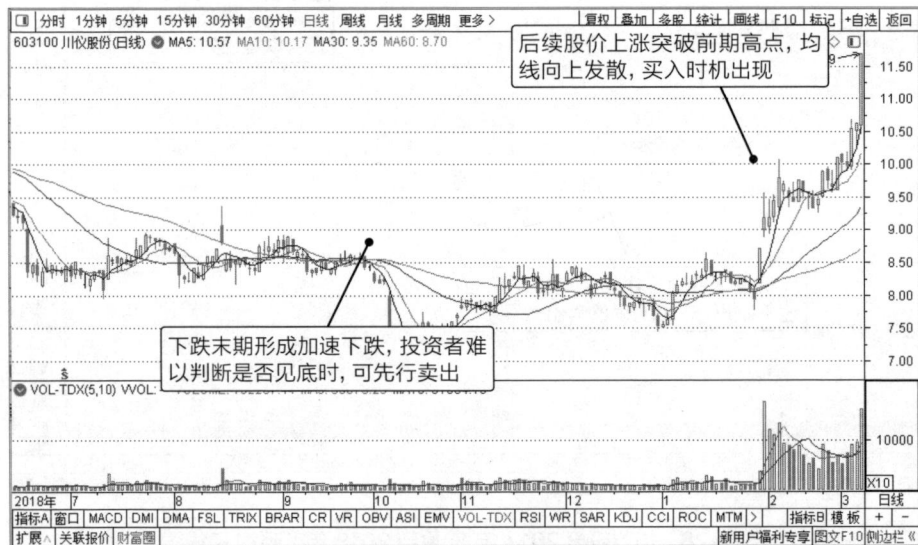

图 6-29　川仪股份 2018 年 6 月到 2019 年 3 月的 K 线图

从图中可以看到，川仪股份在 6 月中旬跌至 8.50 元价位线附近止跌，随后开始了横盘震荡。直到 9 月底，股价再一次形成了急速下跌，带动短周期均线与长周期均线偏离开来，加速下跌形态再次出现，形成卖出信号。

　　此时投资者还无法准确判断下跌行情是否已经接近底部，所以还是要尽快卖出，然后持币观望。待到股价上涨突破前期高点，并出现后市继续上涨的看多信号时，再迅速买进，就能够尽早抓住新行情。

6.3.5　如何用逆向火车轨看盘

　　逆向火车轨也叫反向火车轨，使用的均线与顺向火车轨一致，但技术形态则与之相反。逆向火车轨指的是在稳定的下跌行情中，120 日均线位于 240 日均线下方，二者以几乎平行的形态缓慢下跌。

　　这样的形态说明当前市场处于持续的下跌过程中，且未来这种下跌趋势还将继续。120 日均线和 240 日均线对股价产生的压制力非常强，并且运行状态十分稳定，股价的一般震荡很难对两条长周期均线产生影响。

　　因此，在逆向火车轨形成后的较长时间内，股价都会沿着一定的下跌轨道前进，场内投资者需要尽快出局，场外投资者尽量不要参与。

　　下面通过一个具体的案例来解析。

实例分析 ⇒

亚邦股份（603188）均线逆向火车轨形态解析

　　如图 6-30 所示是亚邦股份 2020 年 5 月到 2021 年 2 月的 K 线图。

　　从 K 线图中可以看到，亚邦股份正处于下跌行情中。在 2020 年 5 月到 2021 年 2 月的整段走势中，股价的下跌并不稳定，期间反复形成反弹和回落，震荡幅度较大。但 120 日均线和 240 日均线一直处于稳定的下跌状态中，并且二者几乎平行运行，逆向火车轨形态持续。

　　7 月初，股价在成交量放量的推动下出现了一次幅度较大的反弹，短短数个交易日内，股价就从 5.60 元附近上涨至最高的 6.57 元。创出的最高价不仅突破了 120 日均线，还小幅越过了 240 日均线，但依旧未对逆向火车轨的形态造成太大影响，可见长周期均线的压制力有多强。

在此之后，股价又出现了数次反弹，但幅度都不大，对形态造成的影响也微乎其微，下跌行情依旧在延续。还滞留在场内的投资者最好及早选择在反弹高位离场，而场外的投资者在逆向火车轨持续期间，最好都不要介入，以免判断失误被套。

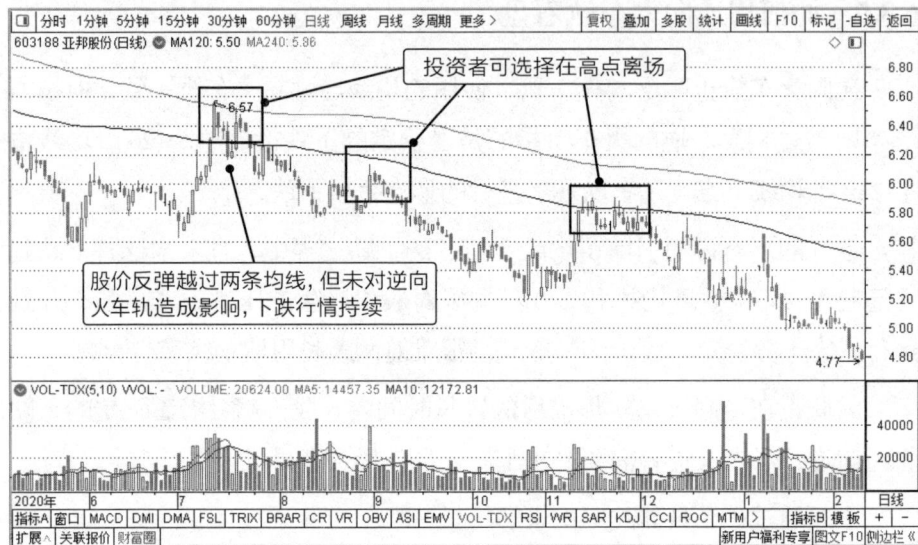

图 6-30　亚邦股份 2020 年 5 月到 2021 年 2 月的 K 线图

第7章

辅助看盘：技术指标助买卖

作为技术面分析的重点观察对象之一，技术指标已经成为投资者在看盘时离不开的重要分析工具。数量众多且功能各异的技术指标，不仅能从宏观上分析市场趋势的走向，也能从细微处判断适宜的买卖位置，为投资者的决策提供参考数据。因此，对技术指标的掌握也成为看盘的重中之重。

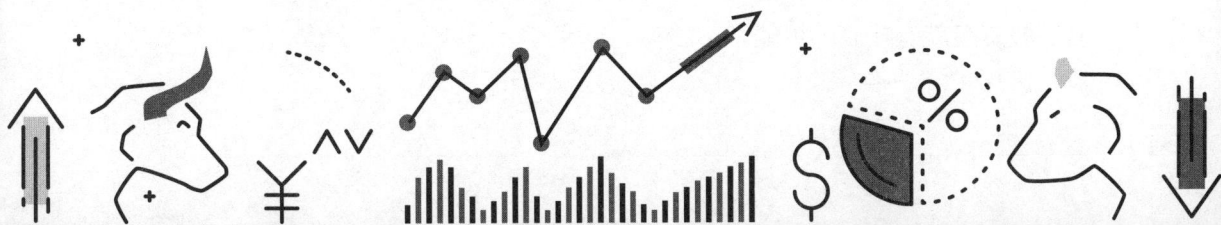

7.1 结合 MACD 指标的看盘法

MACD（英文名称：Moving Average Convergence and Divergence）指标是技术分析中最为常用的指标之一，全称为平滑异同移动平均线。其运作原理主要是通过连续滚动比较一定周期内的涨速（跌速）来判断上涨（下跌）的趋势是否能够保持。

该指标主要由快线 DIF、慢线 DEA、MACD 柱状线和零轴四大要素构成。其中，零轴是多头市场与空头市场的分界线，当指标线在零轴上方运行时，说明市场处于上涨状态；当指标线在零轴下方运行时，说明市场处于下跌状态。

MACD 指标的运用范围非常广泛，能够对买进、卖出时机做出研判，对把握趋势性行情也有很好的应用效果，因此也有"指标之王"的美称，适用于大部分投资者。

其应用方法比较简单，主要集中在快线 DIF 和慢线 DEA 之间的交叉形态，两条指标线与零轴之间的位置关系，以及指标线与股价的配合和背离关系上，下面就来逐一进行介绍。

7.1.1 MACD 指标的金叉操盘

MACD 指标的金叉指的是 DIF 线自下而上穿过 DEA 线，形成方向朝上的交叉形态，属于后市看好的买入信号。

由于零轴的存在划分了多头市场和空头市场，金叉与零轴之间的位置关系也会影响到信号的强弱程度。

一般来说，在上涨过程中出现零轴上方的金叉，传递的买入信号是比较安全可靠的。但当股价下跌至行情低位或是阶段低位后止跌回升时，指标线运行到零轴下方形成的金叉也会发出强烈的买入信号，在这些位置入场，投资者就有抄底的可能。

但需要注意的是，这些在零轴下方形成的金叉意味着多方还未彻底战胜空方，股价可能只是短时间上涨，后续是否会继续下跌还未可知。激进的投资者可以轻仓试探，但谨慎的投资者则可以在明显的看多信号出现时再入场。

下面通过一个具体的案例来解析。

实例分析 ⇒
保隆科技（603197）MACD 指标的金叉操盘解析

如图 7-1 所示是保隆科技 2021 年 6 月到 12 月的 K 线图。

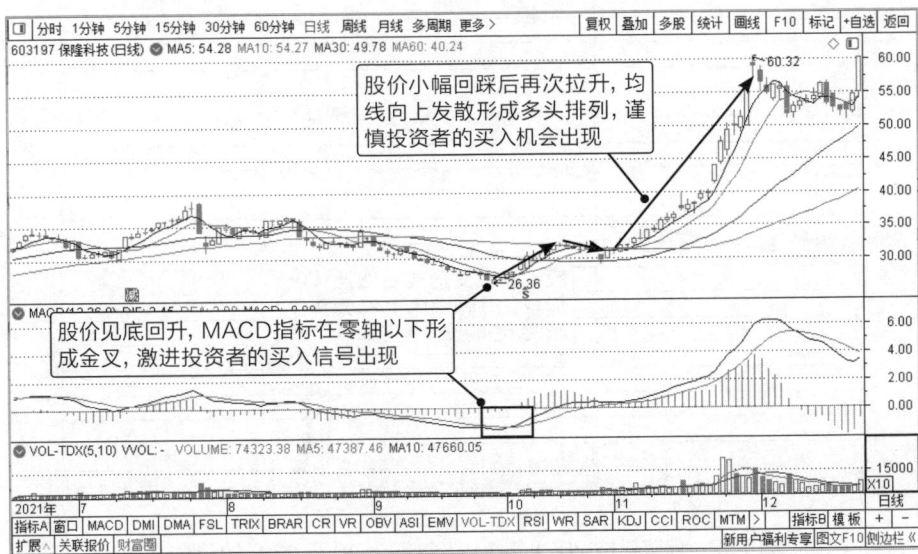

图 7-1　保隆科技 2021 年 6 月到 12 月的 K 线图

从 K 线图中可以看到，保隆科技正处于上涨阶段中。从均线组合的状态可以发现，在 6 月到 7 月期间股价还在上涨，只是涨速较慢，走势稍显震荡，MACD 指标也一直处于零轴上方。

7 月底，股价在上涨至 40.00 元价位线附近后受阻下跌，随即沿着 30 日均线的运行方向横盘了一段时间，最终于 8 月中上旬跌破了两条长周期均线，一路下滑，MACD 指标也随之运行至零轴之下。

9 月底，股价在创出 26.36 元的新低后止跌回升，此时的 MACD 指标已经下滑至距离零轴较远的下方。伴随着股价的回升，MACD 指标也开始拐头向上，且 DIF 迅速上穿 DEA，在零轴下方形成了一个金叉。

这个金叉已经传递出了买入信号，但因其位于零轴下方，激进的投资者可轻仓试探，谨慎的投资者还需要仔细考量。

如图 7-2 所示是保隆科技 2021 年 10 月 11 日到 10 月 13 日的分时图。

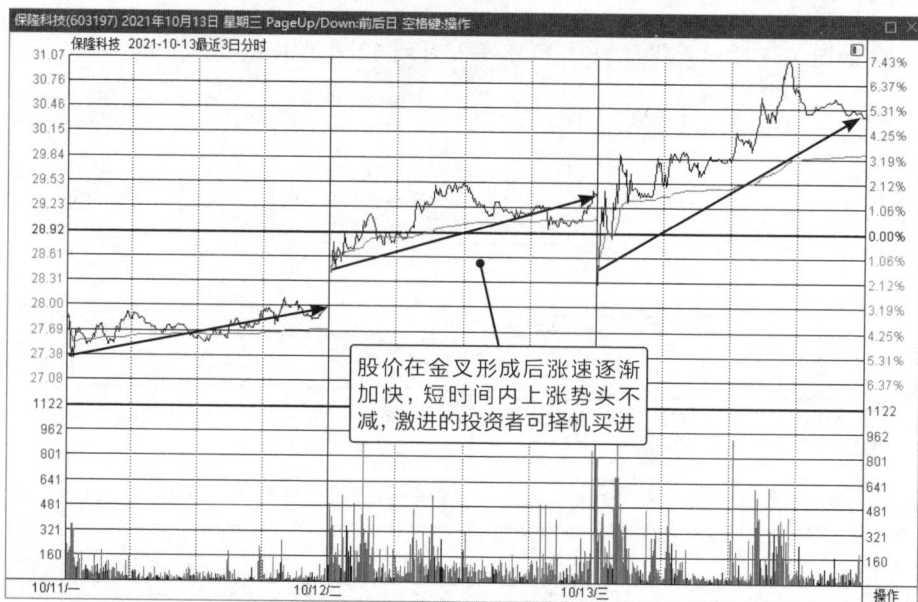

图 7-2　保隆科技 2021 年 10 月 11 日到 10 月 13 日的分时图

10 月 11 日到 10 月 13 日正是 MACD 指标形成金叉后的 3 个交易日。从连续的分时走势可以看到，10 月 11 日，保隆科技的涨势还比较缓和，到 10 月 12 日时股价直接跳空高开，盘中踩着均价线一路上行，最终以 4.93% 的涨幅收盘。

在 10 月 13 日，股价虽是以低价开盘，但盘中涨势十分积极。在很长一段时间内，股价都呈现锯齿状震荡上涨，涨速较快，当日的最高涨幅达到了 7.43%。

在金叉出现后的连续 3 个交易日，股价涨速都在不断加快，至少说明在短时间内，股价都会维持着上涨状态。激进的投资者就可以在其中选择合适的低点建仓入场，谨慎的投资者还需保持观望。

从 K 线图后续的发展来看，11 月初，股价在短暂回踩后再次拉升。此次上涨势头迅猛，均线组合由交叉转为向上发散，并在后续形成了多头排列，明显的看多信号出现，为谨慎的投资者带来了入场机会。

7.1.2　MACD 指标的死叉操盘

MACD 指标的死叉指的是 DIF 线自上而下穿过 DEA 线，形成方向朝下的交叉形态，属于后市看跌的卖出信号。与金叉一样，死叉与零轴的位置关系也决定了信号强度的高低。

零轴下方的死叉出现在下跌行情中时，预示的卖出信号是非常强烈的。股价在空头市场中继续下跌，意味着后续更为深远的下跌空间，投资者需要立刻卖出，减少损失。

而零轴上方的死叉，一般会在行情高位或阶段的高位出现。指标线运行到零轴上方后拐头向下，意味着股价即将进入下跌轨道中，无论是暂时的回调还是长期的下跌，短时间内股价跌势难以回转，投资者可根据自身的策略以及股价所处的行情状况决定是否卖出。

下面通过一个具体的案例来解析。

实例分析 ⇒
江山欧派（603208）MACD 指标的死叉操盘解析

如图 7-3 所示是江山欧派 2020 年 4 月到 8 月的 K 线图。

从 K 线图中可以看到，江山欧派正处于持续的上涨行情中。从均线的状态可以发现，在 4 月到 5 月期间股价还在上涨，并且涨势非常稳定，均线组合呈多头排列向上运行，MACD 指标也位于零轴上方。

但进入6月初时，股价的涨势有了变化，在120.00元价位线附近形成一根大阳线之后，紧跟着该股就收出一根大阴线，开启了回调走势。与此同时，MACD指标的两条指标线开始向下转向，并在后续的交易日内形成了一个零轴上方的死叉。

在股价经历了稳定上涨后形成零轴上方的死叉，意味着股价即将进入回调，但回调的深度和时间暂时难以判断。投资者可根据自身情况，决定做何操作。

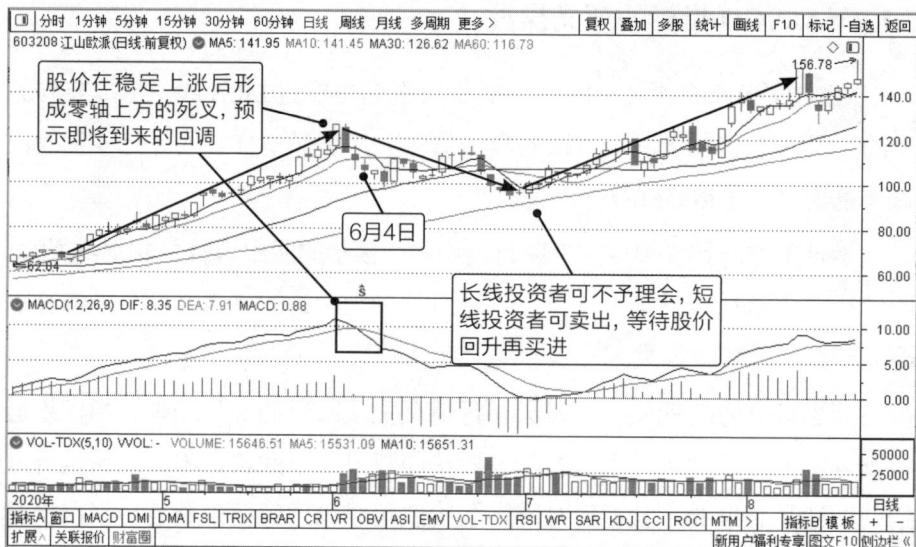

图7-3　江山欧派2020年4月到8月的K线图

如图7-4所示是江山欧派2020年6月4日到6月8日的分时图。

6月4日到6月8日正是MACD指标形成死叉后的3个交易日。从连续的分时走势可以看到，在6月4日股价的跌势稳定，当日跌幅也较深，最低达到了4.52%。次日，股价在震荡下行一段时间后出现了反弹，但反弹并未突破前日收盘价，当日依旧有0.28%的跌幅。

6月8日，股价在开盘后就开始急速下跌，直到创出6.83%的最低跌幅后才有回升的迹象。但在后续的时间内股价持续震荡，最终还是以4.65%的跌幅收盘，股价连续3个交易日下跌。

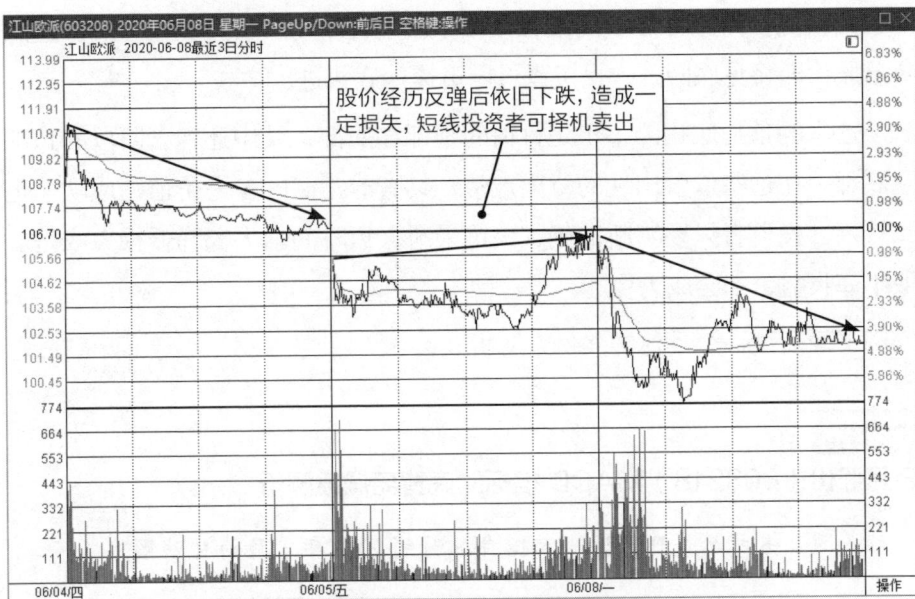

图 7-4　江山欧派 2020 年 6 月 4 日到 6 月 8 日的分时图

连续的下跌已经造成了较深的跌幅，短时间内为投资者带来的损失不算小。长期持有的中长线投资者可以继续观望，只要股价没有有效跌破长周期均线，就可以不予理会；而短线投资者则可以先行卖出，待股价在长周期均线上受到支撑回升后，再次买进。

7.1.3　MACD 指标的背离操盘

MACD 指标在大部分时候会与股价相互配合，但在某些特殊位置，二者也会产生背离。背离的主要研判对象是指标中的快线 DIF，主要分为两种情况。

DIF 的顶背离。在股价运行到高位的过程中，波峰不断上移，股价不断创出新高，而此时 DIF 的波峰却在不断下移，与股价产生了背离。这意味着股价即将见顶下跌，投资者需及时逃顶卖出。

DIF 的底背离。在股价运行到低位的过程中，波谷不断下移，股价不断创出新低，而此时 DIF 的波谷却在不断上移，与股价产生了背离。这意味着股价即将见底回升，投资者可以迅速抄底买进。

这里的顶与底指的不仅是行情的顶部和底部，其中还包含阶段的顶部和底部。在这些位置出现的背离走势，具有非常高的参考价值，成功率也比较高，投资者只要判断准确、决策果断，短时间内大幅降低损失或是赚取不菲收益，都会成为可能。

下面通过一个具体的案例来解析。

实例分析 ⇒
日月股份（603218）MACD 指标的底背离操盘解析

如图 7-5 所示是日月股份 2018 年 8 月到 2019 年 1 月的 K 线图。

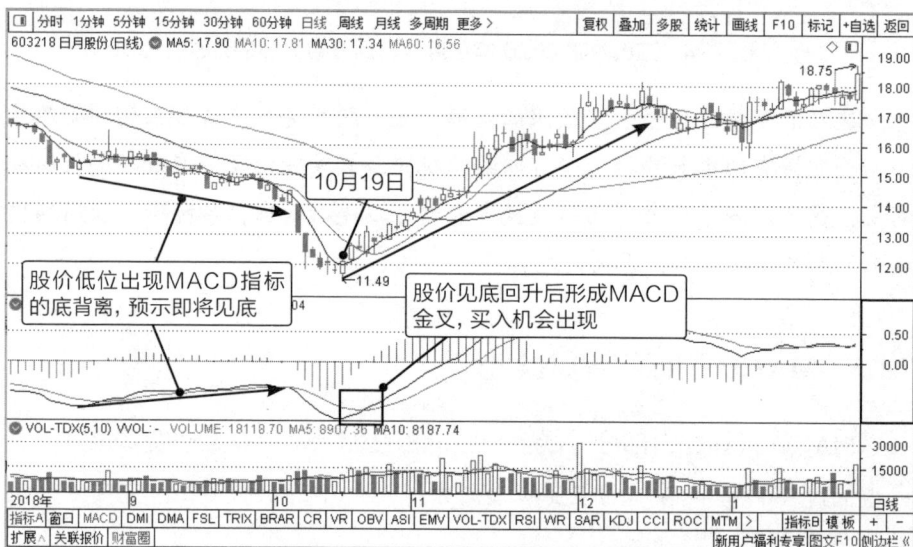

图 7-5　日月股份 2018 年 8 月到 2019 年 1 月的 K 线图

从 K 线图中可以看到，日月股份正处于股价的低位。在 8 月到 9 月期间，股价还在连续下跌，30 日均线和 60 日均线笼罩在其上方，起到了强力的压制作用。

但在股价接连创出新低的同时，从 8 月底开始，原本下滑的 MACD 指标却开始向上方转向，低点不断抬高，与股价形成了底背离。

在长时间下跌后形成 MACD 指标的底背离，意味着股价很有可能即将到达底部，需要引起投资者高度关注。10 月初，股价加大下跌角度，带动均线形成了加速下跌形态，与 MACD 指标的底背离结合来看，股价大概率即将见底，随时可能开启新行情。

10 月中旬，股价创出 11.49 元的新低后开始回升。与此同时，MACD 指标在零轴下方拐头向上，很快便形成了一个金叉，看多信号出现，抄底的机会到来了。

如图 7-6 所示是日月股份 2018 年 10 月 19 日到 10 月 24 日的分时图。

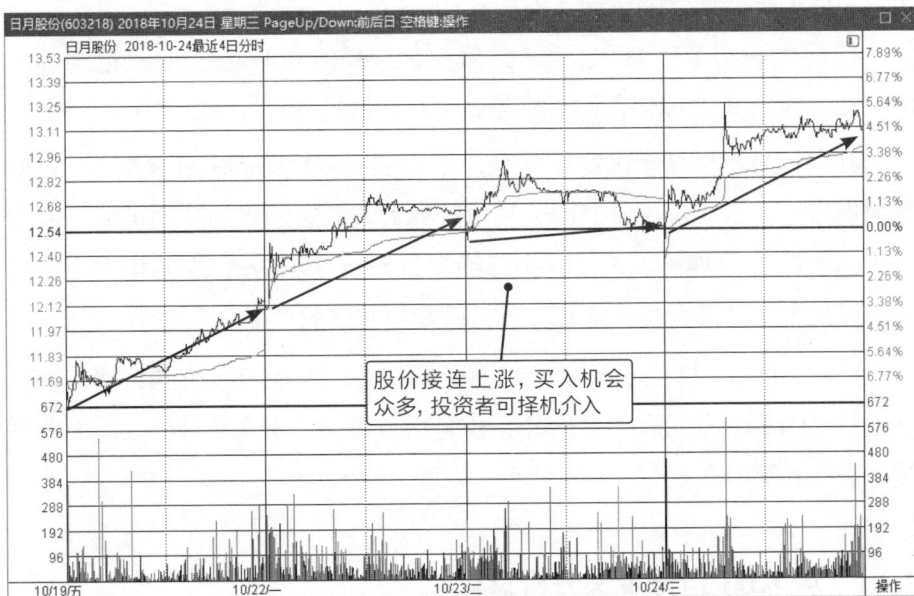

图 7-6　日月股份 2018 年 10 月 19 日到 10 月 24 日的分时图

10 月 19 日到 10 月 24 日正是股价见底回升，带动 MACD 指标拐头向上的 4 个交易日。从连续的分时走势可以看到，在 10 月 19 日和 10 月 22 日这两个交易日里，股价大部分时间都维持着上涨状态，直到 10 月 22 日的下午时段，股价才表现出疲软，上涨转为横盘。

10 月 23 日，股价横盘后在尾盘时小幅下跌，但很快在次日重拾升势，单日涨幅达到了 4.47%。也正是在 10 月 24 日这一天，MACD 指标形成了金叉。

接连出现的看多信号提醒着投资者尽快买进，连续上涨的走势也留下了丰富的入场机会，投资者可选择合适的时机介入。

7.2 结合 KDJ 指标的看盘法

KDJ（英文名称：Stochastic Indicator）指标又称随机指标，是一种融合了动量观念、强弱指标和移动平均线的优点，用来考查当前价格脱离正常价格波动范围程度的摆动类指标。

指标由 K 值、D 值和 J 值 3 条线构成，K 值和 D 值的取值范围都是 0 ~ 100，而 J 值的取值范围可以超过 100 或低于 0。

其中，20 线为超卖区的分界线。当 3 条指标线运行到 20 线下方，说明场内抛压过大，股价下跌时间太长或跌幅太大，后续有回升的可能。80 线则为超买区的分界线。当 3 条指标线运行到 80 线上方，说明场内买压过大，股价上涨时间太长或涨幅太大，后续有回落的可能。

K 值、D 值和 J 值 3 条指标线的交叉形态，以及与股价的背离状况，就是对 KDJ 指标研究的主要对象，也是投资者需要重点掌握的，下面就来逐一进行介绍。

7.2.1 从 KDJ 指标金叉分析盘口

与 MACD 指标一样，KDJ 指标也会形成金叉。当 K 值、D 值和 J 值互相上穿，形成 3 线金叉形态，这是一个看多信号。

由于 KDJ 指标的敏感度较高，有时候股价小幅度的波动都会导致指标出现各种各样的交叉，从而影响投资者的判断。但有了超卖区和超买区的存在，KDJ 指标频繁出现的交叉也有了一定的分析价值。

在超卖区或者超卖界线附近出现的金叉，可靠度和成功率都会更高。尤其是当股价已经运行到行情低位或者大幅回调低位时，其传递的买入信号会更为强烈。投资者在合适的位置观察到超卖区金叉时，迅速买进将成为最佳选择。

下面通过一个具体的案例来解析。

实例分析 ⇒
奥联电子（300585）KDJ 指标的金叉操盘解析

如图 7-7 所示是奥联电子 2019 年 2 月到 7 月的 K 线图。

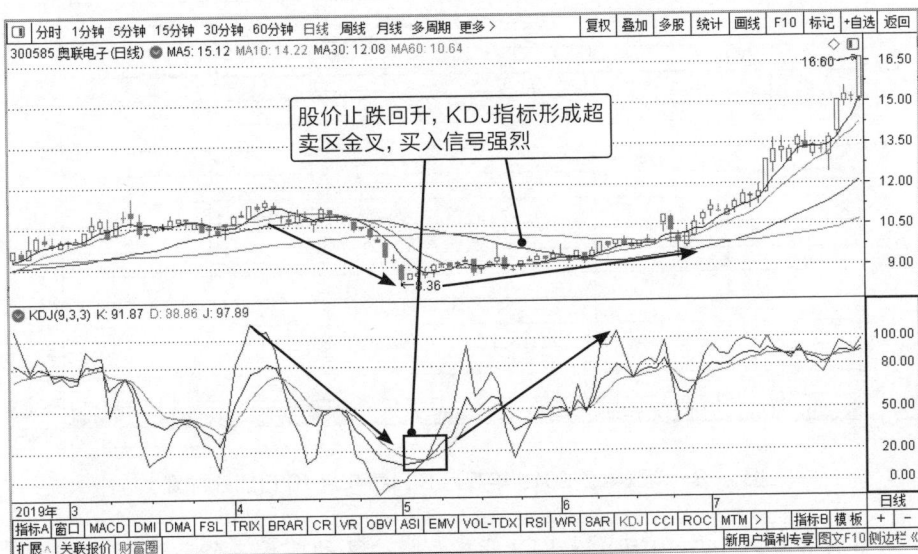

图 7-7　奥联电子 2019 年 2 月到 7 月的 K 线图

从 K 线图中可以看到，奥联电子正处于上涨阶段。在 2 月期间股价还在上涨，进入 3 月后开始横盘，而 KDJ 指标却朝着超卖区运行。这说明随着股价的整理，获利盘的套现行为愈演愈烈，导致抛压增大，指标下行。

4 月中下旬，股价出现快速下跌，迅速脱离盘整区间一路下滑，直到

4 月底才在 9.00 元价位线附近止跌。与此同时，KDJ 指标也在持续下行，随着股价创出新低，指标线也来到了超卖区。

5 月初，股价开始回升，虽然前期涨势较为缓慢，但 KDJ 指标反应灵敏，迅速在数个交易日内形成了一个超卖区的金叉，并在后续快速上行到超买区内。这说明场内交投开始活跃，买压不断增大，后市看多信号强烈，投资者可积极介入。

如图 7-8 所示是奥联电子 2019 年 5 月 8 日到 5 月 10 日的分时图。

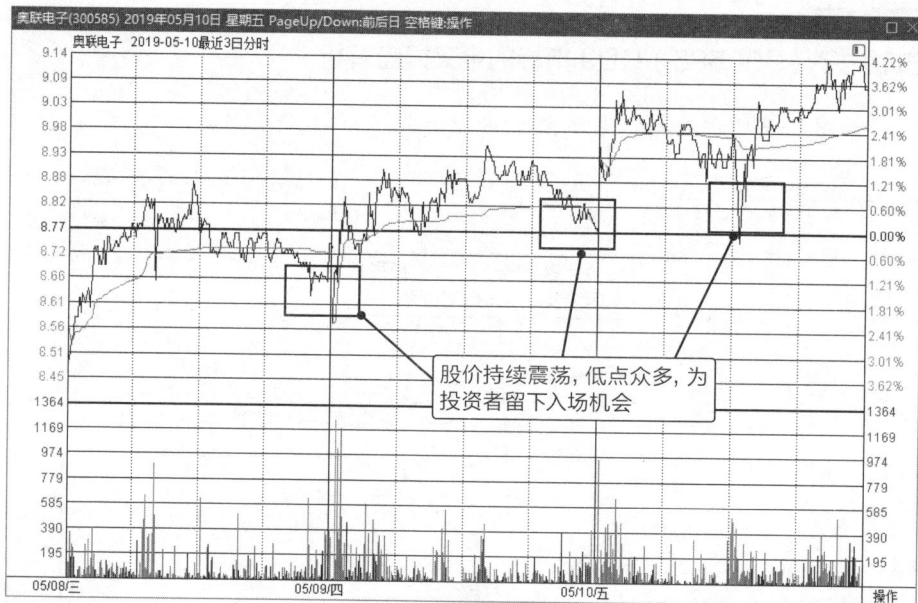

图 7-8　奥联电子 2019 年 5 月 8 日到 5 月 10 日的分时图

5 月 8 日到 5 月 10 日正是 KDJ 指标形成金叉的前后 3 个交易日。从连续的分时走势可以看到，尽管每个交易日中股价的走势都出现了各种各样的震荡，但整体走势是不断上移的，每个交易日也都形成了上升的阳线。

股价的持续震荡也为投资者留下了丰富的入场机会，每一个震荡的低点都可以作为建仓点或加仓点，尽早持股才能有效扩大收益。

7.2.2　从 KDJ 指标死叉分析盘口

当 K 值、D 值和 J 值互相下穿，就形成了 KDJ 指标的 3 线死叉形态，这是一个看空信号。

与金叉相反，当死叉出现在超买区或超买界线附近时，形态的参考价值和信号可靠度将更高。这说明股价已经上涨到较高的位置，股价随时可能进入下跌。

在上涨过程中，KDJ 指标的死叉时常出现，但超买区的死叉对回调的预示通常比较准确。中长线投资者可以继续持有，短线投资者则可以先行出局观望。

在上涨后期股价来到较高位置时，超买区的死叉就可能意味着行情的逆转。有时候投资者单靠 KDJ 指标还不能准确判断新行情的出现，此时就可以结合其他指标（如成交量、均线等）共同分析。一旦确定了下跌行情的开启，无论是中长线投资者还是短线投资者，都需要尽快卖出。

下面通过一个具体的案例来解析。

实例分析 ⇒
精华制药（002349）KDJ 指标的死叉操盘解析

如图 7-9 所示是精华制药 2021 年 12 月到 2022 年 4 月的 K 线图。

从 K 线图中可以看到，精华制药正处于上涨阶段。从 2021 年 12 月中下旬开始，股价逐渐脱离低位的横盘状态向上攀升，涨速不断加快，甚至接连涨停。与此同时，KDJ 指标迅速跟随股价上扬，来到了超买区。

2022 年 1 月初，股价在连续形成一字涨停后终于开板交易，随后迅速下跌，KDJ 指标也在超买区形成了一个向下的死叉，卖出信号出现。虽然此次的下跌幅度达到了 18% 以上，但时间非常短，很多人还来不及卖出，股价就再次上涨，那么投资者也可以继续持股。

时间来到 1 月中下旬，股价已经上涨越过了 20.00 元价位线，但很快再次出现了收阴下跌。敏感的 KDJ 指标线迅速拐头向下，在超买区又一次形成了死叉，提醒投资者离场。

此次的跌幅比 1 月初的更大，股价连续下跌了数个交易日，并且 KDJ 指标在形成死叉后还在不断下滑，盘中抛压强劲。此时投资者还是以卖出为佳，然后持币观望。

随着股价的下跌后横盘，KDJ 指标运行到了正常区域。3 月中上旬，价格再次上涨，较快的涨速迅速带动 KDJ 指标来到超买区。3 月 25 日，股价创出 28.80 元的新高后冲高回落，开启了又一次的下跌，KDJ 指标再次形成超买区的死叉，卖出信号强烈。

此时股价已经来到了较高位置，此处积累的获利盘将会更多，股价下跌后产生的抛压将更加强盛。这意味着后续的下跌可能会持续较长时间，下跌空间也难以判断，因此，投资者最好在 KDJ 指标死叉形成后就迅速离场。

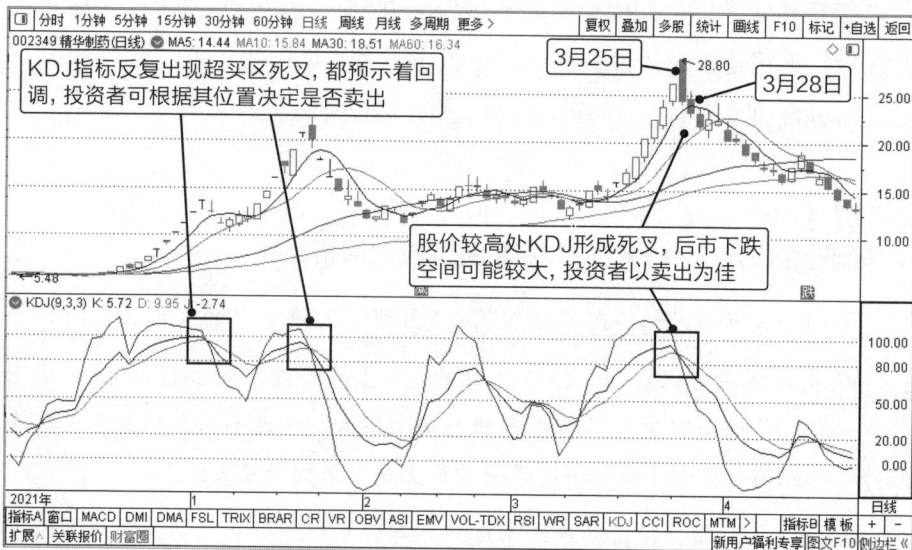

图 7-9　精华制药 2021 年 12 月到 2022 年 4 月的 K 线图

如图 7-10 所示是精华制药 2022 年 3 月 28 日的分时图。

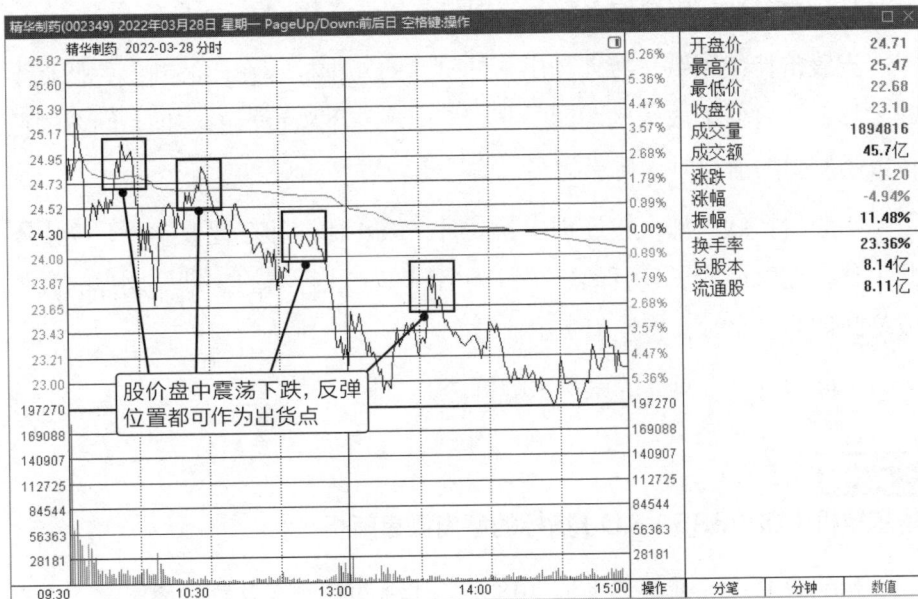

图 7-10 精华制药 2022 年 3 月 28 日的分时图

3 月 28 日正是 KDJ 指标形成超买区死叉后的交易日。从分时走势可以看到，股价在开盘后有短暂的上冲，但很快便被放大的量能拉动向下，运行到均价线下方。在后续的交易时间内，股价几乎都以锯齿状的震荡走势下行，直到临近收盘才有所回升，但最终还是以 4.94% 的跌幅收盘。

在整个交易日内，该股的跌势非常明显，但期间的反弹次数也不少。在 KDJ 指标的看空信号出现后，这些反弹位置都将成为较好的出货机会，投资者可择机离场。

7.2.3 从 KDJ 指标背离分析盘口

KDJ 指标的背离指的是 K 值、D 值和 J 值 3 条指标线与股价运行方向呈相反的状态，一般意味着推动原先行情的力量正在逐步衰弱，趋势有可能会面临新的方向选择。

与 MACD 指标类似，KDJ 指标的背离也存在顶背离和底背离两种，并且其预示意义和出现位置都大致相同。

当股价持续下跌，接连创出新低时，KDJ 指标却在逐波向上，低点不断上移，二者便形成了底背离。底背离出现在下跌行情的末期、回调的低位或是反弹的前夕时，传递的买入信号比较可靠和强烈。

当股价持续上涨，接连创出新高时，KDJ 指标却在逐波向下，高点不断上移，这就形成了顶背离。顶背离出现在上涨行情的末期、反弹的高位或是回调的前夕时，将发出卖出信号。

下面通过一个具体的案例来解析。

实例分析 ⇒

华东重机（002685）KDJ 指标的背离操盘解析

如图 7-11 所示是华东重机 2018 年 7 月到 2022 年 5 月的 K 线图。

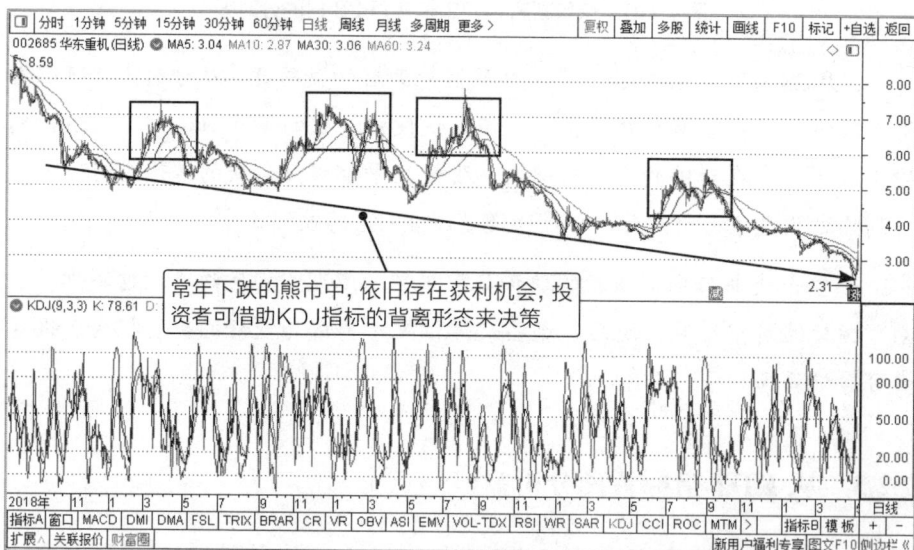

图 7-11　华东重机 2018 年 7 月到 2022 年 5 月的 K 线图

从 K 线图中可以看到，在长达数年的时间内，华东重机的股价一直处于下跌状态。当然，在此期间股价也出现了频繁的反弹，但始终无法对前期高点形成有效突破，进而发展出新的牛市。

不过，就算是在长期下跌的熊市中，只要找准机会也是大有可为的。从华东重机的价格走势可以看到，期间股价有数次的反弹幅度都比较大，投资者完全可以利用 KDJ 指标的背离形态来介入操作。本案例将选取其中的一段来进行详细解析。

如图 7-12 所示是华东重机 2021 年 3 月到 10 月的 K 线图。

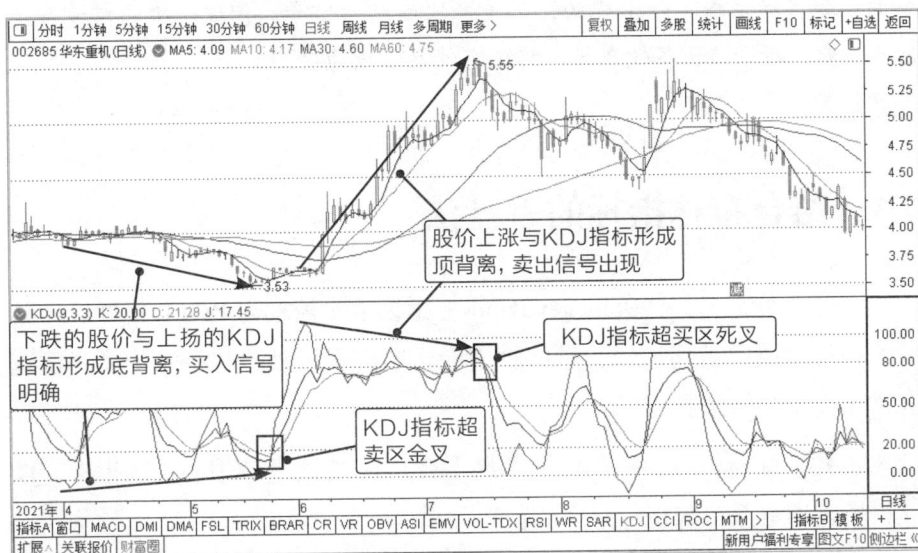

图 7-12　华东重机 2021 年 3 月到 10 月的 K 线图

2021 年 3 月到 10 月这一段时间，正是股价大幅度反弹的阶段。在 3 月到 4 月中旬期间，股价还处于横盘整理的状态，到 4 月中下旬时，股价开始缓慢向下运行。

经历了一个月左右的时间，股价从 4.00 元附近跌至 3.50 元价位线上方，跌幅达到了 12.5% 左右。与此同时，KDJ 指标的低点却在缓慢上移，尽管上移幅度较小，但依旧与股价产生了底背离，传递出买入信号。

5 月中旬股价开始回升，紧跟着 KDJ 指标底背离出现的就是超卖区的金叉。连续两个看多信号的形成，预示着即将到来的反弹，此时投资者就可以积极择机买进。

再来看后面的走势，整个6月期间股价都在积极上涨，KDJ指标在前期也很快上行到超买区内。但在股价继续反弹上涨的同时，KDJ指标的波峰却出现了下移的走势，与快速上涨的股价产生了顶背离。这意味着上涨走势即将结束，投资者需要保持警惕。

7月中上旬，股价在创出5.55元的阶段新高后迅速下跌，KDJ指标受其影响在超买区形成了一个死叉，又是一次连续的信号。但这一次的信号却是后市看空，投资者需尽快离场，将已有收益落袋为安。

7.3　结合布林指标的看盘法

布林（英文名称：Bollinger Bands）指标也常被称为BOLL指标、布林线、布林带或股价通道线，是一种用于研判市场运动趋势、定位买卖位置的常用技术分析工具。

布林指标与均线指标类似，都属于叠加在K线上使用的主图指标，以便投资者观察股价与指标之间的位置关系。

布林指标主要由3条线构成，即上轨线、中轨线和下轨线。其中，上轨线和下轨线将会对股价的波动产生限制，类似于一个不断变化的通道，而中轨线则是判断市场强弱势的依据。

当股价位于中轨线上方，说明场内多方占优，股价上涨概率大；当股价位于中轨线下方，说明场内空方更强，股价下跌的可能性更大。因此，根据股价与中轨线之间的位置关系，投资者就能够定位可靠的买卖点。

除了中轨线与股价的交叉形态，由上轨线和下轨线构成的布林通道的开合状态，也能够帮助投资者确定后期走势，决定是否进行操作，下面就来详细介绍。

7.3.1 布林指标开口时的盘面操作

布林指标的开口指的是布林通道从收缩转为扩张的过程，整个形态犹如一个张开的喇叭。当布林通道扩张时，意味着股价脱离了原有的盘整或小幅波动走势，开始向着新的方向运行，包括向上和向下。

观察布林指标的开口主要看上轨线和下轨线的变化，具体的方向转变需要根据中轨线来确定。

当布林指标开口，股价上涨突破中轨线并带动其朝上运行时，就可以确定后市即将进入上涨，股价突破中轨线的位置是绝佳买点；当布林指标开口，股价下跌击穿中轨线并带动其朝下运行时，就可以确定后市即将开始下跌，股价跌破中轨线的位置是比较好的卖点。

下面通过一个具体的案例来解析。

实例分析 ⇒
皇庭国际（000056）布林指标的开口操盘解析

如图 7-13 所示是皇庭国际 2021 年 11 月到 2022 年 2 月的 K 线图。

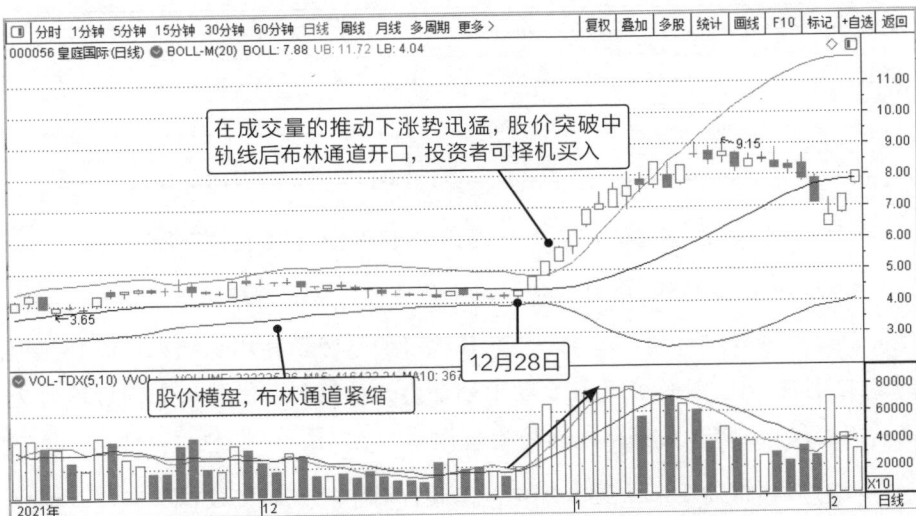

图 7-13 皇庭国际 2021 年 11 月到 2022 年 2 月的 K 线图

从 K 线图中可以看到，皇庭国际正处于上涨阶段。在 2021 年 11 月到 12 月中下旬期间，股价几乎都围绕着中轨线小幅波动，成交量表现清淡，布林通道也十分紧窄。

但到了 12 月底，股价开始在成交量的放量推动下快速上涨，接连突破中轨线和上轨线，整体运行到了布林通道之外，由此可见涨势之迅猛。与此同时，布林通道也由收缩转为扩张，并且扩张幅度较大，说明股价的变动非常剧烈，明确的买入信号出现。

如图 7-14 所示是皇庭国际 2021 年 12 月 28 日和 12 月 29 日的分时图。

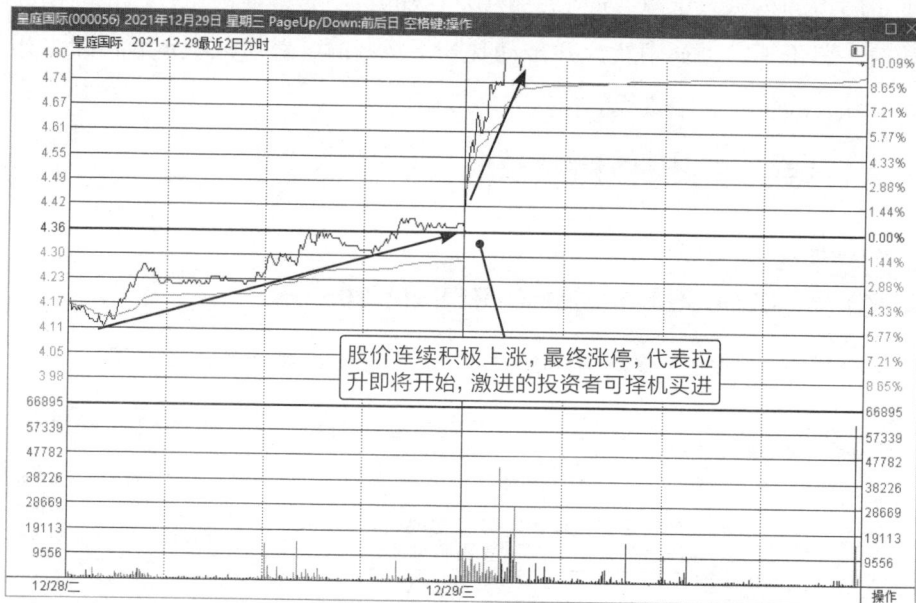

图 7-14　皇庭国际 2021 年 12 月 28 日和 12 月 29 日的分时图

12 月 28 日和 12 月 29 日正是布林中轨线被突破的前后两个交易日。从连续的分时走势可以看到，在 12 月 28 日股价的涨势还算比较稳定、温和。但到了 12 月 29 日，股价在开盘后数十分钟内就被推到了涨停板上，后续的交易时间内仅开板两次，最终以涨停收盘。

此时布林指标还未呈现出开口，但股价对中轨线的突破以及涨停，都代表了即将到来的拉升。激进的投资者完全可以在此处建仓，谨慎的投资者则可以等到布林指标呈现出明显的开口形态后再买进。

7.3.2　布林指标收口时的盘面操作

在学习了布林指标的开口形态所代表的含义以及用法后，其收口形态也变得很好理解。布林指标的收口指的是布林通道由扩张转为收缩的过程，意味着股价即将从单边的上涨或下跌状态进入盘整。

在持续的上涨行情或下跌行情中，布林指标的收口都说明股价进入了暂时的整理阶段，待到横盘结束，股价将继续沿着原有轨道前进，投资者可根据自身情况决定如何操作。

但当布林指标的收口出现在股价的高位时，就意味着场内的推涨力量即将衰竭，股价进入滞涨，并且随时有反转的可能。此时谨慎的投资者需要尽快离场，而激进的投资者可以继续密切关注股价动向，当布林指标出现中轨线下行的开口时，就要立刻出局。

下面通过一个具体的案例来解析。

实例分析 ⇒
大悦城（000031）布林指标的收口操盘解析

如图 7-15 所示是大悦城 2020 年 9 月到 2021 年 2 月的 K 线图。

从 K 线图中可以看到，大悦城正处于下跌行情中。在 9 月到 10 月期间，股价还在缓慢下跌，布林通道的上下轨线距离较大。11 月初，股价止跌回升并突破到了中轨线以上，随即横向运行，布林通道转为收缩，呈现收口状态，说明股价进入了整理阶段。

在下跌行情中出现的盘整，只是多方的短暂反弹，后市大概率还是会继续下跌。12 月初，股价在上轨线附近受压回落，顺势跌破了中轨线向下运行，布林通道逐渐开口，说明股价再次回到了下跌轨道之中。此时，场内的投资者应迅速卖出，场外投资者不可参与。

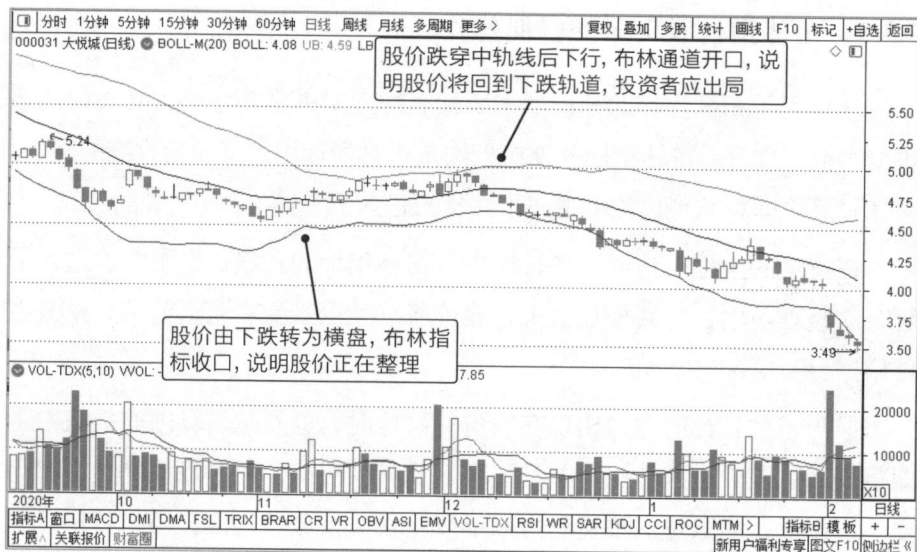

图 7-15　大悦城 2020 年 9 月到 2021 年 2 月的 K 线图